铁路信号与铁路运输管理

张文超 赵 峥 李裕婷 著

中国纺织出版社有限公司

内容提要

随着铁路信号技术的发展，铁路信号在提高铁路运输能力、降低运输成本和促进铁路现代化发展等方面，均起到重要作用。本书以铁路信号与运输管理为中心进行深入研究。书中讲解了高速铁路对铁路信号的基本要求及铁路通信信号技术的特性，重点强调了列车运行自动控制系统与计算机联锁系统等基础内容，并对高速铁路网络能力进行了计算与评估，最后结合铁路货物运输与铁路旅客运输的实际问题进行剖析。全书结构合理、内容翔实，对铁路信号技术与铁路运输管理具有指导意义，非常适合广大读者阅读参考。

图书在版编目(CIP)数据

铁路信号与铁路运输管理 / 张文超, 赵峥, 李裕婷著. — 北京：中国纺织出版社有限公司, 2023.7
ISBN 978-7-5229-0746-8

Ⅰ.①铁… Ⅱ.①张… ②赵… ③李… Ⅲ.①铁路信号②铁路运输管理 Ⅳ.①U284②F530.1

中国国家版本馆 CIP 数据核字(2023)第127845号

责任编辑：张 宏　责任校对：高 涵　责任印制：储志伟

中国纺织出版社有限公司出版发行
地址：北京市朝阳区百子湾东里 A407 号楼　邮政编码：100124
销售电话：010—67004422　传真：010—87155801
http://www.c-textilep.com
中国纺织出版社天猫旗舰店
官方微博 http://weibo.com/2119887771
北京虎彩文化传播有限公司印刷　各地新华书店经销
2023 年 7 月第 1 版第 1 次印刷
开本：787×1092　1/16　印张：15.5
字数：254 千字　定价：98.00 元

凡购本书，如有缺页、倒页、脱页，由本社图书营销中心调换

前言

铁路信号技术是高速铁路最重要的技术之一。由于高速铁路列车运行速度高、列车追踪间隔时间短，为此，铁路局集团公司要求采用一系列铁路信号新技术，确保高速列车的运行安全，满足高密度运行的需求。铁路运输具有运输能力大、速度快、运距长、安全程度较高、准时方便、成本低廉、对环境污染小及不易受外界环境影响等特点，具有其他运输方式不可替代的优势，在我国交通运输业中占有举足轻重的地位。基于此，笔者编写了本书。

本书共分为上下两篇，共十章，上篇的第一章对高速铁路信号系统进行了概述；第二、第三章分别介绍了列车运行自动控制系统和计算机联锁系统；第四章对高速铁路网络能力进行了简单的计算与评估；下篇的第五章至第七章为铁路货物运输，包括运输方式、服务管理、智慧物流发展；第八章至第十章为铁路旅客运输，包括组织流程、服务管理等。

本书在编写过程中，借鉴了大量优秀教材、实用技术资料，吸取了许多专家和同人的宝贵经验，在此向他们深表谢意。由于笔者水平有限，书中难免有不足与疏漏之处，敬请同行专家和广大读者批评指正。

著者

2022 年 12 月

上 篇

第一章 高速铁路信号系统概述 ········· 003
第一节 高速铁路对铁路信号的基本要求 ········· 003
第二节 高速铁路信号系统的技术要求 ········· 004
第三节 高速铁路信号系统 ········· 010
第四节 高速铁路信号系统的配套设备 ········· 013

第二章 列车运行自动控制系统 ········· 025
第一节 列车运行自动控制系统的基本原理 ········· 025
第二节 车地传输技术 ········· 035
第三节 测速测距与定位技术 ········· 039
第四节 CTCS-2 级列控系统 ········· 043
第五节 CTCS-3 级列控系统 ········· 046
第六节 列控中心 ········· 051
第七节 无线闭塞中心 ········· 056
第八节 临时限速服务器 ········· 063
第九节 GSM-R 系统 ········· 068

第三章 计算机联锁系统 ········· 073
第一节 概述 ········· 073
第二节 计算机联锁系统的结构 ········· 074
第三节 计算机联锁系统的接口 ········· 081

第四章 高速铁路网络能力计算与评估 ········· 085
第一节 高速铁路列车服务网络设计 ········· 085
第二节 基于服务网络设计的高速铁路网络能力评估 ········· 089

下 篇

第五章 铁路货物运输产品 ··· 095
第一节 整车货物运输 ··· 095
第二节 零散货物快运 ··· 106
第三节 集装箱运输 ··· 112
第四节 高铁快运 ··· 119

第六章 铁路货运运输服务管理 ··· 125
第一节 铁路货物运输服务概述 ··· 125
第二节 铁路货物运输服务质量管理 ··· 130
第三节 铁路货物运输服务的营销策略 ··· 133

第七章 铁路货物运输向智慧物流发展 ··· 139
第一节 铁路智慧物流概述 ··· 139
第二节 铁路智慧物流的建设 ··· 149

第八章 铁路旅客运输组织流程 ··· 167
第一节 站务工作组织 ··· 167
第二节 乘务工作组织 ··· 178
第三节 铁路客运站、车交接 ··· 187
第四节 旅客运输安全管理 ··· 192

第九章 铁路旅客运输服务管理 ··· 203
第一节 铁路旅客运输服务概述 ··· 203
第二节 铁路旅客运输服务质量管理 ··· 210
第三节 铁路旅客运输服务的市场定位 ··· 218
第四节 铁路旅客运输服务的营销策略及品牌战略 ··· 220

第十章 铁路客运管理现代化 ··· 233
第一节 铁路旅客运输管理系统 ··· 233
第二节 铁路客运站的其他服务系统 ··· 234
第三节 旅客列车现代化服务系统 ··· 239

参考文献 ··· 245

第一章 高速铁路信号系统概述

第一节 高速铁路对铁路信号的基本要求

一、对列车运行控制系统的要求

在高速铁路上,由于列车速度高,司机辨认地面信号是非常困难的,仅依靠司机驾驶列车以保证安全已不可能,因此必须改进列车运行控制系统。

在高速列车运行中,车载信号提供的行车许可信息是直接指挥列车运行的命令,并作为行车凭证使用,因此车载信号必须高可靠、高安全,不受环境因素影响,具有很高的抗干扰能力,确保接收的信息在整个列车运行中的正确率达100%。在车载信号设备中采用数字信号处理技术,以全数字化电路代替模拟电路,以大规模、超大规模集成电路代替分立元件,能接收多种信息,工作稳定、可靠,且体积小。在硬件、软件设计上,必须考虑"故障—安全"技术。

列车运行控制系统应具有故障降级功能,以提高系统的安全性、可靠性。

地面发送设备必须可靠地向车上发送行车许可信息和线路参数信息,由轨道电路传送行车许可信息,线路参数则可采用应答器发送或采用叠加方式发送,以及开发数字编码轨道电路将行车许可信息和线路参数信息用一组数据一起发送或通过无线信道向列车传送信息。列车根据线路参数、前后车速度及距离计算出目标速度和目标距离。

二、对车站联锁设备的要求

车站联锁设备要考虑与列车运行控制系统和行车调度指挥系统的结合,应采用计算机联锁。

为适应高速行车的需要,联络线宜采用侧向通过速度在 160 km/h 或 220 km/h 以上的大号码道岔,解决道岔转换设备的转换力、密贴、锁闭等关键问题。

为适应高密度行车的需要,进路控制应自动化,尽量避免人员的参与。

车站应采用与区间相同制式的轨道电路,以连续不断地向列车发送信息。

三、对行车调度指挥系统的要求

为提高运营效率、优化管理和减轻调度员的劳动强度,行车调度指挥系统必须采用CTC,它具有自动排列进路、自动编制运行图、自动进行运行调整、旅客向导服务等功能。

应设置运营、行车、车辆、电务和电力等调度的综合调度所,把各行业的管理及调度工作集中在一起,便于在异常情况下向现场单位及列车及时发出处理指令,减少异常的时间,提高运输效率。

四、对安全设备支持系统的要求

安全设备支持系统是对列车运行控制系统的补充设施。它包括检测、报警、故障诊断等。地面信号设备检测包括对区间设备、车站设备、道岔密贴等的检测和报警。车上设备的检测包括列车运行控制系统、热轴检测和制动系统的检测。列车运行记录系统用来检测操纵列车和实际运行状况并存储。自然灾害预报分析处理系统在对地震、塌方、泥石流、暴风雨雪等自然灾害预报后进行分析处理,做出是否对高速铁路有影响的判断,以便采取对策,避免发生行车事故。

第二节　高速铁路信号系统的技术要求

中国高速铁路信号系统主要包括计算机联锁系统、列车运行控制系统、调度集中系统和信号集中监测系统等。信号系统安全信息传输应采用不同物理径路的冗余配置专用通道。

高速铁路的信号系统应具有一定的兼容性,既能适应本线最高运行速度列车的运行,还能兼顾跨线列车的运行。

信号系统设计应采用先进、成熟、经济、适用、安全、可靠的技术和设备,并符合现行国家标准《轨道交通可靠性、可用性、可维修性和安全性规范及示例》的相关规定。

涉及行车安全的信号系统及电路设计,必须符合"故障—安全"的要求。故障后,行车安全的信号系统不允许出现进路错误解锁、道岔错误转换或错误表示、信号错误开放或升级显示。故障应被及时发现或最迟应于下一次使用过程中被发现,否则应考虑按故障积累原则设计电路。而且,设计电路还应考虑能最低限度防止一次故障与一次错误办理同时存在的情况以及可能产生的危及行车安全的后果。

一、计算机联锁

高速铁路信息化程度高,系统接口复杂,作为基础信息源的车站联锁设备应采用计算机联锁,所以车站、线路所、动车段(所)应采用计算机联锁设备,而且计算机联锁设备应采用硬件安全冗余结构。对于具有多个车场的大型车站,为减少故障影响以及设备改造对运输的影响,按场分别设置计算机联锁设备比较合理。计算机联锁设备可以与其他信号系统集成为一体化结构,也可以单独设置。

工区内道岔宜纳入车站联锁系统集中控制。当动车运用所规模较小且与车站距离很近时,动车运用所的道岔可纳入车站集中控制,也可将动车运用所靠近车站一侧的咽喉区道岔纳入临近车站集中控制。

计算机联锁系统不仅应具备与调度集中(CTC)、列控中心、信号集中监测等设备的接口能力。在CTCS-3级区段,还应具有与无线闭塞中心(RBC)设备接口的功能。

站内最小轨道区段长度应满足动车组按该区段线路允许速度运行时列控车载设备可靠工作的条件。

地面信号机接近区段的长度与列车运行速度有关。高速铁路有车载信号或地面信号两种行车凭证,分别适用于列车高速运行和低速运行两种运行状态。但是对于联锁设备而言,它只有一个接近区段,即以最高速度计算出接近区段长度。接近区段的长度要保证按最高允许速度运行的列车进入接近区段时经采取常规制动措施后不会越过停车点,即应保证该信号关闭后不会在此距离外的区段上触发制动。

在区间不设通过信号机时,当车站出站信号机点灯并显示行进信号时,须保证站间区间空闲。

列车信号机应设有灯丝断丝报警电路。应配置相应的交流道岔转辙装置。由于高速铁路采用 CTC 系统对车站道岔进行远程控制,所以要求道岔控制电路应采取断电保护措施,即具备当道岔转换不到位时的电机保护功能,目前采取切断电源等措施。

18 号及以上号码的道岔应设置外锁闭及密贴检查装置,采用多机牵引的方式,并实现挤岔监督报警功能。联锁系统选排进路宜分时分组转换道岔。

高速道岔下拉装置应纳入车站计算机联锁控制,且应按相关规定设置道岔融雪装置。

二、调度集中

调度所、车站、线路所应采用 CTC 系统实现列车调度指挥自动化。为方便对动车组进出动车段(所)的集中管理,动车走行线及动车段(所)靠近走行线的咽喉区需要纳入高速铁路的 CTC 系统进行统一监控,其进、出动车走行线进路的排列由 CTC 系统自动控制。由于动车段(所)的站场规模较大,生产作业流程复杂,存在大量的接发车作业及转场调车作业,这些作业与动车检修作业结合紧密,因此要实现动车段(所)的高效管理及运转,动车段(所)除了装备 CTC 及其他信号设备外,还需要新增动车组调车辅助管理系统。

高速铁路 CTC 系统是运营调度系统的一个核心子系统,要与运营调度系统统一规划、统一接口。考虑到 CTC 系统是一个调度控制系统及其在运输调度指挥中的重要性,其网络结构可采用独立组网方案。

CTC 具备与无线闭塞中心(在采用 CTCS-3 级列控系统时)、GSM-R 接口服务器(在采用 CTCS-3 级列控系统时)、临时限速服务器、相邻调度区段的 CTC/TDCS、计算机联锁、列控中心及运营调度和客服系统的接口能力。

由于跨线运输的存在,为协调铁路运输生产,CTC 系统与相邻线路的 CTC 或列车调度指挥系统(TDCS)之间应能交换信息、分界明确、控制范围不重叠。

它们之间既相互独立,又保持联系。

CTC系统应能与国铁集团调度中心交换信息。CTC系统与其他信息系统间的信息交换应全部集中在调度所。

CTC系统具备列车进路及调车进路的控制、列车运行监视、车次号追踪、列车运行计划调整和临时限速设置等功能。

CTC系统具备分散自律控制和非常站控两种模式。分散自律控制模式可提供自动和人工两种控制与操作方式。非常站控模式是当CTC设备故障、发生危及行车安全的情况或行车设备施工、维修需要时,转换为车站控制的模式。

在调度终端、车站控制终端上设置CTC系统控制模式状态表示灯,可根据表示灯判断所处模式。分散自律控制模式可无条件转向非常站控模式,并向列车调度员进行提示报警;在非常站控模式转回分散自律控制模式应符合以下条件:CTC设备正常;在非常站控模式下没有正在执行的按钮操作。

CTC系统与无线通信系统结合,可实现行车凭证、调度命令、接车进路预告信息、调车作业通知单等信息向司机进行可靠的书面传送,并能通过无线通信系统获取车次号校核、调车请求及签收回执等信息。

三、列车运行控制系统

(一)列车运行控制系统的选用

列车运行控制系统的装备等级应根据线路允许速度选用。列车行进速度为250 km/h以下,铁路采用CTCS-2级列控系统为250 km/h时,铁路宜采用CTCS-3级列控系统为300 km/h及以上时,铁路采用CTCS-3级列控系统。

动车走行线宜采用列车作业方式,在动车走行线及动车段(所)内要选择相应的CTCS等级。根据运输需求,也可采用调车作业方式。

动车组车载列控设备应与地面列控系统等级相适应。列控系统车载设备应采用目标距离—连续速度控制模式监控列车安全运行。列控车载信号作为列车运行的凭证,在列车未装设列控设备或列控设备停用时,应按相关行车组织办法的规定行车。列控车载设备应能根据列控地面设备提供的分相区固定信息,向动车组发送过分相指令,实现自动过分相功能。

列控系统关键设备应采用硬件安全冗余结构,安全等级应达到现行国家标准《轨道交通可靠性、可用性、可维修性和全性规范及示例》规定的安全等级

SIL4 级。

(二) 自动闭塞

高速铁路的自动闭塞由列控系统实现。双线区段自动闭塞具备正方向自动闭塞、反方向自动站间闭塞的行车功能。一般情况下,反方向运行没有确切的追踪间隔时分的要求,为简化设计,只考虑按正方向的列车追踪运行间隔时分进行信号布点,反方向原则上不再进行调整。

信号系统设计应符合规定的列车追踪运行间隔时分的要求,CTCS-3 级列控系统满足"运营速度 350 km/h,最小追踪间隔 3 min"的要求。

闭塞分区的划分应满足动车组列控车载设备按照目标距离模式控车和按四显示自动闭塞行车的要求。

反方向运行区间轨道电路应按追踪码序贯通发码,并采用与正方向相同的发码原则,且反方向运行应满足车载设备完全监控模式运行的要求。

(三) 列控中心

CTCS-2 级线路的车站、区间中继站、线路所、动车段(所)均设置列控中心。列控中心应具备与车站联锁系统、临时限速服务器、轨道电路、地面电子单元(LEU)、CTC 车站设备、信号集中监测及相邻列控中心的接口能力。

动车组在 CTCS-2 级区段应按列控车载设备方式行车;在 CTCS-0 级区段和列控车载设备故障(机车信号故障除外)、列控地面设备故障情况下的 CTCS-2 级区段,可按 LKJ 方式行车。

CTCS-3 级线路的车站及区间中继站应设置列控中心,线路所、动车段(所)根据需要设置列控中心。列控中心具备与计算机联锁、临时限速服务器、轨道电路、CTC 车站设备、信号集中监测及相邻列控中心的接口能力。

(四) LKJ

采用 CTCS-2 级时,车载设备包括 LKJ。按列控车载设备方式行车时,LKJ 具备线路数据、运行状态和司机操纵等显示记录功能。动车组按 LKJ 方式行车时,列车最高运行速度为 165 km/h,列车高于线路允许速度 2 km/h 报警、5 km/h 触发常用制动、10 km/h 触发紧急制动。

(五) 无线闭塞中心

采用 CTCS-3 级列控系统时,必须设置无线闭塞中心。无线闭塞中心硬件采用冗余安全结构。无线闭塞中心具备与计算机联锁、CTC、临时限速服务器、信号集中监测系统、GSM-R 网络及相邻无线闭塞中心等的接口能力。

无线闭塞中心应满足所管辖范围内控制列车数量的要求,满足列车在各无线闭塞中心管辖区之间的切换自动实现。

(六)临时限速服务器

临时限速服务器(TSRS)集中管理高速铁路的临时限速命令,具备全线临时限速命令的存储、校验、撤销、拆分、设置、取消及临时限速设置时机的辅助提示功能。

临时限速服务器接收 CTC 或临时限速操作终端生成的临时限速调度命令,并在校验、拆分后向相关的无线闭塞中心(在采用 CTCS-3 级列控系统时)、列控中心传递临时限速信息。

临时限速服务器具备与无线闭塞中心(在采用 CTCS-3 级列控系统时)、不同型号的列控中心、CTC 和相邻临时限速服务器的接口能力。

无线闭塞中心、列控中心从临时限速服务器获得列控限速调度命令并反馈限速设置情况。无线闭塞中心、列控中心根据列控限速调度命令、线路数据、轨道电路及进路状态等产生的控车信息,列控中心通过轨道电路及有源应答器传送给列控车载设备,无线闭塞中心通过 GSM-R 网络传送给列控车载设备。

四、信号集中监测系统

高速铁路应设置信号集中监测系统,信号集中监测系统应全程联网,实现远程诊断和故障报警功能。

信号主要系统(含车载设备)应具有自诊断、报警、信息储存、状态再现等功能,并符合高速铁路技术特点和运营维护要求。

信号集中监测系统应由段级主机、站级分机、终端及数据传输网络等部分组成。段级主机应具备与综合维修管理信息系统联网的接口条件。

信号集中监测系统应与 CTC、RBC、列控中心、计算机联锁、信号安全数据网网管服务器、区间轨道电路、智能电源屏、智能灯丝报警单元等系统进行接口来采集相应的监测信息。

在动车段(所)应配置车载信号系统的检修、测试设备,高速铁路应配置列控数据管理系统,包括应答器报文数列控设备动态监测、列控数据下载分析等。

五、数据传输网络

以上各系统构成完整的高速铁路信号系统,信号系统的安全信息传输应采用不同物理径路的冗余配置专用通道。

RBC、TCC、TSRS、联锁系统之间数据传输应采用信号安全数据网,CTC系统及信号集中监测系统应采用数据通信广域网。

信号安全数据网应采用工业以太网网络设备构成冗余环网,网间应采用专用单模光纤连接;两环网设备间互联光纤应采用不同物理路径,同一环网络设备间互联光纤与迂回通道使用光纤应采用不同物理路径;连接相邻网络设备的光纤长度不应超过70 km,光纤长度不符合要求时应增加中继器设备;每一独立环网中接入的交换机、中继器等网络设备超过40个或铁路线路长度超过600 km时,应将网络环路分割成不同的子环网;各相邻子环网间应采用三层工业以太网交换机进行连接;应设置单独的网络管理系统。

CTC数据通信广域网,在调度所与车站之间应采用双机双通道组网方式,宜采用不同物理路径专用链路的数据网进行组网;根据现场实际情况可采用星形、环型或星形与环型相结合的结构,采用环形结构时应每隔5～10个信源点,增加一条迂回通道与调度所相连。此通道带宽不应小于2 Mbit/s。

信号集中监测数据通信广域网应采用通信数据网,其传输速率不应低于2 Mbit/s;传输通道应采用迂回、环状、抽头等冗余方式,采用环形结构时,应每隔8～15个信源点,增加一条迂回通道与监测服务器相连。

第三节 高速铁路信号系统

一、高速铁路信号系统的主要组成

(一)列车运行控制系统

1. 地面设备

CTCS-3级列控系统的地面设备主要包括无线闭塞中心(RBC)、临时限速服务器(TSRS)、列控中心(TCC)、ZPW-2000(UM)系列轨道电路、地面电子单元

(LEU)、应答器、GSM-R 无线通信系统等单元组成。RBC 是 CTCS-3 级列控系统地面设备的核心,它根据轨道电路、联锁进路等信息生成行车许可(MA),并通过 GSM-R 无线通信系统将行车许可、线路参数、临时限速传输给 CTCS-3 级车载设备;同时通过 GSM-R 无线通信系统接收车载设备发来的列车位置和列车数据等信息。车载设备根据接收到的信息及自测的速度信息,通过安全逻辑运算,产生控车命令,实现对运行列车的监控。

2. 车载设备层

车载设备层是对列车进行操纵和控制的主体,具有多种控制模式并能够适应轨道电路、点式传输和无线传输方式。车载设备层主要包括车载安全计算机、轨道电路信息接收单元、应答器传输模块、无线通信模块、测速测距单元、人机界面和记录单元等。

3. GSM-R 无线通信网络

GSM-R 无线通信网络由移动交换中心(MSC)、基站控制器(BSC)、基站(BTS)、光传输设备(OTE)、移动终端(MT)、码型转换和速率适配单元(TRAU)等组成。

4. 信号安全数据网络

信号安全数据网络用于连接地面 TCC、CBI、RBC 和 TSRS 等应用设备,实现高速铁路信号设备之间安全可靠的信息交换。

(二)分散自律调度集中(CTC)系统

1. CTC 中心子系统

CTC 中心子系统是 CTC 的核心,由中心机房及各调度台应用终端组成。

2. 车站子系统

车站子系统主要包括车站自律机、车务终端、综合维修终端、电务维护终端、网络设备、电源设备、防雷设备、联锁系统接口设备和无线系统接口设备等。

3. 网络设备

网络设备主要包括路由器、交换机、协议转换器等。

(三)计算机联锁系统(CBI)

1. 控制台子系统

控制台子系统也称为上位机子系统,主要由上位机、显示器、上位机转换箱

(也称倒机机箱)组成。它主要有操作和表示两个功能。它可以接收值班员的有效操作命令,向主控系统发出相应的执行命令;它还可以接收主控系统提供的站场表示信息,向值班员提供站场图像的实时显示。

2. 联锁子系统

联锁子系统是 CBI 的核心,由并列两重系组成,每系都具有两套通信接口,分别完成与输入输出系统的接口及与上位机子系统的接口。它的功能主要是根据接收来自上位机子系统的进路操作命令和来自输入输出子系统的现场设备的状态信息进行联锁运算并根据运算结果进行相应的控制。

3. 输入输出子系统

输入输出子系统由电子电路(驱动、采集电路)和继电电路组成。它的主要功能是接收来自联锁子系统的控制道岔和信号机的命令,完成对实际道岔和信号机的控制;同时采集室外道岔、信号机和轨道电路的状态信息,发送给联锁子系统。

二、高速铁路信号系统的特点

(一)列车运行以车载信号为行车凭证

高速铁路采用列车运行控制系统,包括车载设备和地面设备两部分。在动车组驾驶台设置有车载设备人机交互装置(DMI),司机通过 DMI 可进行列车数据、车次号、司机号的输入、删除和修改,进行列控系统等级、上下行和运行模式的选择;列车运行过程中,DMI 实时向司机提供列车运行前方目标距离、目标速度、运行里程位置、地面机车信号显示等,当列车运行前方为禁止信号时,车载设备能够自动将列车目标点定位在禁止信号前方,发出防止列车冒进信号;DMI 实时向司机提示列车实际运行速度、报警干预速度、临时限速等信息,以及线路坡度、制动输出与报警提示等信息,正常条件下,由车载设备根据速度监控曲线自动监控列车运行速度,当列车实际运行速度超出报警值后,车载设备自动输出常用制动或紧急制动,防止列车超速运行。

(二)列控车载设备根据自动生成的速度监控曲线来监控列车安全运行

高速铁路列控系统是一个高安全等级系统,列控车载设备正常工作的基础数据必须依赖地面实时提供的数据。这些数据包括线路坡度、线路静态最大允许速度、进路上的道岔最大允许通过速度、线路临时限速、轨道区段长度、信号机里程位置、自然灾害防护信息、进路条件信息等。列控车载设备接收到这些信息后,结合车载设备制动模型和动车组的制动性能等因素,自动生成速度监控曲线,监控列车的运行。

(三)利用计算机网络完成信号系统内部和外部接口的连接

信号系统是一个结构庞大、接口关系和功能需求复杂的系统。在信号系统内部,由安全数据网连接 RBC、TSRS、CBI 系统,传输列控安全信息;在信号系统外部,由计算机网络来完成信号系统与自然灾害及异物侵限监测系统、接触网与供变电、通信、站场、动车组等系统或专业的接口连接。可见计算机网络在高速铁路信号系统中的重要作用。

(四)行车指挥信息化和智能化

高速铁路普遍采用分散自律调度集中(CTC)系统,通过设置在调度所的 CTC 中心设备,实现列车运行进路的自动触发、列车运行计划自动生成与调整、车次号追踪,实时监督调度区域内所有列车的运行位置、运行状态,指挥列车运行。通过 CTC 系统与列控系统的接口,CTC 中心可以实时监测列车运行位置、轨道区段占用/空闲状态、道岔位置、进路状态、信号显示状态,以及装备 CTCS-3 级列控车载设备动车组的实时运行状态,设置、下达或取消临时限速等。通过 CTC 系统与相邻调度台的信息交互,可以实时掌握通过调度管辖边界或局界列车的运行信息。通过设置在调度所的大风监测及异物监测报警系统终端,调度员还可以实时掌握沿线自然灾害发生情况,为行车指挥提供足够的信息支持。

第四节 高速铁路信号系统的配套设备

一、信号机

高速铁路采用与普速铁路相同的信号机,但是在不同的情况下,信号机的设置不尽相同。

(一)信号机及标志牌的设置

1. 车站信号机的设置

车站(含区间无配线站)应设进站信号机、出站信号机。根据需要,作业量较大的车站可设进路信号机、调车信号机和复示信号机。作业较为单一的中间站、越行站列车进路上可不设调车信号机。

进站信号机的设置位置应符合现行《铁路技术管理规程》（简称《技规》）的相关规定。进站信号机及接车进路信号机应采用现行的进站信号机机构。桥、隧地段信号机及高柱信号机机构外缘与接触网带电部分不符合安全距离要求时可采用七灯位矮型信号机。进站信号机不应设置在电分相区及附近一定范围内。电分相区一般设置在区间，为无电区，当采用无电过分相方案时，信号机的设置地点需要符合列车停车后启动，以及启动后能够以惯性渡过无电区。因此，信号机不能设置在分相区内，还要距分相区一定的距离，该距离满足列车启动后能够以惯性渡过无电区的条件。

出站信号机应设在距警冲标不小于 55 m（含过走防护距离 50 m）的地点，或距最近地对向道岔尖轨尖端不小于 50 m 的地点。有时受地形地貌、施工条件等限制、遇个别车站股道有效长度不足及站台严重偏置等情况时，可采取按客货共线标准将出站信号机设在距警冲标 5 m 的地点、优化出站信号机外方应答器布置，以及在相应股道中部增加校核列车位置的无源应答器组等措施，经报铁路总公司批准后实施。出站信号机及发车进路信号机采用"红、绿、白"三灯位矮型信号机。与传统的出站信号机不同，现在的出站信号机增加了引导信号，可以在因发车进路轨道电路故障或出站信号机允许灯光断丝的情况下，以引导方式将列车发至区间。出站信号机必须在要求地面信号机点灯的情况下才能开放引导信号，点亮红色灯光和月白色灯光。

矮型出站信号机机柱顶面高出钢轨顶面 200～300 mm，机构最凸出边缘距所属线路中心不应小于 2289 mm。

动车组运行进路上的调车信号机应设在距警冲标不小于 5 m 处。其他进路上的调车信号机应设在距警冲标不小于 3.5 m 处。设有调车危险应答器的调车信号机应尽量远离警冲标或防护道岔。调车信号机应采用现行规定的矮型调车信号机。尽头到发线上阻挡列车运行的调车信号机采用出站信号机机构并封闭绿色灯光。

2.动车段（所）信号机的设置

动车段（所）与相关车站较远时，动车组按照列车方式进出动车段（所），且动车段（所）需要设置进站、出站信号机。但遇到动车段（所）与相关车站较近且采用调车方式能满足需要时,则动车段(所)不用设置进站、出站信号机,全部用调车信号机替代。

3. 线路所信号机的设置

线路所设通过信号机,其信号机构与进站信号机相同。高速铁路线路所通过信号机较传统铁路增加了引导信号,在因发车进路轨道电路故障或通过信号机允许灯光断丝的情况下,以引导方式将列车发至区间。点亮引导灯光必须在要求地面信号机点灯的情况下进行,开放引导信号时,点亮红色灯光和月白色灯光。

4. 停车标志牌的设置

在无货运列车的高速铁路区间不设地面信号机,在区间闭塞分区的分界点的线路左侧设区间信号标志牌。为安装方便,标志牌首选安装在接触网支柱上,根据现场情况也可安装在路基或防护墙上。标志牌不应设置在电分相区及附近一定范围内。

电气绝缘节处信号机或区间信号标志牌,应安装在距列车正向运行方向发送调谐匹配单元盒中心 1000_0^{+200} mm 处。

5. 预告标志牌的设置

车站进站信号机及防护区间道岔的通过信号机不设预告信号机,但设置预告标志牌。由于启用地面信号机时是按照站间闭塞行车的,所以无论正向运行还是反向运行都要设置预告标志牌。预告标志牌按照《铁路技术管理规程》(简称《技规》)规定成组设置在进站信号机及防护区间道岔的通过信号机外方 900 m、1000 m、1100 m 处。对于距离较短无法成组设置预告标志牌的区间,不设预告标志牌。预告标志牌宜就近安装在接触网支柱上。

(二)信号显示

1. 常态灭灯与常态点灯

列控车载设备正常工作时,司机凭车载信号行车。车站及线路所列车信号机应常态灭灯不显示,仅起停车位置作用。对以隔离模式运行的动车组列车和施工路用列车,信号机应点亮,灭灯视为红灯。这些信号机平时不着灯,可避免因地面信号与车载信号出现不一致时(如灯丝断丝)导致的混乱。仅运行动车组的高速铁路,遇列车未装设列控设备(包括维修车、轨道车等)或列控设备停用时,相应的列车信号机应经人工确认后转为点灯状态。

常态点灯的进站、进路、出站、通过信号机,以及常态灭灯的进站、出站、进路信号机及线路所的通过信号机需转为点亮状态时,遇灯光熄灭、显示不明或显示不正确时,均视为停车信号。

常态灭灯的车站(含无配线车站)出站信号机和防护区间道岔的通过信号机开放允许信号时检查站间空闲条件。调车信号机及动车段(所)列车信号机常态点灯。

2. 地面信号机的显示含义

(1)进站信号机的显示含义。常态灭灯的进站色灯信号机转为点亮状态时:

①一个绿色灯光——准许列车按规定速度经道岔直向位置进入或通过车站,还表示运行前方至少有3个闭塞分区空闲。

②一个绿色灯光和一个黄色灯光——准许列车按规定速度经道岔直向位置进入车站,还表示次一架信号机经道岔直向位置开放一个黄灯。

③一个黄色灯光——准许列车按限速要求经道岔直向位置进入站内正线准备停车。

④一个黄色闪光和一个黄色灯光——准许列车按限速要求越过该信号机,经18号及以上道岔侧向位置进入站内准备停车,且进路上线路的允许速度不低于80 km/h。

⑤两个黄色灯光——准许列车按限速要求越过该信号机,经道岔侧向位置进入站内准备停车。

⑥一个红色灯光和一个月白色灯光——准许动车组列车在该信号机前方不停车,且以不超过40 km/h的速度进站或通过接车进路,并须准备随时停车。

⑦一个红色灯光——不准列车越过该信号机。

(2)出站信号机的显示含义。出站信号机设置"红、绿、白"三灯位信号机构,常态灭灯。常态灭灯的出站色灯信号机转为点亮状态时:

①一个绿色灯光——准许列车由车站以站间闭塞方式出发,表示运行前方站间区间空闲。

②一个红色灯光——不准列车越过该信号机。

③一个红色灯光和一个月白色灯光——准许动车组列车由车站或动车段

(所)以站间闭塞方式出发,且发车进路列车速度不超过 40 km/h,并须准备随时停车,还表示前方站间区间空闲。

④在兼作调车信号机时,一个用白色灯光——准许越过该信号机调车。

(3)发车进路信号机的显示含义。

①一个绿色灯光——表示该信号机列车运行前方的发车进路或出站信号机显示一个绿色灯光。

②一个红色灯光及一个月白色灯光——准许动车组列车越过该信号机,且发车进路列车速度不超过 40 km/h,并须准备随时停车。

③一个红色灯光——不准列车越过该信号机。

(4)线路所信号机的显示含义。

①一个绿色灯光——准许列车按规定速度经道岔直向位置以站间闭塞方式运行,还表示前方区间空闲。

②一个黄色闪光和一个黄色灯光——准许列车按规定速度经 18 号及以上分歧道岔侧向以站间闭塞方式运行,表示前方区间空闲,进路上线路的允许速度不低于 80 km/h。

③两个黄色灯光——准许列车按规定速度经分歧道岔侧向以站间闭塞方式运行,表示前方区间空闲,但不满足上述线路所信号机显示含义②条件。

④一个红色灯光及一个月白色灯光——准许动车组列车在该信号机前方不停车,且以不超过 40 km/h 的速度进站或通过接车进路,并须随时准备停车。

二、轨道电路

(一)轨道电路在高速铁路中的作用

轨道电路的第一个作用是监督列车的占用。利用轨道电路监督列车在区间或列车和调车车列在站内的占用,是最常用的方法。由于轨道电路可反映该段线路是否空闲,为开放信号、建立进路或构成闭塞提供了依据,还利用轨道电路的被占用关闭信号,把信号显示与轨道电路是否被占用结合了起来。

轨道电路的第二个作用是传递行车信息。例如,移频轨道电路中传送的行车信息,为列车运行控制系统直接提供控制列车运行所需要的前行列车位置、运行前方信号机状态和车站进路等有关信息,以决定列车运行的目标速度,并控制列车在当前运行速度下是否减速或停车,即将轨道电路作为传递行车信息的通道。

(二)轨道电路的设置

1.轨道电路的制式

在既有线提速区段,区间采用 ZPW-2000A 型无绝缘轨道电路,站内采用 25 Hz 相敏轨道电路。

在高速铁路,区间采用客运专线 ZPW-2000A 型无绝缘轨道电路,用于列车占用检查和向列车提供前方闭塞分区空闲信息。站内正线原则上采用与区间同制式的有绝缘轨道电路(一体化轨道电路)。中间站、越行站站内咽喉区比较简单,为减少站内轨道电路制式、简化工程设计,站内其他轨道区段也采用了与正线同制式的有绝缘轨道电路。大站的正线及到发线采用与区间同制式的有绝缘轨道电路。

2.轨道电路频率设计

区间、车站轨道电路载频应统筹设计。区间闭塞分区分界点处绝缘两侧应采用不同载频。站内,上行正线、上行侧到发线采用 2000 Hz、2600 Hz;下行线正线、下行侧到发线采用 1700 Hz、2300 Hz。

ZPW-2000 系列轨道电路发送器的低频、载频等信息编码接口宜采用计算机通信方式。

区间轨道电路的正常码序应为 L5-L4-L3-L2-L-LU-U-HU。车站接、发车进路轨道电路低频信息应和与其接近的信号机防护的进路条件相符。

按照高速铁路 CTCS-2 级列控系统技术设备管理的基本要求,明确了"当车站侧向接车进路有低于 80 km/h 的临时限速时,进站或进路信号机不得显示'一个黄色闪光和一个黄色灯光'。当侧向发车进路上有低于 80 km/h 的临时限速时,出站信号机的接近区段发送 UU 码"。

3.轨道电路传输电缆的长度

ZPW-2000 系列轨道电路传输电缆的长度不应大于 10 km。速度运行至 300 km/h 及以上的高速铁路对设备运用稳定性的要求更高,不宜大于 7.5 km。

当该电缆长度超过上述规定时,宜设区间信号中继站。

三、道岔转换设备与道岔融雪设备

(一)道岔转换设备

1. 转辙机

转辙机是道岔转换设备的执行机构,用于转换锁闭道岔尖轨或心轨,表示监督联锁区内道岔尖轨或心轨的位置和状态,具有道岔转换器、锁闭器和监督表示器的功能。作为转换器,转辙机具有足够大的牵引力以完成道岔尖轨或心轨的转换,因故转换不到其极限位置时,能随时操纵使其返回原来的位置。作为锁闭器,当道岔尖轨或心轨转换到一个极限位置时,转辙机对尖轨或心轨实施锁闭,且不因外力解除该锁闭;因故转换不到极限位置时,不实施锁闭。作为监督表示器,转辙机能实时反映道岔的定位、反位和挤岔四开状态。

2. 外锁闭装置

(1)分动外锁闭。当道岔由转辙机带动转换至某个特定位置后,通过本身所依附的锁闭装置,直接把尖轨与基本轨或心轨与翼轨密贴夹紧并固定,称为道岔的外锁闭。即道岔的锁闭不是主要依靠转辙机内部的锁闭装置,而是依靠转辙机外部的锁闭装置实现的。

由于外锁闭道岔的两根尖轨之间没有连接杆,在道岔转换过程中,两根尖轨是分别动作的,所以又称分动外锁闭道岔。外锁闭道岔转换设备消除了内锁闭方式的缺陷,适应了列车提速的要求。

(2)钩式外锁闭装置。燕尾式外锁式装置在结构受力和安装调整方面不适合我国铁路道岔的实际情况,且对道岔尖轨病害的适应能力差,卡阻现象时有发生,故障率较高,产品工艺性差,质量不易控制,因此,根据我国铁路道岔的实际情况研制了钩式外锁闭装置。

钩式外锁闭装置的锁闭方式为垂直锁闭。锁闭力通过锁闭铁、锁闭框直接传给基本轨;锁闭铁和锁闭框基本不承受弯矩,使锁闭更加可靠;同时各配件全部是锻造调质的处理方式,具有良好的综合机械性能,避免了原尖轨部分燕尾式外锁闭装置的锁闭铁因承受弯矩和铸造缺陷而出现的断裂现象。钩式外锁闭装置受力结构合理,能有效适应道岔尖轨的不良状态,锁闭可靠,安装调整方便,在如今已取代了燕尾式外锁闭装置。

3. 密贴检查器

道岔转换设备在转换、锁闭道岔尖轨和心轨之后，还对道岔尖轨、心轨的密贴状况进行检查与监督，当尖轨和心轨的密贴状况没有满足技术要求的指标时，道岔转换设备将进行报警与提示。这种检查不仅在牵引点位置进行，还在尖轨的两个牵引点之间进行。

由于我国道岔转换设备采用多点多机形式，牵引点位置尖轨的密贴检查由此位置的转辙机完成。尖轨两个牵引点之间的密贴检查只能通过设置在牵引点之间的密贴检查器完成。密贴检查器的检查接点串接在转换设备的表示电路之中，当任何一个牵引点位置的转辙机没有正常表示或者任何一个牵引点之间的密贴检查器没有正常表示时，道岔的转换设备都将提示道岔处在不正常状态，需要进行维护调整。可以看出，密贴检查器对于道岔的正常使用起到相当重要的作用。

(二)道岔融雪设备

运行速度为 200 km/h 及以上的高速铁路需安装电加热道岔融雪设备（简称融雪设备）。当发生降雪或温度变化时，系统可自动或人工启动电加热融雪电路。融雪设备是防雪灾的重要设备。《高速铁路设计规范》规定：在我国 0℃ 等温线（秦岭—淮河一线）以北地区，且 20 年年平均降雪日在 10 日及以上的车站，接、发动车组列车进路上的道岔应设置道岔融雪系统。在 0℃ 等温线以南地区，为了防雪也应大量安装融雪设备。

融雪设备由控制中心、车站控制终端、控制柜、环境检测装置、电加热元件、隔离变压器、接线盒、供电电缆和信息传输电缆以及信息通道等结构组成。

1. 控制中心

控制中心设备主要包括服务器、工作站、网络设备、电源设备、电磁干扰防护设备。控制中心在融雪设备处于自动控制方式时进行远程控制，或根据需要可在调度所设远程控制终端。

2. 车站控制终端

车站控制终端设于车站运转室，能对加热电路设定参数、测试特性、控制系统启动和关闭。控制终端宜设于车站，并根据需要可在调度所设远程控制终端。

3. 控制柜

控制柜根据供电方式可设于室内或室外，接受车站控制终端指令，并经隔离设备控制室外电加热元件的开启和关闭。控制柜至轨旁融雪设备采用电力电缆。

4. 环境检测装置

环境检测装置包括温度传感器、雪传感器等。钢轨温度传感器可按每个咽喉区设一处或多处。

5. 电加热元件

电加热元件安装于尖轨(心轨)、基本轨(翼轨)的轨腰或底部、滑床板、牵引点及其他可利用位置。两根电加热元件间应有不小于 20 mm 的间隙。电加热元件和钢轨、滑床板等接触为面接触。为适应不同安装位置的要求,电加热元件有直接型、L 型等规格。

电加热元件外层导热材料为镍铬合金钢,电加热元件中心电热材料为镍铬合金或铜镍合金,电热材料和外层导热材料间为高压氧化镁绝缘层。

电加热元件的额定工作电压为 AC55 V、AC110 V、AC220 V;额定加热功率为 200~600 W/m(根据道岔辙叉号的大小选定);电热转换效率不小于 96%。

6. 隔离变压器

隔离变压器用于防止对轨道电路的干扰,容量为 2.5~15 kVA。

7. 接线盒

接线盒应采用金属结构,盒体密封。接线盒内采用铜材料端子连接方式。接线盒和连接线套管处应密封良好。

8. 供电电缆和信息传输电缆

环境检测装置和控制柜间信息传输采用专用数据线对(扭绞或星绞通信线对)。控制柜至电缆盒、隔离变压器间的供电电缆采用电力电缆。

9. 信息通道

车站融雪设备至控制中心的信息通道可采用铁路运输综合数字通道、独立的数字通道或与其他信号专用通道合用。

四、应答器

(一)应答器的功能

应答器具有以下功能:接收电能信号,探测、解调远程能量信号;产生上行链路信号,通过接口 A1 向列控车载设备传送报文;选择启动方式,确定是发送自身存储的报文还是发送接口 C 传来的报文;串音防护;管理操作/编程模式;接收来自接口 C 的数据;控制 I/O 接口的特性;产生"列车通过"信号。

（二）应答器的分类

根据应答器所传输报文是否可变，应答器分为固定信息应答器（无源应答器）和可变信息应答器（有源应答器）。

每个无源应答器预先固定写入一条应答器报文，列车经过该应答器时，固定发送预先写入的报文。无源应答器用于发送固定不变的数据，设于闭塞分区入口和车站进、出口处，用于向列控车载设备传输闭塞分区长度、线路速度、线路坡度、列车定位等静态信息。

有源应答器设置于车站进、出口处，通过专用的应答器电缆与LEU连接，根据LEU设备所发送的报文，变化地向列车传送应答器报文信息，主要是进路信息和临时限速信息。有源应答器的报文按应答器编码规则编制，内容包括编号、链接关系、临时限速（至限速始点距离、限速区长度、限速速度）、进路长度、电码化及线路载频和线路固定信息等。

（三）应答器的工作原理

应答器系统是一种采用电磁感应原理构成的高速点式数据传输设备，用于在特定地点实现地面与列车间的相互通信。车载天线与应答器之间按电感耦合的原理进行工作。

安装于两根钢轨中心枕木上的地面应答器不要求外加电源，平时处于休眠状态。应答器的工作电源是由感应电压获取，仅靠瞬时接收车载天线的功率而工作，并能在接收到车载天线功率的同时向车载天线发送大量的编码信息。

不论是无源应答器还是有源应答器，其工作原理是相同的。当列车经过地面应答器上方时，应答器接收到列控车载设备点式信息接收天线发送的电磁能量后，应答器将电磁能量转换为工作电源，启动电子电路工作，把预先存储或LEU传送的1023 bit应答器传输报文循环发送出去，直至电能消失（车载天线离去）。

通过报文读写工具（BEPT）可以改写无源应答器的数据报文，对无源应答器存储的数据报文进行读出、校核。

有源应答器通过与LEU的连接，可实时改变传送的数据报文。当与LEU通信故障时（接口"C"故障），有源应答器可以自动切换到无源应答器工作模式，发送预先存储在应答器中的默认报文。

LEU与应答器通信中断时,有源应答器应有保证行车安全的缺省报文。在办理通过进路且出站有源应答器通信中断或列车未收到其报文时,若进站应答器预告有临时限速,列控车载将按45 km/h的速度控制列车在区间运行;否则按线路规定速度控车。

五、信号电源

高速铁路的调度所、车站、线路所、区间信号中继站、动车段(所)均采用智能电源屏,为列控、计算机联锁、调度集中(CTC)系统、信号集中监测、信号安全数据网络等所有信号设备提供电源。电源屏采用模块化、冗余化结构,并具有自检功能。电源屏向信号集中监测系统提供所需的电源监测信息。铁路信号智能电源屏是指运用计算机技术,具有对铁路信号电源设备系统的运行状态、运行故障、参数进行实时监测、显示、记录、存储、故障报警和管理功能的电源屏。

(一)铁路信号智能电源屏的分类和型号

铁路信号智能电源屏按电源用途分为站内设备供电和区间设备供电。站内设备按道岔组数确定电源容量,区间设备按闭塞分区数量确定电源容量。车站电源总容量为站内设备供电容量与区间设备供电容量之和。

(二)铁路信号智能电源屏的组成

电源屏由两路输入电源转换单元、输入配电单元、电源变换及稳压模块单元(电源模块)、输出配电单元、智能监测系统等部分组成。一套电源屏可由多台机柜组成,有远动控制要求的,采用远动控制器件。

(三)铁路信号智能电源屏各组成部分的功能和技术要求

1. 输入电源的供电方式及转换

输入电源采用主、备供电方式,主用电源故障时(包括断电、断相、错相序、过欠压)时,能自动转到备用电源,主、备电源间有手动转换和直供功能。

2. 悬浮及隔离供电

电源屏的交、直流输出电源采用对地绝缘的悬浮供电,电源屏各路输出电源采取隔离供电的方式,并根据系统要求合理分束,分别提供各路供电电源。

3. 不间断供电

用于继电器、轨道电路的DC24V高频开关电源和25 Hz相敏轨道电路的

25Hz交流高频开关电源模块,在两路输入电源切换时间0.15s内,其输出具有续流能力,以保证输出电源的不间断供电。

4.过流、短路保护

电源屏的各供电回路电源、各功能模块具有过电流及短路保护功能。实现方法是在电源屏的输入、输出回路设置断路器,在短路、过电流时,断路器能可靠分断,切断供电回路;当输出回路发生短路故障时,输出电源模块可进行自身保护。

5.雷电防护

在电源屏的输入端和向室外信号设备供电的输出端设置防雷器件。防雷器件具有阻断续流功能和劣化指示功能,能够在防雷元件损坏时自动脱离所防护的电路。在电源屏内设置防雷接地铜排,屏内所有防雷保安器的接地线汇接到铜排,连到防雷地。

6.保护接地

在电源屏内设置安全接地铜排,屏内所有模块、门、机柜安装部件等均设置接地端,并汇接到安全接地铜排,电源屏的保护接地和防雷接地应分开设置。

7.监测系统

电源屏具备以下基本监测功能:实时监测输入、输出电压、电流;实时监测输入电源缺相、错相状态;实时监测25Hz轨道电源、局部电源的相位;实时监测模块工作/故障状态。所有电压、电流上、下限范围可以设定,若过限则进行声光报警、显示弹出窗口报警并记录。监测单元通过通信接口采用标准通信协议与上位机或电务监测系统实现数据通信。

第二章 列车运行自动控制系统

第一节 列车运行自动控制系统的基本原理

一、点式列车运行自动控制系统

(一)点式列车运行自动控制系统的基本结构

因为点式列车运行自动控制系统主要功能是实现列车超速防护,所以又称为点式超速防护系统。它是一种点式传递信息,用车载计算机进行信息处理,最后达到列车超速防护的目的。

点式ATP系统主要由地面应答器、道旁电子单元LEU(又叫信号接口)及车载设备构成。

1. 地面应答器(BALISE/TRANSPONDER)

地面应答器通常设置在信号机的旁侧或者设置在一段需要减速的缓行区段的始、终端,包括有源和无源两种,内部寄存器按照协议以数码方式存放实现列车速度监控及其他行车功能所必需的数据。置于信号机旁的地面应答器需要向列车传递信号显示信息,因此通过接口与地面信号机相连,应答器内所存储的部分数据受信号显示控制。

当列车驶过地面应答器,且车载应答器与地面应答器对准时,车载应答器首先以一定的频率,通过电磁感应方式将能量传递给地面应答器,地面应答器收到来自车上的能量后立即开始工作,将所存储的数据以某种调制方式(FSK)仍然通过电磁感应方式传送到车上。

2. 轨旁电子单元(LEU)

LEU是地面应答器与信号机之间的电子接口设备,其任务是根据不同类型的输入电流输出不同的电码,即将不同的信号转换为约定的数码。

3. 车载设备

车载应答器:完成车—地间的耦合联系,将能量送到地面应答器,接收地面应答器所存储的数据并传送至中央处理单元。

测速传感器:通常装在轮轴上,根据车轮的转数和轮径换算成列车当前的速度。

车载安全型计算机:即中央处理单元,将对接收到的数据进行加工处理,形成列车当前允许的最大速度,将此速度与列车的实际运行速度进行比较,以决定是否给出启动常用制动乃至紧急制动的信息。经过一个接口将列车的现有速度和列车的最大允许速度显示出来,有指针式和液晶显示屏幕两种,根据需要还可以显示其他有助于司机驾驶的信息,如距目标的距离、目标点的允许速度等。对于出现的非正常情况都可以由记录器进行记录。

(二)点式列车运行自动控制系统的基本工作原理

如图2-1-1所示为点式列车超速防护系统的速度监控曲线。曲线的中段用细化的方式表示出4种情况:

v_0——列车所允许的最高速度。

v_2——列车到达此速度时给出音响报警,提醒司机减速,车速低于v_0,一切趋于正常。

v_3——当列车速度达到此值时,给出启动常用制动的信息,列车速度自动降至v_0以下,若列车具有自动缓解功能,列车速度低于v_0时可自动缓解,否则列车将在行驶一段路程后停下,在司机经过操作后重新人工启动。

v_5——当列车速度达到此值时,给出启动紧急制动信息,确保列车能在危险点前方停车。

为了提高行车效率,有的行车部门要求在红灯信号机前方留出一段低速滑行区段,以防止列车行驶在信号机之间时红灯信号变为允许信号,而列车必须完全停下并经过一套流程后才能重新启动的情况的发生。在留出低速滑行段后,列车可以低速驶过第二个地面应答器,如果列车被告知信号机仍然是红灯,通过紧急制动还来得及停在危险点的前方；如果被告知信号改为允许信号，则司机可以在释放速度的基础上加速，从而提高行车效率。

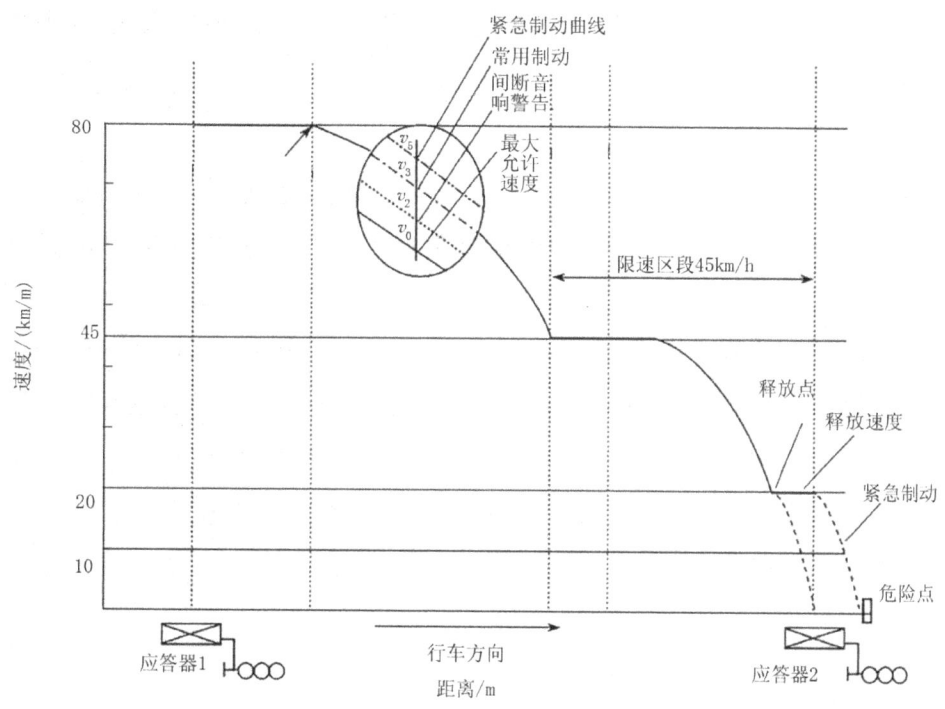

图 2-1-1 点式列车超速防护系统的速度监控曲线

设列车距目标点的距离为 s，列车的减速时的加速度大小为 b，目标点的允许速度为 v_C，列车的允许速度为 v_Z，则车载计算曲线的数学公式为：

$$v_C = v_Z - bt,$$

$$s = v_Z - \frac{1}{2}bt^2$$

二、连续式列车自动控制系统

(一) 采用轨道电缆(轨间交叉环线)的列车运行自动控制系统

西门子的 LZB 系统是世界上首次实现连续速度控制模式的列车运行控制自动系统，于 1965 年以前开发，利用轨道电缆作为车—地间双向信息传输的通道，利用轨道电路来检查列车占用。1965 年在慕尼黑—奥斯堡间首次运用，德国已装备了 2000 km 铁路线，1992 年开通了西班牙马德里—塞维利亚的 471 km 高速线。

LZB列车运行自动控制系统包括操作控制系统、计算机联锁系统、连续列车自动控制、轨道空闲检测系统、速度监测系统、列车安全间隔系统、紧急制动系统、来往车辆方向监测系统、静止状态的监测系统、车门的释放系统、强制性限速系统、确保列车操作过程中的故障安全系统等。

1. 系统的结构

LZB自动列车运行控制系统主要由两大部分组成：车载设备和地面设备。

(1)地面设备。地面设备主要由控制中心、轨间感应环线和轨旁单元等组成。

①控制中心。控制中心主要功能是接收和发送相关的列车运行控制信息。接收信息时，控制中心通过轨间感应环线等设备接收信号开放条件、线路条件、区间临时限速、列车信息(制动类别、列车长度、制动能力等)、列车动态信息、上一个控制中心传递来的控制权。发送信息时，控制中心向列车发送控制命令、向下一个控制中心转移控制权、向调度监督中心报告列车位置列车速度等辅助信息。

如图2-1-2所示，在某一个时刻，列车B获得实时最大允许速度为$v_{允许}$；随着列车A的运动，列车和目标点的距离s一直在改变，列车B的最大实时允许速度随着A、B间距离的变化而变化。车—地间的信息传递是通过钢轨间交叉环线来实现的。列车从控制中心获得最大允许速度值之后，一方面给出显示，另一方面对列车的速度进行控制。若列车实际运行速度超过此值，则控制中心先报警后下闸。

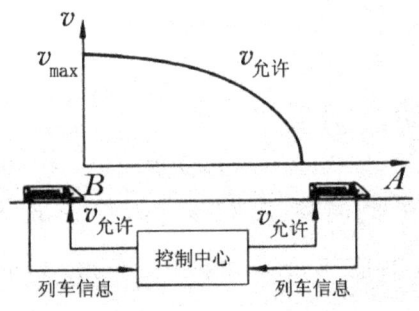

图2-1-2 采用轨道电缆的列车运行自动控制系统原理

②轨间感应环线。在这类连续式超速防护系统中，车—地信息利用敷设在钢轨中间的交叉感应环线进行，可以避免外界环境的影响和抗牵引电流的干扰

及实现列车定位,轨间电缆每隔一定距离(如地铁中一般每隔 25m,铁路上可以采用每隔 100m)做一个交叉,一个中继器最多可以控制 128 个电缆环路,所以一个中继器的最大控制距离为 $L_{cmax}=128×25m=3200(m)$。

室内、室外设备联系用控制中心和沿线设置的若干个中继器两级控制方式来实现的。中继器是控制中心与轨间电缆的中间环节,它的功能是把控制中心的命令通过轨间电缆传递给机车,将机车信息传输给控制中心,控制中心与轨间电缆之间进行信息交换,包括频率变换、电平变换、功率放大等,都是通过中继器来完成的。

接收信息:控制中心通过轨间感应环线等设备接收的信号包括开放条件、线路条件、区间临时限速、列车信息(制动类别、列车长度、制动能力等)、列车动态信息和从上一个控制中心传递来的控制权。

发送信息:控制中心向列车发送控制命令、向下一个控制中心转移控制权、向调度监督中心报告列车位置列车速度等辅助信息。

(2)车载设备。车载设备主要由车载计算机单元、感应接收线圈等设备组成,按 3 取 2 原则配备。车载计算机控制单元式控制系统的核心,控制单元主要通过车载感应线圈与地面轨道环线来交换信息,从地面接收相关控制信息,同时可以通过感应线圈向地面传递列车的运行速度等信息,实现了地面—列车双方向的信息传递。

使用 LZB 系统的车内设有主体化机车信号,可以在机车上显示列车的实际速度、目标速度、目标距离、允许速度等。

2. 列车控制的基本原理

地面控制中心按地理位置存储了各种地面信息(线路坡度、曲线半径、缓行区段的位置与长度等),此外,沿线的信号显示、道岔位置、列车的有关信息(车长、制动率、所在位置、实时速度等)不断地经过轨间电缆传输到地面控制中心。地面控制中心根据线路状况、列车运行的位置和前后列车之间的运行间距计算出列车所允许的最大运行速度,地面控制中心将此信息通过轨间电缆传递给机车,由车载计算机来控制列车的运行,如果列车的运行速度低于最大允许速度,那么车载防护系统不启动;如果列车的运行速度超过最大允许速度,则车载防护系统启动,对列车进行制动,以降低列车运行速度,当然地面控制中心计算出的最大允许速度是根据线路状况、列车运行的位置和前后列车之间的运行间距随时改变的。还有一种方法就是地面控制中心不对列车的允许运行速度进行计算,而仅仅将线路状况、列车运行的位置和前后列车之间的运行间距等信息通过轨间电缆传递给机车,由车载计算机计算出列车的最大允许速度,并由计算机来控制列车的运行。

(二)ATO自动驾驶系统

ATO子系统主要实现"地对车的控制",即用地面信息实现对列车驱动和制动的控制,包括列车的自动折返,根据控制中心指令自动完成列车的启动、牵引、惰行和制动,以及送出车门和屏蔽门同步开关信号,使列车按最佳工况、正点、安全、平稳地运行。

ATO系统功能分为基本控制功能和服务功能。基本功能包括自动驾驶、自动折返、车门打开,这三个控制功能相互之间独立地运行。服务功能包括列车位置、允许速度、巡航/惰性、PTI支持功能等。

1. ATO系统的基本控制功能

(1)自动驾驶。

①自动调整列车的运行速度。ATO车载控制器通过比较实际列车运行速度和ATP给出的最大允许速度及目标速度,并根据线路的情况,自动控制列车的牵引及制动,使列车在区间内的每个区段始终保持控制速度(ATP计算出来的限制速度减去5 km/h)运行,并尽可能减少牵引、惰性和制动之间的转换。

②停车点的目标制动。将外车站停车点作为目标点,车站停车点由ATP轨旁单元和ATS系统控制。当停车特征被启动后,ATO系统基于列车速度、预先决定的制动率和距停止点的距离计算出一个制动曲线,采用最合适的减速度(制动率)使列车准确、平稳地停在规定的停车点。停车时,与列车定位系统相配合,可使停车位置与规定停车点的距离的误差达到0.5m以下。

假如列车超过了停车点,ATP准许后退一定距离。如果超过后退速度限制值,ATP会向列车司机发出声音和视觉报警。

③从车站自动发车。当发出安全条件符合时(在ATO模式下,关闭了车门,这由ATP系统监视),ATO系统给出启动显示,司机按下启动按钮,ATO系统使列车从制动停车状态转为驱动状态。此时,停车制动将被缓解,然后列车加速,ATO通过预设的数据提供牵引控制,该牵引控制可使列车平稳加速。

停站时间由 ATS 控制,并传送给 ATP,另外,基于车站和方向的停车时间也储存在 ATP 轨旁单元中,用作 ATS 故障下的后备程序。

④区间内临时停车。由 ATP 系统给出目标点位置(如前方有车)及制动曲线,并将数据传送给 ATO 系统车载单元,ATO 系统得到目标速度为"0"的速度信息后自动启动列车制动器,使列车停稳在目标点前方 10m 左右。此时车门还是由 ATP 系统锁住的。一旦前方停车目标点取消,速度信息改为进行码后,ATO 系统使列车自动启动。假如车门紧急打开,或是司机手柄被移至非零位置,那么列车必须由司机重新启动 SM 模式或 ATO 模式(如果允许)。

在危险情况下,如按下紧急停车按钮,或是因常用制动不充分而使列车超过紧急制动曲线,由 ATP 启动紧急制动,ATO 向司机发出视觉和音响报警。5s 以后音响报警停止。

⑤限速区间。临时性限速区间的数据由报文传输给 ATP 车载设备,再由 ATP 车载设备将减速命令经 ATO 系统传送给动车驱动、制动控制设备。此时,ATO 车载设备的功能犹如 ATP 系统与驱动、制动控制设备之间的一个接口。对于长期的限速区间,数据可事先被输入 ATO 系统,在执行自动驾驶时,ATO 系统会考虑到该限速区间。

(2)无人自动折返。无人自动折返是一种特殊情况下的驾驶模式,在这种驾驶模式下无须司机控制,而且列车上的全部控制台将被锁闭。从接收到无人驾驶折返运行许可开始,就自动进入 AR 模式。授权经驾驶室 MMI 显示给司机,司机必须确认这个显示,并得到授权,锁闭控制台。只有按下站台的 AR 按钮以后,才能实施无人驾驶列车折返运行的动作。ATC 轨旁设备提供所需的数据帮助列车进入折返轨。进入之后,列车将自动回到出发站台。列车一到出发站台,ATC 车载设备就会退出 AR 模式。无人自动折返功能的输入是来自车载速度/距离功能的列车当前的速度和位置,以及 ATP 速度曲线。

(3)自动控制车门开闭。由 ATP 系统监督开门条件,当 ATP 系统给出开门命令时,可以按事前的设定由 ATO 系统自动地打开车门,也可由司机手动打开正确一侧的车门。车门的关闭只能由司机完成。当列车空车运行时,从 ATS 接收到指定的目的地号阻止车门的打开。

2. ATO 系统的服务功能

(1)列车位置。列车的位置功能从 ATP 功能中接收到当前列车的位置和速度等详细信息。根据上一次计算所运行的距离来调整列车的实际位置。此调整也考虑到在 ATP 功能计算列车位置时传送和接收的延迟时间,以及打滑和滑行的情况。

另外,ATO 功能同测速单元的接口为控制提供更高的测量精确程度。列车位置功能也接收到了地面同步的详细信息,由此确定列车的实际位置和计算列车的位置误差,从而对列车位置进行调整。

可在由 ATO 功能规定的直至接近实际停车点 10~5m 的任意位置开始,由于这种调整,停车精度由 ATO 控制在希望的范围内。

列车位置功能的输入来自 ATP 功能中的列车当前的速度和位置、轨道电路信息的变化,测速单元的读入、轨道中同步标记的检测、SYNCH 环线。列车位置功能的输出用作校正列车的位置信息。

(2)允许速度。允许速度功能为 ATO 速度控制器提供列车在轨道任意点的对应速度值。这个速度没有被优化,只是低于当前速度限制和制动曲线给的限制。允许列车调整速度是为了能源优化或使用惰行/巡航功能完成的列车运行。允许速度功能的输入来自 ATP 功能的轨道当前位置的速度限制,以及列车的制动曲线;允许速度功能的输出至 ATO 速度控制器。

(3)惰行/巡航功能。惰行/巡航功能的任务是按照时刻表自动实现列车区间运行的惰行控制,同时节省能源,保证最大能量效率。ATO 惰行/巡航功能协同 ATS 中的 ATR 功能,并通过确定列车的运行时间和能源优化轨迹功能实现惰行/巡航功能。

(4)确定列车运行时间的功能。由 ATO 和 ATR 功能确定列车的运行时间,通过车站轨道电路占用完成同步,当列车在 ATO 功能下,从报文给定的列车运行时间中减去通过计时器测定的已运行时间,以确定到下一站有效的可用时间。

确定列车运行时间功能的输入来自 ATC 轨旁功能的轨道电路占用报文,以及通过 ATC 轨旁和 ATP 车载功能来自 ATR 功能的运行时间命令。确定列车运行时间功能的输出至能源优化轨迹功能的到下一站停车点的有效运行时间。

三、ATP 子系统

(一) ATP 子系统的功能

1. 安全停车点的防护功能

安全停车点是基于危险点定义的。危险点是丝毫不能超越的点。例如，站内有车时，车站的起点即是危险点。为了保证安全，需要在危险点前定义一个安全区段，安全区段的长度由运行条件和列车性能决定，必须保证列车最迟能够在安全区段的末端（危险点）之前停下来。安全停车点即是安全区段的起始点，ATP 子系统计算得出的紧急制动曲线即以安全停车点为基础，保证列车不超过该点。

2. 速度监督与超速防护功能

在轨道交通中速度限制分两种，一种是固定速度限制，如区间的最大允许速度（取决于线路的参数）和列车最大允许速度（取决于列车的物理特性），另一种是临时性的速度限制，如线路维修时临时设置的速度限制，ATP 系统始终严密监视这些区段的速度不超越限制速度，列车一旦超过限制速度，系统先给出警告，后启动紧急制动，并进行记录。

3. 列车间隔控制功能

列车间隔控制又称移动闭塞，是一种既能保证行车安全（防止两车发生追尾事故），又能提高运行效率（使两车的时间间隔最短）的信号概念，移动闭塞与过去的以划分闭塞分区、设立防护信号机为基础的自动闭塞概念有很大的不同。移动闭塞的闭塞分区长度与位置均是不固定的，是随着前行列车的位置、后续列车的实际速度及线路参数（如坡度等）而不断变化的。

4. 测速与测距功能

通过连续地测定行驶距离，ATP 系统能够随时准确地确定列车的位置，ATP 系统利用装在轮轴上的测速传感器来测量列车的即时速度，并在驾驶室内显示出来。

5. 车门控制功能

轨道交通车辆的车门控制是重要的安全措施之一，ATP 系统可以防止车在站外打开车门、列车在站内打开非站台侧的车门和在车门打开时列车启动，只有当 ATP 系统检测到所有安全条件均已满足时,才会给出一个信号,使车门被打开或关闭。

除上述几个功能外,ATP 系统还具有紧急停车、给出发车命令、列车倒退控制等功能。

(二)控制级别

控制级别分为 CBTC、备用 ATP 和联锁控制。每一个等级基于各个列车控制子系统的运行状态提供相应的操作和性能。控制等级定义如下:

1. CBTC

CBTC 具备完整的系统操作和性能。CBTC 要求所有列车控制子系统包括轨旁、中央、车载和通信子系统,功能完备并协同工作。CBTC 提供最高等级的系统操作和性能。CBTC 提供移动闭塞安全列车间隔和保护,全功能的车载 ATP/ATO,以及 120s 的运行间隔。支持所有定义的 ATC 驾驶模式。其中某些提供完整的系统操作和性能[自动列车运行(ATO)模式和 ATP 监控下人工驾驶(ATPM)模式]。其他模式在降级条件[受限人工(RM)和非受限人工(NRM)]下提供降级操作。

2. 备用 ATP

备用 ATP 具备降级的系统操作和性能。备用 ATP 提供固定闭塞的列车间隔、车载超速防护(根据预先设定的最大限速)、信号灯冒进防护和秒(待定)的运行间隔。后备 ATP 要求车载 ATP(包括所有的传感器)都在工作并且轨旁联锁控制系统(MicroLokII 和计轴设备)工作,定位信标(包括动态和静态信标)。区域控制器,DCS(数据通信系统)无线部分和 OCC(运营控制中心)不需要工作。备用 ATP 提供单一的操作模式。

3. 联锁控制

联锁控制具备最低等级的系统操作和性能。联锁控制提供固定闭塞列车间隔和联锁防护,不能提供其他的 ATC 功能。联锁控制需要联锁系统工作,不需要其他 ATC 子系统存在或工作(除轨旁 DCS 外)。

(三)ATO 与 ATP 的关系

在"距离码 ATP 系统"的基础上安装了 ATO 系统,列车就可以采用手动方式或自动驾驶方式进行驾驶,在选择自动驾驶方式时,ATO 系统代替司机操纵,自动完成诸如列车启动加速、匀速滑行、制动等基本驾驶功能。然而,不论是由司机手动驾驶还是由 ATO 系统自动驾驶,ATP 系统始终是执行其速度监督和超速防护功能。

第二节　车地传输技术

常见的车地传输方式主要分为两大类:一类是点式传输方式;另一类是连续式传输方式。点式传输方式常见的有应答器和感应环线;连续式传输方式常见的有轨道电路、轨道电缆及无线传输等方式。中国铁路使用的车地传输方式主要为轨道电路、应答器和无线传输 GSM-R 3 种方式。

一、轨道电路

在 CTCS-2 和 CTCS-3 级列控系统中应用 ZPW-2000(UM)系列轨道电路,实现列车占用检测完整性检查,以及连续向列车传送运行前方闭塞分区空闲数、道岔侧向进路等信息,新改造线路和新建线路主要使用这种制式。站内正线及侧线股道轨道电路采用与区间同制式的轨道电路。

ZPW-2000 系列移频自动闭塞是在 UM 系列无绝缘轨道电路国产化的基础上,进一步提高系统安全性,对系统的传输性能及系统可靠性进行技术再开发,保持了 UM 系列无绝缘轨道电路整体结构的优势,并在传输安全性、传输长度、系统可靠性,以及结合国情提高技术性能价格比、降低工程造价上,都有了提高。

ZPW-2000 系列轨道电路以移频轨道电路为基础,选用载频率参数作为控制信息,采用频率调制的方法,把低频信息(F)调制到较高频率(载频 f_0)上,以形成振幅不变、频率随低频信息作周期性变化的调制信号。将此信号用两根钢轨作为传输通道来控制通过信号机的显示,达到自动指挥列车运行的目的。

ZPW-2000 系列移频自动闭塞载频中心频率 f_0 选为 1700 Hz、2000 Hz、2300 Hz、2600 Hz 4 种。在双线区段,上行线采用 1700 Hz、2300 Hz 的频率,下行线采用 2000 Hz、2600 Hz 的频率。ZPW-2000 低频信息意义如下。

(1)L5 码:表示运行前方 7 个及以上闭塞分区空闲。

(2)L4 码:表示运行前方 6 个及以上闭塞分区空闲。

(3)L3 码:表示运行前方 5 个及以上闭塞分区空闲。

(4)L2 码:表示运行前方 4 个及以上闭塞分区空闲。

(5)L 码:表示运行前方 3 个及以上闭塞分区空闲。

(6)LU 码:表示运行前方 2 个闭塞分区空闲。

(7)LU2 码:表示列车运行前方 2 个闭塞分区空闲(不推荐使用)。

(8)U 码:表示列车运行前方 1 个闭塞分区空闲。

(9)U2S 码:要求列车限速运行,预告列车运行前方闭塞分区为 UUS 码。

(10)U2 码:要求列车限速运行,预告列车运行前方闭塞分区为 UU 码。

(11)UUS 码:要求列车限速运行(默认限速值为 80 km/h),表示列车接近的地面信号机开放经 18 号及以上道岔侧向位置进路,且次一架信号机开放经道岔的直向或 18 号及以上道岔侧向位置进路(仅开行动车组的线路,表示列车接近的地面信号机开放经 18 号及以上道岔侧向位置进路);或表示列车接近设有分歧道岔线路所的地面信号机开放经 18 号及以上道岔侧向位置进路。

(12)UU 码:要求列车限速运行(限速值为 45 km/h),表示列车接近的地面信号机开放经道岔侧向位置的进路。

(13)HB 码:表示列车接近的进站或接车进路信号机开放引导信号或通过信号机显示容许信号。

(14)HU 码:要求及时采取停车措施。

(15)H 码:要求立即采取紧急停车措施。

ZPW-2000 系列轨道电路信息满足最高速度列车安全运行的要求,基本码序为

(1)停车:L5-L4-L3-L2-L-LU-U-HU。

(2)侧线接车(默认速度 45 km/h):L5-L4-L3-L2-L- LU-U2-UU。

(3)侧线接车(默认速度 80 km/h):L5-L4-L3-L2-L-LU-U2S-UUS。

二、应答器系统

应答器系统是采用电磁感应原理构成的高速点式数据传输设备,用于在特定地点向列控车载设备提供可靠的地面固定信息和可变信息。应答器系统由应答器传输模块(BTM,包括车载天线)和应答器两部分组成。通常情况下,BTM 安装在机车上,应答器安装在地面上。

地面应答器安装于两根钢轨中心轨枕上,不要求外加电源,平时处于休眠状

态,仅靠瞬时接收车载天线的功率而工作,并能在接收车载天线功率的同时向车载天线发送编码信息。当列车经过应答器上方时,应答器接收到车载天线发射的电磁能量后,将其转换成电能,激活其中的电子电路,把存储在应答器中的数据报文循环发送出去,直至电能消失。

车载天线将接收到的数据报文传送给应答器传输模块(BTM),经过滤波、放大、解调后,对接收到的数据报文进行解码,得到用户报文,然后发给列控车载设备。车载天线是一个双工的收发天线,既要向地面连续发送27.095MHz的高频电磁能量(CW连续波),以激活地面应答器,又要接收应答器发送的中心频率为4.234 MHz的FSK调制的报文。

应答器分为有源应答器和无源应答器两种。无源应答器存储器中的数据是固定不变的,只能通过报文读写专用工具(BEPT)进行写入、读出、校核或修改。有源应答器与地面电子单元(LEU)连接,可实时将LEU的报文发送给应答器传输模块(BTM)。当与LEU通信故障时,有源应答器发送预先存储在应答器中的默认报文。

应答器的功能包括:

(1)接收电能信号:接收27.095MHz的高频电磁能量。

(2)产生上行链路信号:应答器通过接口A1向应答器传输模块(BTM)传送报文。

(3)启动时的方式选择:确定是发送自身存储的报文还是发送LEU传来的报文。

(4)串扰防护:对上行链路信号的限制。

(5)管理操作/编辑模式。

(6)接收来自LEU的数据。

(7)I/O接口特性的控制。

(8)产生"列车通过"信号。

每个应答器(组)都有一个编号,并且该编号在全国铁路范围内是唯一的。在每一条报文的帧头中,都要包含该应答器(组)的编号及每个应答器在组中的位置;在链接信息包中,要提供所链接的应答器的编号。每个应答器(组)的编号由大区编号、分区编号、车站编号、应答器单元编号共同构成。

应答器以报文的形式发送信息,报文的格式及其含义采用欧洲标准。每条应答器报文都是由一个50位的报文帧头、若干信息包及8位结束包构成,共计830位,每个信息包都具有各自的格式和定义。

应答器链接关系一般为链接应答器,非链接应答器中不应包含调车危险、目视停车、绝对停车之外的其他安全信息。

按照系统设计的要求,选用ETCS中定义的信息包和我国CTCS中定义的信息包。用户信息包包含有应答器连接[ETCS-5]、重定位信息[ETCS-16]、线路坡度[ETCS-21]、线路速度[ETCS-27]、等级转换[ETCS-41]、CTCS数据[ETCS-44]、特殊区段[ETCS-68]、文本信息[ETCS-72]、里程信息[ETCS-76]、调车危险[ETCS-132]、默认信息[ETCS-254]、轨道区段[CTCS-1]、临时限速[CTCS-2]、区间反向[CTCS-3]、大号码道岔[CTCS-4]、绝对停车[CTCS-5]等。CTCS-3级系统的地面应答器布置同时满足CTCS-2级的需求,并集成CTCS-2级和CTCS-3级报文信息包。

将上述信息包组合成830位报文后,为了保证传输的安全性和可靠性,按照欧洲标准对其进行编码,形成1023位的传输报文,列控中心发送至地面电子单元(LEU)再传输给有源应答器。无源应答器中存储的报文即1023位的传输报文。应答器将该报文发送至通过其上方的列控车载设备。

三、GSM-R系统

国际铁路联盟(UIC)为满足欧洲21世纪铁路一体化进程推荐了欧洲铁路专用移动通信系统(GSM R)。它是在GSM系统标准上增加了铁路调度通信特殊功能和适合高速环境下使用的要素组成,能满足国际铁路联盟提出的铁路专用调度通信的要求。

GSM-R系统借鉴GSM技术,保留了GSM的大体结构,是一个成熟可靠的系统,而且都工作在900 MHz频段。GSM-R系统应用于铁路,主要提供话音通信和数据通信业务,无线传输具有信息量大、双向传输、通用及兼容性强等特点。

为适应高速铁路应用,采用了适合高速环境的特殊算法,以及基于无线通信的列车控制等关键技术,能满足国际铁路联盟提出的高速铁路应用要求。

采用GSM-R电路交换数据通道和通用分组无线业务(GPRS)的数据通道,可以为铁路运输指挥提供数据通信业务。例如,列车运行控制系统中车地列控信息传送、机车同步控制信息传送、调车无线机车信号和监控信息传送等数据传输业务,基于GPRS数据通道的列尾信息传送调度命令传送、无线车次号传送、进站停稳信息、接车进路信息的传送、应急通信静止图像、铁路公安传真照片等数据通信业务。

另外,在旅客服务信息、车站/编组站综合移动信息系统、机车工况信息传输、牵引工况信息传输、线路监测状态传输和GSMR场强监视等数据通信业务也逐步开展。

第三节 测速测距与定位技术

一、测速方式的分类和基本原理

(一)轮轴旋转测速方式

轮轴测速系统的原理是对车轮旋转记数。为此在轴承盖上安装有数字化或按模拟原理工作的发生器。按具体类型,车轮每转一周,发生器输出多至200个脉冲或波信号。对发生器波信号记数,即可得到距离。测出出现的频率即可得出速度。这种原理的缺点是车轮打滑或空转会使测量结果产生严重错误。这类方法包括测速电机方式、脉冲转速传感器方式等。

1. 测速电机方式

测速电机包括一个齿轮和两组带有永久磁铁的线圈。齿轮固定在机车轮轴上,随车轮转动。线圈固定在轴箱上。轮轴转动,带动齿轮切割磁力线,在线圈上产生感生电动势,其频率与列车速度(齿轮的转速)成正比。这样列车的速度信息就包含在感应电动势的频率特征里。经过频率-电压变化后,把列车实际运行的速度变换为电压值,通过测量电压的幅度得到速度值。

由于测速电机方式结构简单,不须要单独设置转轴,因此目前在速度较低的列车仍然得到广泛使用。

2. 脉冲转速传感器方式

脉冲转速传感器安装在轮轴上,轮轴每转动一周,传感器输出一定数目的脉冲,这样脉冲的频率就与轮轴的转速成正比。输出脉冲经过隔离和整形后,直接输入到微处理器进行频率测量,并换算成速度和走行距离。

(二)无线测速定位方式

无线测速定位方式抛开轮轴旋转产生的速度信息,利用外加信号直接测量车体的速度和位置,因此又称为外部信号法。目前提出的有雷达测速方式和卫星定位方式等。由于这类方法不由轮轴旋转获得信息,因此能有效地避免车轮空转、滑行等产生的误差,但精度会受到无线电波的传播特性等因素的影响。这一类方法尽管目前正得到推广应用,预计在设备小型化、可靠性、适用性和价格等方面取得更大突破后,将逐渐取代传统方式而成为未来列车测速定位方式的主流。

这一类方法包括雷达测速方式、GPS测速定位方式等。

1.雷达测速方式

随着无线技术的发展和卫星、雷达的发明和应用,人们又提出了一类直接检测车体速度的方法。雷达测速就是其中之一,它是利用多普勒效应的原理实现的。雷达向移动体上发射一定频率的电磁波,反射波与入射波之间会产生频差,这个频差与移动体的速度成正比,这就是多普勒效应。在机车上安装雷达,它始终向轨面发射电磁波,由于机车和轨面之间有相对运动,因此在发射波和反射波之间产生频差,通过测量频差可以计算出机车的运行速度,并累计求出走行距离。近年来,雷达测速技术发展日益成熟,为实际应用提供了基础,目前雷达测速在铁路上仍处于试验阶段,除有效地防止空转、滑行外,也推动了停车精度技术的发展。

2.GPS测速定位方式

GPS(全球定位系统)是美国军方20世纪70年代在子午仪(Transit)系统上发展起来的全球性卫星导航系统,它是目前技术上最成熟且已真正实用的一种卫星导航和定位系统,能在全球范围内,在任意时刻、任意气候条件下为用户提供连续不断的高精度的三维位置、速度和时间信息。

GPS测速定位的原理是卫星连续地发送可跟踪的唯一编码序列,用户接收机调出卫星到接收天线的传播时间,乘上电波传播速度,可以算出卫星到用户的距离。若接收到4颗卫星的信号,即可实现3维定位(经度、纬度和高度),进而求出速度。GPS采用两类码型:CIA码和P码。CIA码又称明码,用于提供民用定位,其精度较差,定位精度在50m之内;P码为保密码,不对民用开放,它用于精度较高的测距,其三维空间的定位精度优于10m。GPS属于无源定位系统,对系统内的用户数目没有限制,并且利用卫星发出的导航信号不需要交费,这些优点使 GPS 系统拥有大量用户。

二、列车测距定位的基本方法技术

测距定位系统是列车运行自动控制系统的重要组成部分。为了使地面控制中心和列车本身获得当前位置和向顾客提供信息,必须精确地确定列车位置。

定位是指确定地球表面上的车辆的坐标,位置是指车辆相对于路标或其他地面特征的方位,通常采用三种定位技术:独立定位技术、卫星定位技术、无线定位技术,对列车进行定位。独立定位技术采用相对列车传感器和地面传感器实现列车定位;卫星定位技术是把全球定位系统(GPS)接收机安装在机车上,采用卫星技术来实现列车定位。

(一)相对传感器+地面绝对信标

相对传感器是基于预先确定或以前测量距离、位置或取向变化的装置。不知道初始位置或取向,传感器就不能用于确定相对于大地的绝对位置和取向。为了得到列车确定位置和消除累积误差,在相对传感器的基础上,在地面适当位置加装信标。目前在铁路上应用的信标有查询应答器和轨道环线。

1. 轮轴传感器

脉冲转速传感器方式测距定位的基本原理是由传感器输出频率与轮轴转速成正比的脉冲信号,通过频率进行换算得到速度,再由速度对时间求积分得到累加距离。

为了避免机械磨损和测量精度的相对变化,用非触式传感器测量轴的角位置是可取的,由于在传感器和被测量的部件间存在空间间隙,所以不会与非触式传感发生摩擦磨损。

2. 地面绝对信标

如果以上测量定位累积的误差很大,将直接影响列车的控制精度和安全。目前在铁路和城市轨道交通中消除累积误差的处理方法有以下两种:

(1)轨道电路绝缘节检验。根据每个轨道电路的载频信息不同,确定列车越过一个轨道电路区段,轨道电路频率布置时考虑上下行和相邻区段。

(2)查询应答器或轨道环线。采用轨道电路载频变化对测距进行各种修正和校准存在一些问题。首先,在整条线路上不可能完全做到载频交叉,这样就可能在分区变化时得不到定位校正；其次，车载设备接收绝缘节信息的延迟较长，造成校正信息提供不及时，有时造成多绝缘节或少绝缘节的情况，使测距系统混乱，因此必须采用查询应答器或轨道环线的方法解决。在车站内埋设一个查询应答器或轨道环线，当列车机车通过时，查询应答器或轨道环线感应接收到地面查询应答器或轨道环线提供的绝对点信息，使列车对测距重新刷新，列车得到的又一个定位起点，彻底消除了列车相对传感器测距的累积误差。

(二)绝对传感器(GPS/DR集成定位系统)

1. GPS

全球定位系统(Global Positioning System，GPS)是基于卫星的无线导航系统，它提供一种实用、价廉的在全球范围内的确定位置、速度和时间的工具。共有24颗卫星绕着地球旋转，它们全天候地、昼夜地发送高精度的、连续的、实时的定位和定时信息，提供给用户三维坐标、三维速度分量和精确定时。

在列车定位系统中，用GPS设备作为用户部分的GPS接收机，即可提供车辆的绝对坐标，坐标的精度极高，而且误差不随着时间累积，具有很好的低频响应特性。

2. 航位推算法(Dead Reckoning)

航位推算法(Dead Reckoning)是典型的独立定位技术，是一种非常原始的定位技术。对于行驶的列车，假如起始位置以前的所有位移是已知的，则可以计算出在任何情况下列车的位置并推算定位递增累积行驶的距离(和相对于已知位置的方向)。简言之，推算定位是相对于一个参考点确定车辆的位置的技术。

(1)航位推算法中的可用传感器。一个典型的航位推测系统应当包括位移传感器和航向传感器，一般采用惯性传感器作为航向传感器和位移传感器。

(2)惯性传感器。

①陀螺(Gyrosopes)：陀螺的输出信号是沿输入轴方向与角速度成正比的电压信号。

②加速度计(Accelerometers)：加速度计的输出信号是沿输入轴方向与惯性加速度和重力加速度分量成正比的合成信号。

原则上，三维坐标系需要3个陀螺和3个加速度计来确定位置和速度，但对车辆的导航定位应用来说，只要求水平坐标，故仅需一个测定航向的陀螺来确定其水平偏转及2个加速度计。

3. GPS/DR 集成定位法（传感器融合技术）

没有一个传感器能够单独提供所有的定位信息，若要得到全面的定位信息，则需要多个传感器组合才能提供精确的定位信息。集成的传感器系统具有提供高精度和容错的潜力，由惯性传感器构成的定位推算系统，其高频特性较好、低频特性较差，而 GPS 与之相反。如果综合利用两者的优点构成组合定位系统，则整个系统的精度、性能和可靠性都较单一的系统有大的改善。

(1) 多传感器技术的集成。利用 GPS 的定位信息对惯性传感器进行核准，以控制累积误差。短时间内高精度的 DR 定位，又能很好地解决 GPS 动态环境中的信号失锁和周跳问题，并可辅助 GPS 接收机增强其抗干扰能力，提高捕获和跟踪卫星信号的能力。因此，应将惯性传感器测得的加速度、角速度和 GPS 测得的位置集成使用，即利用 GPS 和惯性传感器集成技术，建立 GPS/DR 集成定位系统。

(2) 卡尔曼滤波（Kalman Filtering）。卡尔曼滤波是一种估算方法，从起点到目标点连续不断地对航位推算系统的定位进行修正，每次循环将输入值与先前的模型进行比较，并用卡尔曼增益加权获得更新的系统状态。

在实际应用中，取系统的位置、速度、加速度、航向，以及加速度误差、角度误差和角速度误差等为系统的状态，并以系统初始状态作为模型的初始条件，在每次测量更新时，都要利用当时的状态估算值和存储的位置数据计算出预测值，然后将 GPS 测得的数据与预测值加以比较，其差值经过卡尔曼滤波处理，产生定位系统误差状态参数的估算值，将这些误差估算值反馈给车辆定位系统进行修正，从而提供修正后更准确的定位数据。

第四节　CTCS-2 级列控系统

一、CTCS-2 级列控系统技术的特性

(1) CTCS-2 级列控系统满足列车运行速度 200～250 km/h，正向运行最小追踪间隔为 3 min。

(2) 系统采用自动闭塞，闭塞分区划分及轨道电路信息定义满足动车组控车要求，同时满足四显示自动闭塞的行车要求。

(3)列车正向按自动闭塞追踪运行,反向按自动站间闭塞运行。

(4)采用目标距离模式曲线监控列车安全运行,生成的监控曲线所需的行车许可、线路参数、限速等信息由轨道电路和应答器提供。

(5)列控车载设备具有设备制动优先和司机制动优先两种控车模式,一般应采用设备制动优先控车模式。

(6)CTCS-2级列控系统作为CTCS-3级列控系统的后备系统,在无线闭塞中心(RBC)或无线通信故障时,CTCS-2级列控系统将控制列车运行。

二、CTCS-2级列控系统结构

(一)地面设备

地面设备由临时限速服务器系统(TSRS)、列控中心系统(TCC)、ZPW-2000轨道电路、地面电子单元(LEU)与应答器等组成。

临时限速服务器系统(TSRS)集中管理客运专线的临时限速命令,具备全线临时限速命令的存储、校验、撤销、拆分、设置、取消及临时限速设置时机的辅助提示功能。

列控中心(TCC)接收轨道电路占用信息并发送给计算机联锁设备;运用于CTCS-2级列控系统时,具有轨道电路编码、应答器报文产生与发送,根据轨道电路、进路状态及临时限速等信息产生CTCS-2级行车许可,通过轨道电路及有源应答器将行车许可传送给CTCS-2级车载设备。

ZPW-2000轨道电路实现列车占用及完整性检查,在CTCS-2级车载设备运用时连续向具有CTCS-2级功能的列车传送空闲闭塞分区数量等信息。

应答器向车载设备传输线路定位、级间转换等信息,在运用于CTCS-2级列控系统时向具有CTCS-2级功能的车载设备传送线路参数、临时限速等信息。LEU与应答器、其他信号设备(如列控中心设备)相连接,完成向有源应答器发送可变的信号数据。

(二)车载设备

车载设备由车载安全计算机(VC)、轨道电路信息接收单元(TCR)、应答器信息接收模块(BTM)、司法记录单元(JRU)、人机界面(DMI)等组成。

车载设备根据地面设备提供的信号动态信息、线路参数、临时限速等信息和动车组参数,按照目标—距离模式生成控制速度,监控列车安全运行。

(三)信号系统安全数据网

信号安全数据网采用工业以太网网络设备(工业级交换机)构成冗余双环网,双环网间存在物理隔离,网络设备间采用专用单模光纤连接,以实现列控中心(TCC)、计算机联锁(CBI)、临时限速服务器(TSRS)间的安全信息传输。

三、CTCS-2 级列控系统的基本功能

CTCS-2 级列控系统的基本功能主要有两个:一是生成和发送行车许可;二是超速防护(ATP)。具体地讲,有以下三个内容:

(1)在不干扰机车乘务员正常驾驶的前提下有效地保证列车运行安全。

(2)在任何情况下防止列车无行车许可运行。

(3)防止列车超速运行。

四、CTCS-2 级列控系统的数据流程

(一)数据流程

(1)CTC 中心与 CTC 车站自律机之间传输的信息,包括站场表示信息、调度命令和车次号校核等信息,以及 CTC 控制信息。

(2)CTC 中心与临时限速服务器(TSRS)之间,CTC 系统向 TSRS 发送列控限速调度命令信息、操作信息、TSRS 限速状态初始化信息,接收 TSRS 提示信息、报警信息、站场图限速光带等信息。

(3)列控中心(TCC)从联锁获得列车进路信息,包括接车进路、发车进路、通过进路、运行方向、股道号等信息。

(4)TCC 与 TSRS 之间传输临时限速信息和执行回示信息。

(5)TCC 向集中监测传输的信息,包括列控中心设备状态、操作及故障诊断等信息。

(6)TCC、LEU 和有源应答器之间传输报文信息。

(7)列控车载设备通过 BTM、STM 接收有源应答器和无源应答器的点式信息;接收轨道电路的信息,包括行车许可、空闲闭塞分区数量和道岔限速等。

(8)列控车载设备与 LKJ 之间的信息传输。列控车载设备与 LKJ 之间通过 RS422 方式进行通信,将列控车载设备接收到的轨道电路信息、应答器数据、列控车载设备状态等传输给 LKJ;LKJ 将时间、司机号、车次号等信息传输给列控

车载设备。

(9)列控车载设备与列车接口单元(TIU)之间的信息传输。动车组(EMU)向列控车载设备输入信息,包括牵引开关、制动位置、前进位置、后进位置、零位(制动牵引手柄)位置等信息。列控车载设备向 EMU 输出信息(指令),包括紧急制动(EB)、常用最大制动(B7N)、常用 B4 制动(B4N)、常用 Bl 制动(BIN)、切除牵引等信息。

(二)列控数据内容

(1)轨道电路提供连续列控信息,包括行车许可、空闲闭塞分区数量及道岔限速等信息。

(2)区间应答器报文信息,包括应答器链接信息、线路坡度信息、静态限速信息、等级转换信息、特殊区间信息及轨道电路信息。

(3)出站端应答器报文信息。

(4)进站端应答器报文信息。

第五节　CTCS-3 级列控系统

一、CTCS-3 级列控系统技术的特性

(1)CTCS-3 级列控系统满足运营速度 350 km/h,最小追踪间隔 3 min 的要求。

(2)CTCS-3 级列控系统满足正向按自动闭塞追踪运行,反向按自动站间闭塞运行的要求。

(3)CTCS-3 级列控系统满足跨线运行的运营要求。

(4)CTCS-3 级列控系统车载设备采用目标距离—连续速度控制模式、设备制动优先的方式监控列车安全运行。

(5)CTCS-2 级列控系统作为 CTCS-3 级列控系统的后备系统。在无线闭塞中心(RBC)或无线通信故障时,CTCS-2 级列控系统控制列车运行。

(6)全线 RBC 设备按属地化管理原则集中设置。

(7)GSM-R 无线通信覆盖包括大站在内的全线所有车站。

(8)动车段及联络线均安装 CTCS-2 级列控系统地面设备。

(9)300 km/h 及以上动车组不装设列车运行监控装置(LKJ)。

(10)在300 km/h及以上线路,CTCS-3级列控系统车载设备的速度容限规定为超速2 km/h报警、超速5 km/h触发常用制动、超速15 km/h触发紧急制动。

(11)RBC向装备CTCS-3级列控系统车载设备的列车、应答器向装备CTCS-2级列控系统车载设备的列车分别发送分相区信息,使其实现自动过分相。

(12)CTCS-3级列控系统的接口标准为统一接口标准,涉及安全的信息采用满足IEC 62280标准要求的安全通信协议。

(13)CTCS-3级列控系统的安全性、可靠性、可用性、可维护性满足IEC 62280等相关标准的要求,关键设备冗余配置。

二、CTCS-3级列控系统的结构

(一)车载设备

车载设备包括安全计算机(VC)、轨道电路信息接收单元(TCR)、应答器传输模块及应答器天线、无线通信模块、人机界面(DMI)、列车接口单元(TIU)、测速测距单元(SDU)、司法记录单元(JRU)。

安全计算机(VC)根据与地面设备交换的信息来监控列车安全运行。轨道电路信息接收单元(TCR)接收轨道电路的信息。应答器传输模块通过与应答器的天线连接,接收地面应答器的信息。无线传输模块通过与GSM-R车载电台连接,实现车地双向信息传输。人机界面实现司机与车载设备之间的信息交互。列车接口单元(TIU)提供安全计算机与列车相关设备之间的接口。司法记录单元(JRU)应仅用于记录与列车运行安全有关的数据,并在需要时下载进行数据分析。

(二)地面设备

地面设备包括应答器、地面电子单元(LEU)、ZPW-2000轨道电路、无线闭塞中心(RBC)、车站列控中心(TCC)、临时限速服务器(TSRS)。

1. 应答器

应答器是向车载设备传送报文的点式传输设备;应答器提供上行传输链路,也就是由地面向车载设备传送消息;应答器能提供固定消息,当与地面电子单元

(LEU)连接时能提供可变消息;应答器可按组的形式使用,每个应答器传送一个报文,所有报文的组合构成应答器组的消息。

2. 地面电子单元(LEU)

LEU 根据地面设备提供的信息生成应答器所要传输报文的电子设备。

3. ZPW-2000 轨道电路

ZPW-2000 轨道电路实现列车占用检查;轨道电路为 CTCS-3 级后备系统提供前方空闲间隔信息。

4. 无线闭塞中心(RBC)

RBC 根据外部地面设备提供的信息,以及与车载设备交互的信息生成发送给列车的信息。这些信息的主要目的是提供行车许可(MA),使列车在 RBC 的管辖范围内的线路上安全运行。RBC 通过车地无线通信系统向其控制范围内列车的车载设备传送行车许可及线路描述信息等信息。

5. 车站列控中心(TCC)

TCC 实现轨道电路编码功能,并通过联锁向 RBC 传送列车占用信息。TCC 通过 LEU 及有源应答器向 CTCS-3 级列控系统的后备系统(CTCS-2 级列控系统)传送临时限速信息和进路信息。

6. 临时限速服务器(TSRS)

TSRS 集中管理临时限速命令。TSRS 分别向 RBC、TCC 传递临时限速信息。

(三)车载设备接口

车载设备内部接口包含人机界面接口、速度传感器接口、雷达接口、运行记录单元接口、与轨道电路信息接收单元接口、应答器传输模块接口、GSM-R 无线通信模块接口等。

车载设备外部接口包含动车组接口、GSM-R 接口、动态检测接口、应答器接口、轨道电路接口、司法记录单元下载接口、电源接口等。

三、CTCS-3 级列控系统的基本功能

(1)向司机提供安全驾驶列车的必要信息。

(2)监控列车及调车运行。

(3)采用 GSM-R 无线通信系统实现车地信息双向传输。

(4)具备自动过分相功能。

(5)满足跨线运行的运营要求。

(6)具有轨道占用检查功能。

(7)采用固定自动闭塞,以目标距离连续速度控制模式监控列车运行。

(8)具有设备制动优先和司机制动优先两种控制方式,且一般采用设备制动优先控制方式。

(9)具有常用制动和紧急制动两种制动模式。

(10)CTCS-3 级列控系统具备临时限速功能。

(11)CTCS-2 级列控系统功能作为后备模式。

四、CTCS-3 级列控数据流程

(一)数据流程

CTCS-3 级列控系统与 CTCS-2 级列控系统兼容,CTCS-3 级列控数据流在 CTCS-2 级列控系统的基础上列按系统增加了地面 RBC 与车载 GSM-R 无线模块。该模块使得 RBC 与 CTC,RBC 与 TSRS,RBC 与 TCC,RBC 与 CBI,RBC 与 CSM,RBC 与相邻 RBC 之间进行通信。

1. 在 CTCS-3 级列控系统模式下

车载设备通过 GSM-R 无线通信系统向 RBC 发送司机选择输入和确认的数据(如车次号、列车长度),列车的固有性质数据(列车类型、列车最大允许速度、牵引类型等),车载设备 RBC 的注册、注销信息,列车司机通过该系统定期向 RBC 报告列车位置、列车速度、列车状态(正常时)和车载设备故障类型(非正常时)信息,列车限制性信息及文本信息等。

同时,车载设备接收 RBC 发送的行车许可(包括车载设备识别号、目标距离、目标速度及可能出现的延时解锁的相关信息、防护区的相关信息、危险点的相关信息)、紧急停车(无条件紧急停车和有条件紧急停车)、临时限速、外部报警信息及文本信息等。车载设备通过应答器获取列车的位置信息。

2. 在 CTCS-2 级列控系统模式下

BTM 接收无源应答器的列车定位信息和一定范围内的线路参数及有源应答器的进路线路参数信息和临时限速信息。车载设备的轨道电路信息接收单元具有接收多个载频的功能,并可以从中解调出低频信息。

（二）列控数据内容

1. RBC 与联锁

RBC 和联锁系统将站间线路划分为若干个信号授权(SA)区段,然后以此为基本单位进行信息交互,它以对象的方式传递信息,对象包括列车状态、信号授权和紧急停车区。

RBC 通过列车状态对象向联锁发送与列车相关的信息,包括列车信息、行车许可状态、列车的位置信息、列车的长度信息、列车的速度信息。

联锁通过信号授权对象向 RBC 发送进路状态相关信息,包括进路类型、进路状态、降级状态、SA 区段的 ID 号、危险点信息、列车溜入检测标志、开口速度的信息。

联锁中可设置紧急停车区,其状态可通过紧急区对象传递给 RBC。如果紧急停车区被激活,那么 RBC 将向该区域内及将要进入该区域的列车发送无条件或有条件的紧急停车消息,并在撤销该紧急停车区前不会对该区域下发新的行车许可。

2. RBC 与 CTC 系统

(1)登录及注销。CTC 系统向 RBC 发送登录信息和注销信息。登录信息包括操作 ID 号、操作员 ID 号、操作员用户名和密码。操作 ID 号用于操作反馈,用户名和密码在登录时使用,操作员 ID 号将在其他指令下使用以验证操作员。注销信息只包括操作号和操作员 ID 号。

(2)设置和撤销紧急停车命令。CTC 系统可以通过 RBC 向列车下发无条件紧急停车命令,也能够撤销下发的紧急停车命令。对于 CTC 系统发来的命令,RBC 将无条件执行。

(3)时间同步信息。时间同步信息由 CTC 系统向 RBC 发送,CTC 系统采用 NTP 时间同步协议。

(4)列车状态。当 RBC 与 CTC 系统通信连接建立后,RBC 需要向 CTC 系统发送所有的列车状态信息。随着列车的运行,当列车状态发生变化时,RBC 需要主动向 CTC 系统发送更新的列车状态信息。CTC 系统也可以根据需要,主动要求 RBC 向 CTC 系统发送指定列车的状态信息。列车状态信息包括列车状态请求消息和列车状态消息。

(5)RBC 工作状态。RBC 周期性向 CTC 系统发送其工作状态信息,包括 VIA-RBC 连接状态、RBC 设备在线信息和 VIA 设备在线信息。

(6)报警信息。RBC 系统内部如果发生需要通知调度员的报警信息时,如 GSM-R 无线单元内列车数量超限的报警,可通过接口传送至 CTC 系统。

(7)文本信息。

(8)操作反馈信息。CTC 系统向 RBC 发送操作信息时,发送的信息中带有操作号的信息,此时 CTC 系统将启动超时检测机制,要求 RBC 在规定间内返回应答信息。如果 CTC 系统接收操作反馈信息失败,则采取相应防护措施。操作反馈信息数据中也包括对应的操作号信息。

3. RBC 与临时限速服务器

临时限速信息包括临时限速命令和临时限速状态。临时限速服务器与 RBC 间交换的所有数据均采用安全通信协议,保证数据交换的安全。

4. RBC 与集中监测

RBC 向集中监测站机传送的主要信息包含有 RBC 设备的运行状态信息、维护诊断信息等。

5. RBC 与 RBC 之间

RBC 与相邻 RBC 之间传输 RBC 切换信息。

6. RBC 与车载 GSM-R 无线模块

RBC 与车载 GSM-R 无线模块传输的信息,包括行车许可、进路描述信息、临时限速、列车位置、紧急制动、注册与注销、自动过分相等信息。

第六节 列控中心

一、概述

近年来,我国铁路建设飞速发展,继京沪、京广、胶济、沪昆、广深和郑徐等既有线实现 200 km/h 提速(第六次大提速)后,京津、合宁、合武和石太等客运专线已经开通运营,武广、郑西和京沪等高速铁路也正在建设中,在这些铁路上,列车最高运行速度将达到 250~350km/h。

为了进一步适应我国铁路的跨越式发展的战略目标,传统的以地面信号为主体信号的信号系统已不能满足客运专线铁路的运输要求,因此,必须采用列车超速防护系统。原铁道部制定了《中国列车控制系统(CTCS)技术规范总则(暂行)》和相应CTCS技术条件,以保证我国铁路运输的安全,满足互通运营的需求,并适应提速战略的实施。CTCS系统是参照欧洲列车控制系统(ETCS)制定的适应我国国情的现代铁路列车控制系统。CTCS-2级系统是基于点式应答器、轨道电路传输列车运行控制信息的点—连式ATP系统。列控中心是构成200~250 km/h客运专线CTCS-2级列控系统(含300~350 km/h客运专线后备模式的CTCS-2级列控系统)的重要组成部分,列控中心控制车站和区间轨道电路发码,通过轨旁电子单元(LEU)控制有源应答器发送应答器报文给车载设备,实现站间安全信息的传输。为了发展我国的CTCS系统,配合我国客运专线铁路建设研究开发具有自主知识产权的、满足客运专线铁路需求的列控中心设备是非常必要的。

根据原铁道部的统一规划,适用于既有线提速和客运专线的列控中心系统采用2×2取2安全冗余的硬件结构,其硬件平台的研制借鉴已经得到成功运用的基于2×2取2安全冗余硬件结构的计算机联锁系统,其应答器报文的编制可参照成熟的ETCS应答器报文编码规则。列控中心适用于装备计算机联锁和CTC的有岔车站及中继站,亦可使用在与CTCS-2级列控系统线路相衔接的CTCS-0级列控系统的车站。

二、列控中心的主要功能

(一)有源应答器报文选择功能

列控中心给LEU发送的信息必须采用报文的形式,这些报文是用符合一定规范的初始用户数据,经过信道编码算法产生的。对用户数据进行信道编码的目的是提高应答器与车载设备间的无线信道传输的安全性。

列控中心从车站联锁获取车站接发车的进路信息,从CTC车站分机或临时限速服务器获取临时限速命令,根据临时限速区段位置、限速等级,选择或实时生成应答器报文,通过通信接口传送给控制该应答器的轨旁电子单元(LEU),为列车提供运行前方的进路信息及限速信息。

当列控中心采用预先存储报文,再根据临时限速命令和车站进路选取相应报文方式时,可采用以下方法实现:

(1)用软件生成符合应答器报文定义的初始用户数据。

(2)利用初始用户数据,经过报文生成软件(FFFIS 信道编码标准)产生报文。

(3)把所有产生的报文存储到列控中心的报文存储器内。

列控中心系统软件会根据 CTC 自律机发来的用户数据,在报文存储器内查询相应的报文并传给 LEU。

为了保证报文存储的安全性,报文存储器采用冗余结构,同时给每条存储的报文加校验码(本系统采用 CRC 校验)。索引号、限速起点、限速长度和速度级别用于报文的快速检索,校验码是根据索引号、限速起点、限速长度、速度级别和报文的内容计算而来的。

(二)有源应答器报文的实时组帧和多处限速功能

为满足运营维护管理的需求,列控中心有源应答器管辖范围内应能同时设置多处限速,限速的起点、限速的终点、限速值可以任意设置,最多可以同时设置三处限速。为实现多处限速的功能,列控中心预先存储所有应答器报文的方案是无法实现的,但列控中心应具备实时生成报文的功能。

为了实现应答器报文的实时组帧,列控中心将采用预存储 830 位报文模板的方法。830 位报文模板的生成依据为应答器用户数据表,其内容包括帧标志、链接包 ETCS-5、坡度包 ETCS-21、线路速度包 ETCS-27、轨道区段包 CTCS-1、临时限速包 CTCS-2 和绝对停车包 CTCS-5 等。其中,帧标志、链接包、坡度包、线路速度包、轨道区段包和绝对停车包与具体进路对应,报文模板生成后固定不变;临时限速包中的限速有效长度、限速区起点、限速区长度、限速级别及限速区数目在报文实时组帧时是可变量。列控中心根据进路状态、临时限速命令等信息选择相应的 830 位模板,经加扰运算后通过 LEU 发送给有源应答器。

(三)临时限速命令的处理

列控中心可处理来自 TDCS/CTC/TSRS 的临时限速命令。当 TDCS/CTC/TSRS 下达临时限速命令时,列控中心先对接收的临时限速命令验证是否可执行,若可执行,TCC 将返回相应可执行限速状态,TDCS/CTC/TSRS 接收到此限速状态反馈后,提醒值班员可正式批准执行该临时限速命令。若不可执行,TCC 将返回不可执行限速状态,TDCS/CTC/TSRS 接收到此限速状态反馈后,撤销该限速命令。

若值班员确认并批准该限速执行，便可下达执行命令，列控中心接收到此命令后，须先检验该命令是否通过验证，若是已通过验证的命令，则立即执行该限速命令，并更新应答器的报文输出；若是未通过验证的命令，则应拒绝执行，返回执行限速失败的信息。

TDCS/CTC/TSRS已确认接收到所下达的临时限速命令执行结果，则终止下达该限速命令。

(四)轨道电路编码控制

1. 轨道电路状态判断

列控中心设备通过采集轨道继电器状态或接收轨道电路设备CAN通信状态两种途径获取轨道电路的状态。

在设置轨道继电器的情况下，列控中心以轨道继电器的状态作为该轨道区段的占用状态。列控中心把轨道继电器状态与CAN通信状态进行比较，当两者状态不一致时，向监测系统报警。

2. 轨道电路编码

列控中心依据联锁发送的进路信息，区间及站内轨道电路提供的占用/出清信息，站间安全信息传输提供的邻站管辖相关区段的状态及其他编码所需的信息，结合区间运行方向等条件，按照《机车信号信息定义及分配》(TB/T 3060)标准及相关的技术规范，计算区间及站内各轨道区段的低频码，并将轨道电路的低频和载频发送至轨道电路通信盘，为列车提供运行前方空闲的闭塞分区数量。

当采用全进路发码的车站并存在转频的列车进路时，列控中心控制转频码的发送时机，咽喉区发检测码，股道发正常码；当列车占用上下行载频分界的绝缘节前方轨道区段时，上下行载频分界的绝缘节后方轨道区段开始预发送转频码，该轨道区段解锁后，恢复发检测码。

当采用正线和股道发码的车站时，列控中心依据联锁的进路条件、区间状态计算股道电码化的低频码，若车站存在转频的列车进路，列控中心需控制转频码的发送时机，对于接车进路，仅当列车占用股道后发送转频码，2s后恢复发送正常码，对于发车进路，进路的最后一个轨道区段发送转频码，该区段解锁后恢复发检测码。

(五) 轨道电路发码方向控制

1. 站内轨道电路方向

在站内的每个轨道区段设置一个方向切换继电器(FQJ),用以控制站内轨道电路的发码方向。列控中心根据站内的进路方向,分别驱动进路上相应轨道电路的方向继电器,控制轨道电路迎列车运行方向发码。

列控中心采集轨道电路方向继电器的状态,当FQJ状态由于某种原因与进路方向不符时,列控中心则仍维持原编、发码条件,发送报警信息。

站内轨道电路区段的缺省方向为进路正方向;列控中心设备初始化时,站内区段发码方向应置为缺省方向;当股道由多个轨道区段组成或列车占用前方轨道区段时,占用区段后方的轨道区段发码转为向另方向发码。

2. 区间轨道电路方向控制

每段区间轨道电路设置方向切换继电器,用于改变轨道电路的发码方向。区间轨道区段的缺省方向为正向运行方向。车站的每个发车口(含反向)设置一个极性保持方向继电器(FJ),用于区间方向的切换和保持,当方向继电器吸起时表示正向,落下表示反向。每个发车口(含反向)的方向继电器由一个ZGFJ继电器和一个FGFJ继电器来控制,列控中心通过控制ZGFJ和FGFJ继电器来改变发车口轨道电路方向。由方向继电器控制本方向管辖范围内每个区间轨道电路方向切换继电器(FQJ)的方向切换。当站间通信故障或列控中心设备故障时,保持区间方向切换继电器状态不变。

(六) 区间运行方向与闭塞控制

(1)列控中心具备控制区间运行方向的功能,它能防止双方向往同一区间发车,保证列车的安全运行。

(2)区间运行方向的改变随着原接车站办理发车进路自动实现。当联锁在接车站发送正常改方请求信息时,列控中心在确认整个区间空闲且邻站没有办理发车进路的情况下,驱动相应的继电器,完成区间方向的改变。

(3)当区间轨道电路故障时可通过辅助办理方式实现区间运行方向的改变。

(七) 区间信号机点灯的控制

列控中心根据区间的运行方向,列车占用,区间轨道电路故障,站内接、发车进路的办理情况等条件,通过输出LJ、UJ、HJ等继电器,直接控制区间信号的点灯,同时实现红灯转移功能。

(八)站间安全信息的传输功能

(1)列控中心间通过冗余双环网实现站间安全信息的传输,为实现区间方向控制功能、中继站临时限速命令接收、车站联锁办理发车进路等提供条件,以保证列车在区间的连续、安全运行。

(2)站间安全信息的传输内容主要包括边界区段的占用/出清、边界信号的灯丝状态、闭塞分区的状态及低频信息、线路改方信息、中继站临时限速命令和执行状态等。

第七节 无线闭塞中心

一、无线闭塞中心系统的结构

无线闭塞中心(RBC)是 CTCS-3 级列控系统的地面核心设备,是我国高速铁路的重要技术装备,是保证高速列车运行安全、可靠、高效的关键设备之一。

无线闭塞中心根据联锁、临时限速服务器、相邻 RBC、CTC 和车载设备提供的信息,生成列车行车许可等控制信息,并通过无线通信的方式发送给车载设备,以控制列车的安全追踪运行。

(一)RBC 结构

RBC 结构由 RBC 主机、ISDN 服务器、RBC 维护终端、接口服务器、RBC 本地终端、RBC 司法记录器(R-JRU)等部分构成。

1. RBC 主机

想要实现 RBC 的核心逻辑功能,可以采用符合"故障－安全"原则的安全计算机平台进行与安全相关逻辑的运算和控制,也可采用高可靠的二乘二取二安全计算机平台,亦可采用三取二方式的安全计算机平台。RBC 主机硬件采用冗余结构,单系设备故障后不影响系统运用,并具有消息加密—解密功能,安全完整度能达到 SIL4 级的要求。

2. RBC 配备独立的维护终端

RBC 维护终端是向维护工程师和其他技术人员提供 RBC 技术支持的系统。

在每个 RBC 中设置一个维护终端,可实现对 RBC 主机的维护。RBC 维护终端能更新 RBC 软件,实现维护和诊断;访问 RBC 的诊断数据,可实现 RBC 在线单元和备用单元的切换。

3. 接口服务器

接口服务器负责实现 RBC 和 CTC、信号集中监测系统(CSM)、RBC 本地终端设备之间的信息交互功能。接口服务器能记录 RBC、司法记录器、RBC 本地终端和其自身的报警和事件信息,每则信息都应保存相应的时间戳,并将来自 RBC、司法记录器、RBC 本地终端和其自身的报警信息报告给信号集中监测系统。

若 CTC 通过接口服务器向 RBC 发送信息,接口服务器则应判决将该信息传送至哪个 RBC。若接口服务器接收到一条信息,则接口服务器应将该信息转发至信息中指定的目的设备。接口服务器实现的接口包括 RBC 主机和接口服务器;接口服务器和 CTC;接口服务器和 RBC 本地终端;接口服务器和信号集中监测系统;接口服务器和司法记录单元 R-JRU。

4. 在机械室配置 RBC 本地终端

RBC 本地终端与 RBC 主机相连,可实现对 RBC 的维护与操作。使用 RBC 本地终端能实现 RBC 主机、接口服务器的在线、待机切换。RBC 本地终端应通过用户和密码保护限制不同类型用户的访问与操作,并能更新接口服务器软件。

RBC 本地终端允许操作员访问 RBC 的维护和诊断的特征数据。RBC 本地终端具有基于图形窗口的用户界面,可为登录的操作员分配不同的访问权限,以实现不同目的的使用。

5. 司法记录器

RBC 装备 RBC 司法记录器,并将记录的所有交互事件和系统状态存储于 RBC 司法记录器中。RBC 司法记录器用于系统事故后的故障调查,信息和事件的记录功能是基于计算机硬件平台和以太网数据通信来实现。RBC 司法记录器能提供工具以支持对日志的分析,能在 CD/DVD 上对日志进行存档,以报警的形式向 RBC 本地终端报告故障情况,并能被配置为从指定的设备获取数据。

(二)无线闭塞中心的功能

1. 无线闭塞中心功能的要求

(1)具备启动自检和安全侧初始化的功能。

(2)具备与车载设备的双向信息传输功能。

(3)具备管理车载设备的注册和注销功能,并将车载设备状态信息发送给调度集中。

(4)具备根据从联锁获得的进路/轨道区段状态信息、车载设备发送的状态信息及前行列车发送的位置信息,向车载设备发送合适的行车许可功能。

(5)具备控制车载设备实现 CTCS-2 级/CTCS-3 级列控系统的等级转换功能。

(6)具备 RBC-RBC 的移交功能。

(7)具备根据从临时限速服务器(TSRS)接受的临时限速命令(TSR),向车载设备发送临时限速信息的功能。

(8)具备向车载设备发送与分相区相关信息的功能。

(9)具备调车管理的功能。

(10)具备根据调度员的紧急停车命令,向车载设备发送紧急停车消息的功能。

(11)具备完善的诊断与维护功能。

(12)具备接受密钥管理系统密钥的功能。

(13)具备保持与 CTC 设备时钟同步的功能。

(14)具备灾害信息处理的功能。

2. RBC 的具体功能

RBC 是 CTCS-3 级列控系统的核心,是基于信号"故障—安全"计算机的控制系统。RBC 在 CTCS-3 级列控系统中的主要功能是负责根据线路特性(如坡度、线路固定限速)、运输条件(列车间隔)和其他系统的情况(如轨道占用信息、联锁进路状态等)向列车发送速度—距离、监控所需要的移动授权信息(MA),并通过 GSM-R 无线通信系统传输给车载自动超速防护系统 ATP 设备,保证列车在其管辖之内的运行安全。

每个无线闭塞中心(RBC)最多可控制 30 列动车组,并且可与相邻的 2 个无线闭塞中心(RBC)和 8 个车站的联锁设备接口。

无线闭塞中心(RBC)通过 2×4 芯专用光芯构成冗余的 RBC/IXL 安全数据通信,以太网实现与车站联锁设备的信息交换;通过冗余的 E1 通道,实现与 CTC 设备间信息交换。通过车站联锁计算机,获取轨道占用、进路状态、区间方向、闭塞分区的可用性等信息，RBC 不直接与列控中心 TCC 进行信息交互；通过以太网与临时限速服务器进行连接，获取临时限速命令信息。TSRS 与 RBC 间传递安全信息使用的是 Subset-098 安全协议，它能满足 EN 50159-2 对开放网络通信的安全要求，并且临时限速服务器可以和多个 RBC 相连，一个 RBC 只能和一个临时限速服务器相连；通过 RBC-记录警报子系统 ART 与信号集中监测系统的 CSM-RBC 接口通信机接口，可以向信号集中监测系统输出其工作状态、收发信息记录等信息。

二、无线闭塞中心系统设备的维护

（一）日常巡检

1. 室内环境

(1) 通过监测手段监测 RBC 机械室的温度、湿度是否满足要求。

(2) RBC 机械室是否清洁；是否满足防尘条件。

2. RBC 机柜

(1) 切换 RBC 机柜内显示界面，逐个检查服务器的工作状态，观察是否出现黑屏、显示不正常等现象；如不正常，则检查相关供电、显示、通信连接是否存在故障。

(2) 逐个观察 RBC 服务器的硬件指示灯是否正常，包括硬盘指示灯和信息面板指示灯等。

(3) 检查 RBC 机柜内交换机的工作指示灯是否正常。

3. 接口服务器（VIA）机柜

(1) 切换 VIA 机柜内显示界面，逐个检查服务器的工作状态，观察是否出现黑屏、显示不正常等现象，如不正常，则检查相关供电、显示、通信连接是否存在故障。

(2) 在 VIA 机柜中逐个检查硬盘指示灯是否正常。

(3) 检查 VIA 机柜内指示灯是否正常。

4. 通过 RBC 本地终端的显示界面检查 RBC 系统的工作状态

(1) RBC 系统内部连接的显示是否正常。

(2) RBC 系统主系统、备用系统的工作状态是否正常。

(3) RBC 是否发生主、备系统的切换。

(4) VIA 的工作状态是否正常。

(5)VIA 的硬盘空间是否达到警戒线。

(6)R-JRU 的工作状态是否正常。

(7)VIA 对 CTC 接口的显示是否正常。

(8)VIA 对集中监测接口的显示是否正常。

5.通过 RBC 维护终端检查 RBC 系统的接口状态

(1)RBC 内部 ISDN 服务器的连接状态。

(2)RBC 对联锁接口的连接状态。

(3)RBC 对 TSR 接口的连接状态。

6.检查 R-JRU 的硬盘空间是否超过警戒线

如果 R-JRU 的硬盘空间超过警戒线,那么需要导出之前的记录存储于外置设备中,然后清理 R-JRU 服务器中的记录文件,从而减少硬盘的存储量。

(二)集中检修

1.每月检修的工作内容

(1)检查 RBC 系统时间是否正确。

(2)检查 RBC 及 VIA 人工或自动切换是否良好,在查检过程中,将设备切换到备机,以便不影响其他工作。

(3)对机柜及附属设备进行清扫。

2.每年检修的工作内容

(1)检查柜内配线是否发生异常变动,包括 RBC 机柜、VIA 机柜、防雷机柜等。

(2)检查 RBC 系统相关机柜间的配线是否发生异常变动。

(3)检查机柜内各项设备是否异常。

(4)定期进行地线测试、电源电压测试。

三、无线闭塞中心的故障处理

(一)无线闭塞中心设备故障处理的一般流程

无线闭塞中心故障处理按照《高速铁路铁路信号维护规则技术标准》的相关规定执行。RBC 工区值班人员在无线闭塞中心日常维护、测试过程中发现设备有不良状况,应立即报告电务段调度指挥中心,并及时对这些状况进行查找、分析、处理。

在 RBC 设备故障影响正常使用时，RBC 工区值班人员应立即报告电务段调度指挥中心，由电务段调度通知 CTC 中心值班人员在局调度所的"行车设备检查登记簿"上登记停用，并及时对其进行处理。设备修复后向局调度所销记，并恢复 RBC 使用。

根据掌握的列车运行异常信息、设备故障，检查分析告警日志、运行日志、通信日志等数据，查明出现异常、故障原因。原因清晰的数据分析结果按规定反馈至相关部门；原因不明的异常或故障及时向调度指挥中心和车间汇报；追踪故障信息的分析及处理结果并销号。

对涉及 ATP、现场信号、通信网络等设备的故障，RBC 工区值班人员应将信息提报相关部门或厂家，要求反馈故障分析结果，RBC 工区工作人员根据反馈结果进行综合分析、查明原因并销号。

涉及跨局、跨段的问题，由电务段调度通知相关单位进行处理。故障处理完毕后，RBC 工区需要将报警内容、原因及处理结果进行填记。

(二)设备故障应急处置

1. 系统服务器故障

无线闭塞中心的服务器由 RBC 服务器、TSRS 服务器、VIA 接口服务器、R-JRU 司法记录单元及 TSR-CTC 接口服务器等构成。除了 R-JRU 为单套工作外，所有服务器均为双系热备。

采用双系热备工作的服务器，任何一系发生故障时，备系可以自动升级为主系工作，保证系统正常运行。值班人员发现无线闭塞中心服务器单系故障后，应及时对其进行重启处理，若故障仍未解决，应立即通知厂家技术人员及时处理故障服务器，保证尽快恢复系统双系工作。

对于只有单套工作的服务器，发生故障时，应先进行重启处理，若故障未解决，有备品的更换备品，没有备品的应立即通知厂家技术人员及时处理故障服务器，保证尽快使设备恢复工作。

当服务器双系故障时，将影响系统正常运行，RBC 工区值班人员应立即报告电务段调度指挥中心，由电务段调度通知 CTC 中心值班人员在局调度所的"行车设备检查登记簿"上登记停用，并及时对其进行处理。设备修复后销记，恢复 RBC 的使用。

2. 系统网络故障

无线闭塞中心的网络都是双网冗余设置，一旦发生单网故障状态，虽不会影响系统工作，但值班人员必须立即查找故障原因。如果是 RBC 机房内网络设备故障造成的，应立即进行处理，若无法解决，应立即通知相关技术支持人员前来处理；如果是相关通信设备故障造成的，应立即通知通信部门处理，以尽早恢复双网的工作状态。

双网同时故障，将影响 RBC 正常运行，RBC 工区值班人员应立即报告电务段调度指挥中心，由电务段调度通知 CTC 中心值班人员在局调度所的"行车设备检查登记簿"上登记停用，并及时进行处理。设备修复后销记，恢复 RBC 的使用。

3. RBC 主机故障处理

RBC 主机硬件采用冗余结构，单系设备故障后不影响系统运用。RBC 的备用单元故障，在线单元要向信号集中监测系统（CSM）报告。RBC 发生双机切换时，则转为在线的单元并要向 CSM 报警。RBC 在线单元或备用单元故障，则该单元应自动重启。若在线单元和备用单元软件版本不匹配，则备用单元应保持在冷待机状态。

4. 接口异常处理

（1）与联锁系统接口。RBC 在规定时间内没有通过某连接通道接收到来自联锁设备的消息，则 RBC 认为该连接通道故障，并向 CSM 发送相应报警。RBC 在规定时间内没有接收到来自联锁设备的任何消息，则 RBC 认为与该联锁设备的通信会话中断，并向 CSM 发送相应报警。

RBC 与联锁设备的通信会话中断后，停止向位于该联锁控制区域内的所有列车发送消息；停止向 MA（行车许可）已经延伸到该联锁控制区域内的所有列车发送消息，然后将所有来自该联锁设备的输入置为安全状态。安全状态有站内信号授权（SA）——"无进路"状态；区间信号授权（SA）——"占用"状态；紧急区域——激活状态。

（2）与临时限速服务器接口。如果 RBC 不接受某一临时限速命令，那么应向临时限速服务器返回一个包含错误码的错误消息。RBC 接收到不符合顺序的临时限速消息，应向临时限速服务器发送报警。

如果一条消息中存在多个关于同一临时限速区域的临时限速命令，RBC 执行最后一条命令，并向临时限速服务器发送报警。

如果 RBC 在规定时间内没有通过某连接通道接收到来自临时限速服务器的消息，则 RBC 应认为该连接通道故障。RBC 应向 CSM 发送该报警信息。

如果 RBC 在规定时间内没有接收到来自临时限速服务器的任何消息,则 RBC 应认为与该临时限速服务器的通信中断。RBC 应向 CSM 发送该报警信息。RBC 应继续向 MA 在临时限速影响范围内的列车发送已经激活的临时限速信息。

(3)与 CTC 系统接口异常处理。如果 RBC 不接受 CTC 命令,则 RBC 应向 CTC 返回一条带错误码的错误消息。如果 RBC 接收到不符合顺序的 CTC 命令,则 RBC 应向 CTC 发送报警消息。

如果 RBC 在规定时间内没有通过某连接通道接收到来自 CTC 的消息,则 RBC 应认为该连接通道故障,并向 CSM 发送报警信息。如果 RBC 在规定时间内没有接收到来自 CTC 的任何消息,则 RBC 应认为与该 CTC 的通信中断,并向 CSM 发送该报警信息。该通信中断不应影响 RBC 系统的其他功能。

(4)与列车接口异常处理。如果在规定时间内未收到有效数据,RBC 应请求终止通信会话,并断开安全连接。

第八节 临时限速服务器

一、既有线临时限速

既有线 CTCS-2 列车运行控制系统是 ATP 车载设备与地面列控中心、应答器设备、CTCTDCS、联锁设备、自动闭塞设备的集成系统。

列控中心与 CTC/TDCS 在车站进行信息交换。列控中心与车站 CTC 自律机或 TDCS 车站分机采用 RS-422 串行口进行交叉连接,并使用统一的通信协议。

在既有线,CTCTDCS 和列控中心的车站车务终端合并设置。因此,CTCTDCS 必须保证其稳定和可靠的工作,否则列控系统将失效。

(一)临时限速调度命令的生成

(1)临时限速调度命令,CTC 由综合维修调度员拟定,并输入限速参数。TDCS 由列车调度员完成。

(2)CTC/TDCS 系统根据限速参数自动生成调度命令正文的相关内容,但该部分内容调度员不能进行修改,对于其他补充内容,调度员可以根据需要添加。

(3)对于限速值为 25 km/h 和 35 km/h 的限速调度命令,速度参数选择格式为"25(45)""35(45)",CTC/TDCS 按 45 km/h 向列控中心传送,系统按实际速度值自动生成限速调度命令文本。但文本中必须附加"同机必须按调度命令人工控制列车速度"。

(4)临时限速调度命令由列车调度员负责校核。

(二)临时限速调度命令的下达与签收

(1)拟定的临时限速调度命令,经列车调度员校验后向相关车站下达。正常情况下,区间限速选择相邻两站,站内限速选择相邻三站。

(2)车站值班员核查并签收临时限速调度命令。CTC 无人车站的核查、签收由综合维修调度员完成。

(3)列车调度员监督相关车站的签收回执情况。在规定时间内未回执时,临时限速服务器应发出报警信息。

(三)签收后的临时限速调度命令的管理

(1)CTC/TDCS 系统将签收后的限速调度命令按车站、按顺序分解,并集中存入服务器确认命令列表中。

(2)调度台或车站可以通过 TDCS/CTC 界面访问服务器,获得当前已经确认的临时限速调度命令列表。

(四)临时限速调度命令发送至列控中心执行

(1)车站值班员(CTC 无人站由综合维护调度员)从确认命令列表中提取限速命令,并在合适的时机发送至列控中心执行。在命令的有效时段内,列控中心将保持所收命令的有效性。发送时机选择:一般情况下,区间限速应在本站办理相关列车通过或在发车进路前发送;在本站站内限速的情况下,在办理相关列车通过或接车进路前发送;在前方站站内限速的情况下,应在本站办理相关列车通过或在发车进路前发送。

(2)TDCS/CTC 系统应保证临时限速数据在系统内部及系统间的传输可靠性。

(五)车站列控中心的初始化

当列控中心复位后或者其他设备需要的初始化时,由车站值班员(CTC 无人站由综合维修调度员)执行初始化操作或重新发送原有的限速命令。

(六)车站值班员限速

车站值班员可以在特殊情况下,在车务终端上人工输入限速信息并发送至列控中心。

(七)站场图上的临时限速实时显示

临时限速命令发送至列控中心执行后,在 TDCS/CTC 站场图上以相应位置黄色方框显示。如果临时限速处于有效状态,即区间运行方向相同的发车车站已设置,则将显示黄色方框。如果有限速但没有设置,则应定时提醒车站值班员。

(八)临时限速的取消

调度员在拟定临时限速调度命令中选择"限速后恢复常速",此时系统会自动在确认命令列表中产生一条相应的取消命令;或从实时列表中选取正在执行的限速命令,生成取消临时限速调度命令,流程与限速流程相同。

二、客运专线临时限速

(一)客运专线临时限速的操作流程

(1)施工调度台负责拟写临时限速调度命令,行车调度台负责拟定临时限速调度命令。行车调度员在行调台检索待拟订的临时限速调度命令,确认后生成临时限速调度命令(含文本),接着下发给临时限速服务器进行有效性校验。临时限速服务器校验成功后,将该临时限速调度命令存入待执行列表中,并向 CTC 返回校验成功;若校验失败,则向 CTC 返回失败原因。行车调度员可根据失败原因调整临时限速命令参数,并重新尝试下发。

(2)临时限速服务器对即将执行的临时限速调度命令以其计划开始执行时间的前 30min 起,提示调度员确认激活,并可每间隔 10min 重复提示直至确认或超出该临时限速调度命令的计划结束时间。

(3)行车调度员根据 CTC 的激活提示,选取并激活即将执行的临时限速调度命令。临时限速服务器根据临时限速调度命令的参数信息判别相关 TCC 和 RBC,并根据相关 TCC 和 RBC 的管辖范围及接口协议要求,进行拆分和转换,为相应设备识别的临时限速信息。相关 TCC 和 RBC 分别对接收的临时限速信息进行有效性判断后,将验证结果反馈给临时限速服务器。

(4)临时限速服务器对 TCC、RBC 的验证结果进行综合判定,若存在任一设备验证失败或超时未返回验证结果,则向 CTC 返回限速验证失败。行车调度员根据验证失败的原因可选择撤销或重新尝试激活验证。若全部设备验证成功,则向 CTC 返回限速验证成功,同时,向行车调度员提供下达设置时机的参考提示。

(5)行车调度员根据 CTC 的设置提示,选取并设置验证成功的临时限速调度命令。

(6)临时限速服务器将临时限速调度命令拆分和转换后分发给相关 TCC 和 RBC 执行。

(7)相关 TCC 和 RBC 分别执行接收到的临时限速信息,并将执行结果反馈给临时限速服务器。

(8)临时限速服务器对 TCC 和 RBC 的执行结果进行综合判定,若存在任一设备执行失败或超时未返回执行结果,则向 CTC 返回限速失败的信息。行车调度员根据执行失败的原因可选择取消或重新尝试设置;若全部设备执行成功,则向 CTC 返回限速成功的信息。

(9)对于执行成功的临时限速信息,RBC 和 TCC 分别通过 GSM-R 无线通信和有源应答器将临时限速信息发送给车载设备。

(10)当行车调度员确认临时限速调度命令可取消时,应经行调台再次拟定与该设置命令的限速区位置参数完全一致的取消命令,然后下发给临时限速服务器作校验和存储。

(11)临时限速服务器校验成功后,将该临时限速调度命令存入待执行列表中,并向 CTC 返回校验成功的信息;若校验失败,向 CTC 返回失败原因。行车调度员可根据失败原因调整临时限速命令参数,重新尝试下发。

(12)行车调度员根据 CTC 的校验成功回复,选取下达取消验证命令。

(13)临时限速服务器将取消验证命令分发至相关 TCC 和 RBC。

(14)相关 TCC 和 RBC 分别对接收的临时限速取消信息进行有效性判断后,将验证结果反馈给临时限速服务器。

(15)临时限速服务器对 TCC 和 RBC 的验证结果进行综合判定,若存在任一设备验证失败或超时未返回验证结果,则向 CTC 返回取消验证失败的信息。

行车调度员根据验证失败的原因可选择重新尝试取消或通知设备维护。若全部设备验证成功,则向CTC返回取消验证成功的信息。

(16)当行车调度员确认临时限速调度命令取消验证操作成功时,即可下达取消执行命令。

(17)临时限速服务器将取消执行命令分发至相关TCC和RBC。

(18)相关TCC和RBC分别执行临时限速取消命令,并将执行结果反馈给临时限速服务器。

(19)临时限速服务器对TCC和RBC的执行结果进行综合判定,若存在任一设备执行失败或超时未返回执行结果,即向CTC返回限速取消失败的信息。行车调度员根据执行失败的原因可选择重新尝试取消或通知设备维护。若全部设备执行成功,则向CTC返回限速取消成功的信息。

(20)若TSR系统完全故障,造成临时限速命令无法下达执行时,调度员应采用限速调度命令文本流程,通知司机按文本限速调度命令控制列车运行。

(21)若设置低于45 km/h的限速,CTC/TDCS按45 km/h向TSRS传送,并按实际速度值自动生成限速调度命令文本,通知司机按文本限速调度命令控制列车运行。

(22)涉及跨局的临时限速调度命令,以工务局界划分限速区域归属地。该命令由线路正向上的限速起点所在的调度局负责拟定、下达和取消。

(23)涉及跨调度台显示界的临时限速调度命令,须由相应调度台拆分后分别负责拟订、下达和取消。

(二)临时限速调度命令要求

(1)临时限速调度命令应包括调度命令号、线路号、起始里程标、终点里程标、限速值、计划执行开始时间、计划执行结束时间等信息。侧线临时限速命令应增加车站号信息,且起点与终点里程标固定为K0000+000和K9999+999。

(2)区间及站内正线临时限速按实际里程标设置(单位:m),临时限速值分辨率为5 km/h,最低限速值45 km/h,最长限速区长度为TSRS对应的调度台管界范围。

(3)相邻两处正线限速调度命令的拟定间距应至少为10m。

(4)侧线临时限速以上、下行侧线分别(不含正线)按区设置,限速区长度(L_TSR)为进路长度加80m,临时限速值设45km/h。

(5)临时限速调度命令的线路号宜按下行正线、上行正线、下行侧线、上行侧线的顺序编号。

(6)临时限速取消命令须与要取消的临时限速设置命令的限速区位置参数完全一致,不得对某一限速区进行分段取消或覆盖取消。

(7)临时限速取消命令为立即下达方式。

(8)临时限速命令的起点与终点位置必须按线路正向顺序排列,不得交换。

第九节 GSM-R 系统

一、GSM-R 系统结构

(一)移动交换子系统(SSS)

移动交换子系统主要完成用户的业务交换功能、呼叫接续功能,完成用户数据与移动性管理、安全性管理。包括以下几个方面。

(1)移动业务交换中心(MSC):负责用户的移动性管理和呼叫控制。

(2)拜访位置寄存器(VLR):负责存储进入该区域内已登记用户的信息。

(3)归属位置寄存器(HLR):是一个负责管理移动用户的数据库。HLR 存储本归属区的所有移动用户数据,如识别标志、位置信息、签约业务等。

(4)鉴权中心(AuC):是存储用户鉴权算法和加密密钥的实体,AuC 只通过 HLR 和其他网络实体进行通信。

(5)设备识别寄存器(EIR):用于更新存储的设备识别码及设备状态标志;校验 IMEl。

(6)互联功能单元(IWF):与固定网络的数据终端之间提供速率和协议的转换。

(7)组呼寄存器(GCR):用于存储移动用户的组 ID。

(8)短消息服务中心(SMSC):负责向 MSC 传送短消息。

(9)确认中心(AC):记录、存储铁路紧急呼叫的相关信息。

(二)移动智能网(IN)子系统

移动智能网子系统是在 SSS 中引入的智能网功能实体,将网络交换功能和业务控制功能相分离,实现对呼叫的智能控制,具有功能寻址、基于位置寻址等铁路特定业务功能。移动智能网子系统包括 GSM 业务交换点（gsmSSP）；GPRS 业务交换点（gprsSSP）；智能外设（IP）；业务控制点（SCP）；业务管理点（SMP）；业务管理接入点（SMAP）；业务生成环境点（SCEP）。

（三）通用分组无线业务（GPRS）子系统

通用分组无线业务子系统负责为无线用户提供分组数据承载业务。通用分组无线业务子系统包括服务 GPRS 支持节点（SGSN）；网关 GPRS 支持节点（GGSN）；域名服务器（DNS）；远端拨入用户验证服务（RADIUS）；边界网关（BG）；计费网关（CG）等。

（四）无线子系统（BSS）

无线子系统通过无线接口直接与移动台相接，负责无线信号的发送、接收和无线资源管理；与 MSC 相连，可实现移动用户之间或移动用户与固定网路用户之间的通信连接，传送系统信号和用户信息等。无线子系统包括基站控制器（BSC）；分组控制单元（PCU）；码变换和速率适配单元（TRAU）；小区广播消息中心（CBC）；基站（BTS）；无线中继设备等。

（五）无线终端

无线终端可分为移动终端（台）、无线固定终端（台）。移动终端包括车载台、手持台等；无线固定终端指在非移动状态下使用的无线终端。

（六）运营与支撑子系统（OSS）

OSS 具有网络管理、接口监测、数据及 SIM 卡管理等功能。OSS 包括网络管理系统；监测系统；数据及 SIM 卡管理系统等。

二、GSM-R 无线覆盖网络结构

采用交织冗余覆盖方案，排序为奇数（1,3,5,…）或偶数（2,4,6,…）的基站达到的覆盖分别能够满足系统规定的 QoS 指标。这种覆盖结构允许在单点（单个基站或单个直放站远端机）故障的情况下仍然能够满足系统规定的 QoS 指标。

三、列控系统对 GSM-R 的需求

GSM-R 的数据业务包括电路交换（CSD）和通用分组无线（GPRS）两种。为

保证列控数据车地传输的安全性和实时性,需采用CSD方式。

(一) CTCS-3级列控系统与GSM-R网络接口

CTCS-3级列控系统与GSM-R网络间的接口为I_{GSM-R}接口、I_{FIX}接口。CTCS-3级列控系统车地信息传输应用了GSM-R的数据承载业务。数据承载业务是指在GSM-R网络上,从车载侧I_{GSM-R}接口到地面侧I_{FIX}接口的数据接入和传输。满足CTCS-3级列控系统需要GSM-R网络提供的数据承载业务具有以下特性。

(1)信息传输模式:电路交换异步透明数据传输。

(2)信息传输速率:GSM-R网络应支持多种速率的数据传输,包括2.4 kbit/s、4.8 kbit/s、9.6 kbit/s。其中4.8 kbit/s异步透明数据传输是承载CTCS-3级列控业务的首选方式。

(3)非限制数字信息(UDI)。

(4)全速率无线信道。

(5)只支持数据传输,不支持话音/数据交替传输。

(二) MSC与RBC的连接方式

GSM-R网络MSC与CTCS-3级列控系统的RBC之间的连接方式综合考虑RBC的设置地点和管辖区域、MSC设置地点和管辖区域等因素,合理选择,尽可能提高系统的可靠性。RBC与其管辖范围相应的MSC相连,当RBC管界跨两个相邻MSC时,同时连接两个MSC。MSC与RBC的接口设置条件如下所示:

(1)MSC与RBC之间采用ISDN PRI接口(2 Mbit/s),信令规程采用DSSI信令方式。

(2)MSC至RBC的PRI接口根据RBC需求进行配置,接口冗余由RBC考虑。

(3)RBC尽可能连接到MSC的不同外围接口单元上,从而保证某个外围接口单元故障时,RBC仍能通过其他外围接口单元与MSC连接。

(三) GSM-R无线覆盖

GSM-R网络无线覆盖指标应满足在95%的统计概率下,对于8W的列控机车台,在增益为0dBi的机车车顶天线处的最小接收电平不低于-92 dBm。该电平值考虑了最大 3 dB 的机车台馈线损耗和 3 dB 设备老化余量。在工程设计时,应适当考虑其他设计余量,以抵抗各种不可预见因素(如快衰落、气候影响、工程质量影响等)。

GSM-R 网络应覆盖 CTCS-3 级列控系统应用区域,该应用区域包括其他等级与 CTCS-3 等级的转换区域。

其他等级向 CTCS-3 级列控系统的转换区域,GSM-R 网络无线覆盖范围应满足从 GSM-R 通信电台开始注册 GSM-R 网络至具备等级转换条件的时间要求(在这期间,列车以允许的最高速度运行并计算距离)。转换区域的主要操作和所需时间如下所示。

(1)GSM-R 网络注册:40 s。

(2)车载与地面 RBC 间的连接建立:10 s/次,保证 2 次 GSM-R 连接建立时间。

(3)车载与地面间的数据交换及司机确认:20～25 s。

以上总计 70～75 s,GSM-R 网络应按照该时间要求和其他等级到 CTCS-3 等级转换区域的列车运行速度计算无线覆盖距离。

CTCS-3 级列控向其他等级转换区域,当列车尾部越过 CTCS-3 级/其他等级边界后,车载设备向 RBC 报告列车位置,RBC 接收到位置报告后,将命令车载设备断开与 RBC 的连接并注销列车注册信息,车载关闭与 RBC 的连接。GSM-R 网络无线覆盖应保证从转换边界开始到车载设备释放与 RBC 的连接这段时间内列车所运行的距离。覆盖长度应考虑"RBC 与车载通信 5 s 时间的运行距离"加"一个列车长度"。

在满足设计要求的前提下,GSM-R 网络设计应采取措施尽量控制越区切换发生的频率(如控制基站间距等),以避免频繁越区切换对列控数据传输造成影响。在 RBC 切换区域及列控数据传输密集区域尽量避免跨 MSC/BSC 越区切换。

第三章 计算机联锁系统

第一节 概述

计算机联锁系统(CBI)是高速铁路的重要技术设备。高速铁路必须采用高安全、高可靠的计算机联锁系统。

我国的计算机联锁系统经历了单机、双机热备、二乘二取二的发展历程。我国高速铁路主要采用的是二乘二取二结构的计算机联锁系统。

为了保证行车安全,信号、道岔与进路之间必须保持一定的制约关系和操作顺序,我们常称这种制约关系和操作顺序为联锁。因此,我们又把车站信号系统称为车站联锁控制系统。

根据实现方式的不同,我们把车站联锁控制系统分为传统的电气集中联锁(也称为6502联锁)系统和计算机联锁系统。计算机联锁系统是用微型计算机和其他一些电子、继电器等元器件组成的具有故障－安全性能的计算机实时进路控制系统。

1978年,世界上第一个计算机联锁系统在瑞典哥德堡研制成功,该系统属于单机系统,即由一台计算机完成所有的功能。后来,人们开发了双机热备和三取二等制式的计算机联锁系统。中国在1983年开始研制计算机联锁系统,并于1984年研制成功。1986年该系统首先在地方厂矿(太钢)企业使用,1989年在国铁(郑州北编组站)正式使用,1994年应用在国铁客货运站。

从我国计算机联锁系统的发展历史可以看出,铁路信号系统由于直接涉及行车安全,为安全起见,铁路信号的主要设备从研发到上道使用,大约经过了十年的时间,并且先在地方厂矿企业使用,再在编组站上使用,最后才在客运站上使用。

计算机联锁系统是从传统的电气集中联锁控制系统(6502联锁)发展而来的,它与6502联锁系统的区别在于,计算机联锁系统用联锁软件逻辑取代了6502联锁系统的选择组和部分执行组的继电器电路,但依然保留了6502联锁系统的有关室外三大件(信号机、道岔、轨道电路)的继电接口电路。

计算机联锁控制系统具备联网通信能力。由于使用了计算机,该系统为铁路信号系统向智能化和网络化方向的发展创造了条件。通过与列车运行控制系统、运行图管理系统联网,可根据调度计划实现进路程序控制;通过与旅客向导服务系统、车次号跟踪系统联网,可构成全方位的计算机综合控制、管理系统,增强运输调度指挥自动化、智能化水平。

第二节　计算机联锁系统的结构

一、车站联锁系统的层次结构

(一)人机会话层的功能

操作人员通过操作向联锁机构输入操作信息和接收联锁机构输出的反映设备工作状态和行车作业情况的表示信息。人机会话层的设备设于车站值班室。人机对话计算机的主要任务是接收来自控制台、键盘或鼠标等的操作输入,判明操作输入能否构成有效的操作命令,并将操作命令转换成约定的格式,由串行口输送给联锁计算机。另外,接收来自联锁计算机的表示信息,将它们转换成显示器或控制台能够接受的格式。采用人机对话计算机,可以加快人机会话的响应速度,对操作台的操作命令进行预处理,提供丰富的表示信息,减轻联锁计算机的工作量,使联锁计算机能承担更多其他功能,并可使联锁计算机的硬件结构标准化。联锁计算机只需一个串行接口与人机对话计算机联系,而不需要许多并行的操作输入和表示输出的接口。

人机对话计算机处理的信息不涉及行车安全,所以不要求具有"故障—安全"功能,但它必须十分可靠,才能保证联锁系统正常工作。因此,人机对话计算机一般采用动态冗余的计算机结构。为了简单起见,可用人工方式控制它的切换。人机对话计算机的功能是传送和生成操作命令和表示信息,所以有的系统也将它作为联锁计算机与调度集中/调度监督(现为 TDCS 基层网)的联系机构。

(二) 联锁层的主要功能

联锁机构是联锁系统的核心,它是用来实现联锁功能的。联锁机构必须具有"故障－安全"性能。联锁机构除了接收来自人机会话层的操作信息外,还接收来自监控层的反映信号机、动力转辙机和轨道电路状态的信息。联锁机构的功能就是根据联锁需求(条件),对输入的操作信息和状态信息,以及联锁机构的当前内部信息进行处理,改变内部信息,产生相应的输出信息,即信号控制命令和道岔控制命令,并交付监控层的控制电路予以执行。从这个意义上讲,联锁机构属于信息处理机构。联锁机构处理的信息都是二值逻辑信息(都是开关量),因此,联锁机构又是逻辑处理(或运算)机构。联锁层设备一般设在车站信号楼的机械室内。

(三) 监控层的主要功能

监控层接受来自联锁层的控制命令,经过信号机控制电路,改变信号显示;也接受来自联锁层的道岔控制命令,经过道岔控制电路,驱动道岔转换;并向联锁机构传输信号状态信息、道岔状态信息,以及轨道电路状态信息。监控层信号控制电路和道岔控制电路必须是"故障－安全"的。

联锁层的设备虽多设在信号楼的机械室内,但从原理上讲,也可设于监控对象的附近,这样可以缩短监控对象与控制电路之间的联系电缆,有利于提高电缆的抗干扰程度。在这种情况下,联锁机构与控制电路之间应采用串行通信方式交换信息,这将节省通信线路的投资和提高抗干扰能力。

车站联锁系统核心部分(联锁机构)的实现方法有很多种,关于计算机联锁控制系统的实现和发展一直备受人们关注。联锁计算机是联锁系统的核心部分,可以实现高可靠性与高安全性的联锁功能。联锁计算机接受来自人机对话计算机的操作命令和来自控制器的室外监控对象的状态信息,并对其进行联锁逻辑运算,发出控制道岔转换和开放信号的控制命令。联锁计算机与人机对话计算机的联系一般是经由串行接口实现的。联锁计算机与执行层的联系有专线和总线两种方式。计算机联锁控制系统必须有可靠软硬件的系统结构来保障其可靠性的实现。

二、计算机联锁系统的硬件结构

(一)计算机联锁系统的硬件组成

计算机联锁系统的硬件组成可以有很多种,其大体上有单微机系统、双微机系统和多微机系统 3 种。多微机系统,即含有多个计算机的计算机联锁系统,其类似于双微机系统,其各个微机分工更细,主要适用于大站和比较分散的站。计算机联锁系统大多采用多微机模块结构,但各微机的功能及微机之间的联系是不尽相同的。在多微机系统中,将整个功能划分为若干相对独立的功能模块,分别由不同的微机进行处理。根据功能的繁简,模块的划分不尽相同。按功能划分为多个模块,分别由各自的微机进行处理,这便于设计、修改和扩展,而且多个模块具有相对独立的并行处理性能,可提高整个系统的处理速度。

计算机联锁硬件系统为多机分布式结构,由控制台子系统、网络通信子系统、联锁机子系统、输入/输出子系统、监测子系统组成。控制台子系统由控制显示计算机(简称控显机)、行车控制台、站场显示设备组成,以人机界面形式办理行车作业;网络通信子系统实现系统内部和外部各子系统之间的信息交换;联锁机子系统利用开关量输入接口采集现场信号设备状态,通过网络接收控制台子系统发来的控制台操作命令,进行联锁逻辑运算,产生输出命令,由开关量输出接口驱动继电器,实现对道岔和信号机的控制;输入/输出子系统是计算机联锁系统与站场信号设备之间的接口,输入接口实现信号设备状态的采集,输出接口实现信号设备的驱动,输入/输出子系统与信号设备之间的结合是通过继电器电路实现的;监测子系统配备彩色监视器、鼠标、键盘、打印机,为系统维护人员提供查询、显示和打印各类检测信息的操作界面。各种不同制式的计算机联锁系统的差别主要体现在两个方面:一是联锁机不同;二是输入/输出结构不同。

(二)计算机联锁系统硬件设备的安全可靠性

1. 上位机安全可靠性

上位机的主要功能是向联锁机构输入操作信息,接收联锁机构输出的反映设备工作状态和行车作业情况的表示信息。为此,上位机可采用经国际安全机构认证的高可靠工业控制计算机,摒弃原商用机所采用的大母板结构,把原来的大底板(系统板)功能集中在一块 ALL-IN-ONE 插卡上,这样底板变成无源总线母板,增加了插槽数,便于系统的升级扩展。

上位机采用的机箱结构具有良好的散热、隔热、防潮、防尘性能,驱动器架采取避震措施,使整个机箱具有可靠的机械强度和很好的抗电磁干扰的能力;采用不间断供电及净化的专用开关电源,抗共模干扰,具有浪涌保护、过载保护、漏电保护功能,单机设备的平均无故障工作时间可达到 100000 h。

计算机联锁系统的维修机和上位机的配置是一致的,平常可作为上位机的热备机,在系统故障时能够进行自动无扰切换,切换过程不影响现场设备状态,确保设备可靠运用。

上位机人机接口界面的设计使用先进的工业控制软件,使系统的监控不仅具有友好的人机交互界面,而且具有丰富的图形画面显示及图形操作功能,调图方式灵活,修改参数方便。在设计中,根据铁路交通和城市轨道交通信号计算机联锁的特点,可以灵活运用登录口令、操作员权限、安全设定点、设定点口令、安全审计跟踪记录等安全特性,确保联锁系统执行操作的安全可靠。

2. 联锁机安全可靠性

联锁机是信号控制系统的核心,设计时选用国际安全机构认证的硬件三重冗余计算机联锁系统,以实现联锁数据处理过程的"故障-安全"。所谓三重冗余系统是指系统共有 A、B、C 三个相同的主机,每个主机可以把它看成系统中的一个模块,三个模块同时执行一致的操作,其输出送到"表决器"的输入端,然后把表决器的输出作为系统的输出,经输出设备三取二表决后进行输出。当其中一个联锁处理单元联锁逻辑单元故障时,系统能够转换为二取二的工作方式,在不降低安全阶的前提下,使整体系统的可靠性得到提高。

采用三取二表决系统原本是为了提高系统的可靠性而采取的一种冗余系统,然而从安全性角度来看,若有两个主机发生了同样的故障,即共模故障,系统将输出错误信息,这有可能危及行车安全。因此,必须消除软硬件的设计错误,当主机的设计完全正确无误时,仅由硬件失效和干扰而产生共模故障的发生概率就很小。为了进一步降低未检出故障的组合而产生共模故障的可能性,可利用单机自检技术、主机间互检技术和双套不同的软件,扩大故障检测范围,消除因干扰而引起的影响。

为保证安全可靠计算机联锁系统采取全面在线自诊断和专门的安全检查程序,这就要求系统在规定的周期内对计算机的运算器、存储器、接口等元器件用一系列程序进行全面自诊,而安全检查程序则对联锁程序任务模块的运行状态进行监视,对关键信息代码的合法性进行检查,在自诊断和专门的安全检查中一旦发现故障,立即切断计算机的输出并同时报警。设计中采取以下几个有效措施:

(1)检测过程本身应具有安全性或采用相应硬件及软件措施来实现安全性。

(2)检测要有足够的频率,使类似或等同故障在二次检测之间不会发生。

(3)检测要足够灵敏,保证能够测出每个安全单元之中的重要故障。

(4)检测失败时应及时产生安全保护动作。

(5)冗余装置要足够独立,使之不受其他故障的影响。

3. 接口电路的安全可靠性

继电电路采用的重力式安全继电器具有很高的安全性,在我国铁路中运用了几十年,为此计算机联锁系统仍然以安全继电器作为计算机联锁机构与室外设备控制电路的接口。安全继电器实现"故障—安全"的技术包括电气接点采用特殊材料制作,使接点黏连的可能极小;采用吹弧技术,消除接点拉弧造成熔接;采用重力式设计原理,在继电器故障时,利用其重力使衔铁复位,从而保证实现系统"故障—安全"的目的。

在计算机联锁系统中,信号、道岔、轨道电路等监控对象的状态信息依然是用安全型继电器的接点状态来反映的。考虑计算机联锁系统硬件设备其他方面的安全可靠性,对包括电源、计算机、数据通信线路、输入/输出接口、机架结构及地线设置等方面采取了电磁兼容设计和防雷设计,以保证在规定等级的运用环境中,设备必须正常工作,不产生任何指标下降和功能上非期望值的偏差。

使用通用计算机或处理器构成"故障—安全"计算机,主要利用的是多重化的技术,即利用多套软件或硬件实现数据比较、正确性检查及危险侧输出信息的运算,以保证实现"故障—安全"。具体实现有软件相异法和硬件相异法。软件相异法就是在一台计算机上配置两套相异的软件,借此进行故障诊断和错误检测,从而实现"故障—安全",如 JD-IA 的联锁机软件中采用了双软件运算的方法。硬件相异法就是把相同的软件配置在两台计算机上,高频度地对数据进行校验,在检出异常时,把输出保持在安全状态的一种方式。在 JD-IA 中采用了程序同步方式,A 机、B 机利用双 CAN 总线构成同步网,如 EI32-JD 中的联锁机采用了紧密耦合的总线同步方式,在总线一级进行相异检查。由于采用了双 CPU

计算机,并且结果一致时有输出,因而被称为"二乘二取二",这种方法是目前硬件相异法中被普遍采用的形式。

(三)计算机联锁系统的容错结构

为了提高计算机的可靠性,人们进行了长期的研究,总结出了两类技术,一类是防止和减少故障发生的技术,称作避错技术;另一类是当系统的某一部分发生故障时仍使系统保持正常工作的技术,称作容错技术。

由于避错技术有其局限性,所以在计算机联锁系统中广泛采用容错技术。容错技术的关键在于用增加额外资源的方法来换取系统的可靠性。这些额外资源,对于系统为完成其功能所必需的资源而言,称作冗余资源。

所谓容错技术,就是指在计算机联锁发生故障时,能使计算机联锁继续运行的一种设计方法。计算机联锁系统的可靠性是指该系统在规定的时间内、规定的条件下完成规定功能的能力。可靠度是度量可靠性的定量标准。计算机联锁系统的可靠度往往用其自身的平均故障间隔时间 MTBF 来表示。根据有关的技术标准,要求计算机联锁系统的 MTBF 值达到 106h。

系统的可靠性冗余结构,往往采用双机互为备用的或门二重系统。使系统具有安全性且使安全性指标达到规定水准的途径也是采用冗余结构。计算机联锁系统的安全性冗余结构就是指为了使系统的安全性指标达到或者超过目标值而采取的冗余结构。这种结构往往采用双机同时工作并彼此间进行频繁比较的与门二重冗余结构,双机比较的安全性冗余结构的原理是在极短的时间间隔内,两台计算机同时出错且错误呈现同一种模式的概率几乎为零。从这个原理出发,要求两台计算机的校核频率要相当高,即校核的时间间隔要足够短,最好短到可以用计算机的机械周期来计算的程度。计算机联锁系统,既要求有比较高的可靠性指标,又要求有比较高的安全性指标。

三、计算机联锁系统的软件结构

(一)计算机联锁软件概述

计算机联锁系统软件是以计算机软件为主要技术实现车站联锁控制的系统。该系统可以保证行车安全,提高运输效率,改善劳动条件,并为管理、服务现代化创造条件;应能满足各种车站规模和运输作业的需要。因此,系统软件的基本结构应设计成实时操作系统或实时调度程序支持下的多任务实时系统。按照软件的结构层次,可分为3个层次,即人机会话层、联锁运算层和执行层。系统软件完成联锁运算与控制功能,保障软件自身的可靠性,当硬件出现故障时,系统倒向安全侧。人机会话层完成人机界面信息处理;联锁运算层完成联锁运算;执行层完成控制命令的输出和表示信息的输入。

为了保证行车安全,信号、道岔和进路必须按照一定程序并满足一定条件才能动作和建立的这种约束关系称为联锁。计算机联锁控制系统采用软件来实现各种联锁逻辑运算,并把联锁运算的结果形成控制命令来驱动相应的电子电路设备,从而实现对站场设备和进路的操作。联锁软件的设计从功能安全的角度出发,完成了基本联锁控制功能。联锁控制功能主要实现进路建立和进路解锁,进路解锁又有自动解锁和非自动解锁之分,设计要求主要实现自动解锁中正常解锁的基本联锁控制功能。

(二)计算机联锁软件的功能

一般来说,计算机联锁系统的软件应具有以下几个功能。

1. 操作表示功能

(1)操作信息处理。对正常的操作进行处理,形成有效的操作命令,并在屏幕上给出相应的表示,由使值班员确认自己的操作,对错误的操作进行处理,并在屏幕上给出相应的提示,以使值班员能够立即发现自己的错误操作,及时采取措施纠正错误的操作。

(2)表示信息处理。对现场信号设备的状态,在屏幕上实时地给出显示,使值班员能随时监督现场设备的运用情况。另外,在计算机联锁控制系统中根据需要会设置电务维修机,实现维护与管理信息处理功能,对现场的信号设备的故障状态,在屏幕上及时地给出特殊的显示,以使维护人员迅速、准确地查找故障;自动记录并存储值班员办理作业的时间及被操作的按钮,完成与其他周边系统的联系。

2. 联锁控制功能

联锁控制功能指基本的联锁功能,即进路控制功能,主要包括建立进路、进路锁闭、信号开放、信号开放保持、进路正常解锁、进路非正常解锁、道岔单独操纵、进路引导总锁闭。

(三)软件系统的安全可靠性

在计算机联锁控制系统里,各种复杂的功能主要依靠软件来实现。嵌入在安全控制系统中的软件，不仅要能完整地实现系统的控制功能，还要保证实现系统在发生意外时的安全防护，即"故障－安全"功能。

联锁机和外部设备的输入/输出信息具有两种特性：一是开关性；二是安全性。外部设备向联锁机提供的输入信息具有开关性，同样联锁机的输出信息也具有开关性，这种开关性可由具备两种状态的器件如继电器来反映。输入/输出信息的安全性是根据信息与行车安全的关系来界定的。一类是与安全无关的信息，称作非安全信息；另一类是与安全有关的信息，称作安全信息。联锁机和监控对象之间交换的信息属于安全信息，因此必须考虑当输入/输出通道发生故障时，一定要确保传送信息的安全。为此，在通道设计上必须采用安全输入/输出接口；在 CPU 与输入和输出模块间采用专用总线以保证传送的正确性，对输入电路采用光电隔离电路读取输入值，以检测"粘连"状态，对各个输出信号在提供给继电器前进行表决，不致因输出模块本身的故障而影响信息安全。

计算机联锁的串行数据在传输过程中，由于干扰而引起误码是难免的，因此在检查数据位和冗余位之间的关系是否正确时，应着重防止在传输中错误地出现危险侧代码。为了确保信息传输的安全可靠，一方面，可以采用冗余度小、检错能力高的循环码（CRC）作为检错码；另一方面，就是在软件编程时对传输的信息进行特殊编码，并以反馈重发方式纠错。

第三节　计算机联锁系统的接口

一、与 TCC 的接口

计算机联锁系统提供与 TCC 的接口，TCC 与联锁系统间采用 RJ45 以太网接口连接，设备与通信网络均按冗余配置。

计算机联锁系统主要向 TCC 发送联锁进路信息、区间方向控制命令信息、进路信号灯丝信息、调车信号机状态信息等；联锁系统主要接收 TCC 发来的区间方向表示信息、区间闭塞分区状态信息、信息降级命令、离去区段防护信号机灯丝断丝信息、灾害防护信息等。

二、与邻站联锁系统的接口

计算机联锁系统提供与邻站联锁系统的通信接口；本地联锁系统与邻站联

锁系统间采用 RJ45 以太网接口连接，设备与通信网络均按冗余配置。本站与邻站联锁交换必要的站联、场联、接近锁闭、区段占用出清状态等信息。

三、与 RBC 的接口

计算机联锁系统提供与 RBC 的接口；车站联锁与 RBC 间采用 RJ45 以太网接口连接，设备与通信网络均按冗余配置。一套联锁系统可以与两套 RBC 通信。联锁系统主要向 RBC 发送联锁进路信息、紧急停车区信息、紧急区状态等信息。联锁系统主要接收 RBC 发来的列车信息，但未纳入联锁逻辑处理。

四、与 CTC 系统的接口

计算机联锁系统与 CTC 系统是由车站自律机进行接口的。CTC 系统与计算机联锁系统之间进行通信、传递 CTC 系统对计算机联锁系统下达的命令；计算机联锁系统将站场实时信息、命令执行结果等发送给 CTC 系统。

二者通信的基本内容包括：

（一）站场表示信息

站场表示信息是由计算机联锁系统发送给车站自律机的表示数据，用以反映联锁系统的变化。站场表示信息包括的基本内容有信号状态、道岔状态、区段状态、按钮状态、表示灯状态、各类报警等信息。

（二）控制状态信息

控制状态信息是上位机与自律机相互沟通运行状态的数据，包括联锁上位机或下位机的主备运行状态和当前控制模式、自律机主备运行状态和允许转回自律状态的信息。

（三）控制命令信息

控制命令信息是自律机向计算机联锁系统发送控制命令的唯一方式，数据帧中包括命令类型、命令按钮序列及按钮状态。

（四）控制模式转换信息

控制模式转换信息是联锁系统由非常站控模式向自律控制模式进行转换时的数据交换。

五、与信号集中监测系统的接口

计算机联锁系统提供了与信号集中监测系统的通信接口,并采用标准的串行方式,在 RS-232、RS-422 两种接口中选择其一。

计算机联锁系统与信号集中监测系统进行的是单向通信。计算机联锁系统主要向 CSM 发送站场表示信息、设备状态信息、故障报警信息等。

第四章
高速铁路网络能力计算与评估

第一节　高速铁路列车服务网络设计

一、高速铁路列车服务网络的设计原则

高速铁路网列车运行组织面临跨线、直达与中转、周期与非周期等开行模式的组合选择问题,我国高速铁路网规模大、构成复杂,周期性列车开行模式的适应性仍值得研究。高速铁路网衔接了一些既有线和城际铁路,且路网整体性比较强,这要求对客流统一组织、对运输资源统一运用,对长运距客流的跨线、直达与中转结合型输送方式的问题还需要经过多方面比选来确定,我国高速铁路服务网络设计处于多元的运输组织背景中。高速铁路服务网络的设计需遵循以下原则:

(1)适应高速铁路客流时段性的特点,最大限度满足旅客出行的需要,尽可能解决好运行线的布局问题,按时段、频率安排列车运行线。

(2)协调好高速铁路线与既有线的衔接,并尽可能充分利用高速铁路线及既有线的能力。

(3)考虑到跨线列车对本线高速列车开行的影响,特别是要考虑高速铁路综合维修天窗方案对跨线列车和夕发朝至列车开行的制约作用,协调好跨线列车运行线与本线列车运行线的关系,跨线列车布局方案应尽可能考虑高速铁路本线的能力,并为本线列车的开行创造条件,尽量减少高速铁路上各种正在运行的

列车的相互影响。

（4）列车起讫点的设置要充分考虑动车的运用效率，考虑动车检修、整备基地的布局，跨线列车要考虑合理的下线距离与既有线的检修、整备条件。考虑到列车开行数量受动车组能力的制约，服务网络的设计应尽可能提高动车组的运用效率。动车运转所和检修基地的位置对于动车组在高速铁路和既有线上的开行有较大的影响，它们决定了动车组跨线运行的距离和方式。为了实现检修集中、运用分散，大幅减少因动车组的日常检修需要而造成的车体空送，提高动车组的运营能力和使用效率，在动车组检修基地的布局上，充分考虑运量的发展，根据高速铁路开行方案在路网客运中心及始发终到客流较集中的地区，合理设置动车组检修基地和运用所，形成以检修基地为辐射中心的动车组网络体系，保证动车组高效、安全运行。

（5）列车停站方案对旅客的影响主要包括两个方面：一是车站对旅客可达性的影响；二是由于列车停站而导致的旅客出行时间的变化。高速铁路要在分级客运节点系统的基础上，建立车站等级与列车分类充分结合的停站模式，提高高速铁路列车停站方案的规律性。路网列车停站方案优化必须达到吸引客流目的，又要使停站对列车旅行时间的影响最小，而且可以在运营成本较低的情况下为旅客提供便利的服务。不同的停站方案对客流量变化的影响是个动态过程，列车停站方案也必须经过动态优化。

（6）兼顾均衡铺画的原则，充分利用线路和车站的能力，减少各种列车间的越行与避让，保证运行图的稳定性。

（7）考虑到旅客的换乘，高速铁路服务网络的设计要处理好相关运行线的合理接续问题。

（8）使高速列车运行与高速客运站的技术作业过程相协调。

二、高速铁路网络服务质量框架体系

高速铁路是高新技术的集成，规划中的我国高速铁路网点多、线长、面广，对于准时性、换乘方便度、快捷性、需求与供给的匹配度等相应服务质量方面也提出了更高的要求。面向乘客的运输产品设计要以一定的服务质量为目标，统筹考虑铁路运营收益与成本、乘客运营收益与成本、网络中旅客的中转换乘与车的跨线运行，实现客流需求与运能供给的协调匹配。

以货运为主的传统铁路的三个表征参数为速度、密度、重量,相应的本文将以客运服务为主的轨道交通系统的三个重要表征参数定义为速度、频率、载客量。通常公共交通的服务质量分为可用性、舒适性和方便性两大类,系统服务性能指标主要有频率、服务时间、载客数量及可靠性等。根据网络化运营所呈现出的特征,用不同的性能指标描述轨道交通系统的不同组成部分,构建面向乘客的轨道交通系统服务质量的框架体系如表4-1-1所示。

表 4-1-1 面向乘客的轨道交通系统服务质量的框架体系

性能指标	组成部分		
	车站/枢纽	区间/线路	网络系统
可用性	频率 可达性 乘客负荷	服务时间 可达性	服务范围 服务的人数
舒适性和方便性	协调性 可靠性 环境设施	可靠性 速度	服务时间 协调性 安全性

车站系统的可达性主要指乘客选择使用轨道交通系统的可能性,即在进入轨道交通系统之前与离开轨道交通之后是否可以通过其他交通方式(步行、自行车、公交车、小汽车等)便利地到达/离开起终点站;区间/线路的可达性主要指在轨道交通系统内部可以方便地完成OD点之间的出行。

协调性,从时间上主要计量换乘时间与晚点延误(初始晚点、连带晚点),从空间上主要衡量换乘站内部线路间的协调及换乘结点间相互影响关系的协调。

三、本线/跨线列车的运行组织及中转换乘衔接协调

本线/跨线列车的运行组织及中转换乘衔接是我国高速铁路网络化运营中的关键问题。我国行车组织的循环周期是一昼夜,运行图的包含范围是一个调度区段。因此,一张运行图的包含范围是一个调度区段内开行的列车数。

网络化运营组织可通过两个层次进行协调,即换乘站内部线路间的协调和换乘节点间相互影响关系的协调。网络协调的目标即是解决节点间的冲突。

在轨道交通系统网络化运营条件下,乘客与列车在OD间可选路径多样化,最优路径选择是客流诱导系统的基础,如何实现轨道交通网络的最优路径选择,又可提高基础设施利用效率与服务质量,需要更加充分的考虑旅客的中转换乘

与车的跨线/共线运行,强化轨道交通各线、列车和出行者之间的协调性。

综合分析影响乘客路径选择的各种因素,包括车内乘车时间、列车在车站的停止时间、换乘走行时间、换乘次数、拥挤程度等,乘客总是按自己已知的信息估计阻抗函数值,选择起讫点之间的最小阻抗路径。欧洲各国铁路投入了很大的精力研究车站/枢纽中转换乘规律,设计良好的换乘接续,车站的换乘/接续关系如图4-1-1所示。

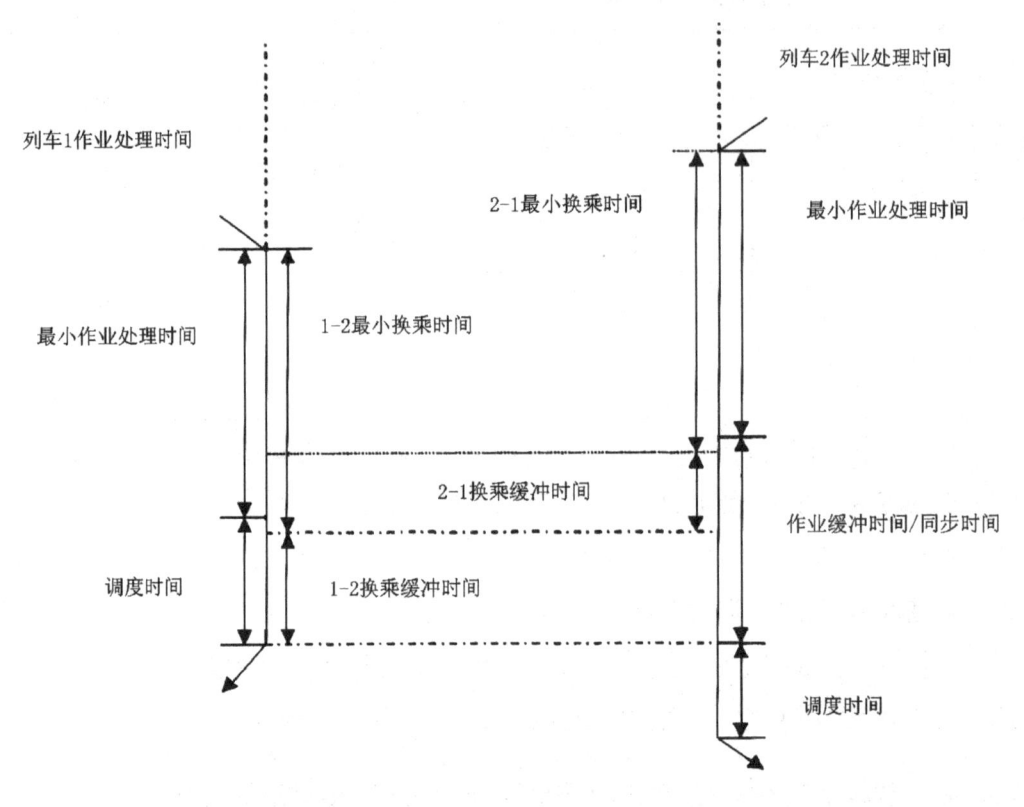

图 4-1-1 双向换乘衔接过程

本线/跨线列车的运行组织属于能力分配问题,路网中分配能力时需要考虑铁路基础设施的使用效率,即本线/路线列车服务网络的设计需要遵循"公共效益最大化"这一原则。在一项法国大西洋线 TGV 服务范围的研究中,根据旅客对各种列车的评价,对日常需求,如花费的时间、运行速度、价格等进行分解,利用计算机仿真模型进行反复计算,由此建立起一个合适的服务区域范围,其研究结果表明,在非高峰期,运量大小主要取决于头等车的多少(公务出行),而在周末高峰期,则主要取决于二等车(非公务出行),此外,运价是否合理,普通列车服务地区是否较少受到高速列车影响,也对服务范围的建立有较大的影响。

第二节　基于服务网络设计的高速铁路网络能力评估

任何系统的功能取决于其自身的组织结构及外部环境两方面，即系统功能＝f（自身结构，外部环境）；对于铁路网络系统而言，其能力取决于铁路网系统的规模布局与运输组织方式两方面，铁路网络系统能力＝f（规模布局，运输组织）。

一、我国高速铁路网络结构的特征分析（网络构造）

路网描述是指将铁路路网配置翻译成用符号表示出来的关系表达式，遵循有关的数学规则而构成的一个描述性模型。它是运营管理自动化的基础之一，也是铁路技术站、客运站和枢纽布局的理论基础。路网描述方法的好坏直接关系到车流径路计算处理过程的繁简、存储空间的大小及运行速度的快慢等问题。任何轨道交通网络均由两种基本的子网络单元构造而成。

由于网络中径路间的影响关系不同而引起列车运行组织的衔接方法完全不同。法国高速铁路呈放射状，按线路配置调度中心，如 TGV 东南线和 TGV 大西洋线调度中心设在巴黎，TGV 北部线调度中心设在里尔。我国分区域的铁路网络格局以中心城市为节点，涉及重要城市经济走廊，线网布局相对分散。可以依据不同的标准对高速铁路网中的所有车站进行等级划分，按照各高速车站所在城市的人口数量、GDP、政治经济地位及既有线车站发送量几项综合因素，并结合动车组检修条件，可将高速车站划分为 3 个等级。

（1）位于全国区域性中心城市的高速车站作为 1 级车站，包括北京、上海、广州、西安、成都、武汉 6 个城市的高速车站，这些高速车站动车组检修设备齐全、客流量大、换乘设施完备，适于作为高速铁路网的大型换乘枢纽站。

（2）位于省会级城市和一些重要城市（如有多条高速铁路交汇的城市、具有动车运用所的城市）的高速车站作为 2 级车站，包括哈尔滨、沈阳、郑州、重庆、南京、石家庄、杭州、长沙、青岛、南宁、兰州等 30 个左右的高速车站，这些车站具备一定的动车组检修能力、客流量较大，可作为周边地区客流的集散地。

（3）位于地级城市和一般性城市的其他高速车站作为 3 级车站，包括苏州、宁波、吉林、洛阳、东莞、大同、烟台、宜昌、威海、三亚等超过 100 个城市的高速车站。

为满足高速铁路客运专线直接吸引该铁路线范围之外的旅客的出行需要,同时为拓展高速铁路客运专线的服务范围,必须将跨线客流组织工作当作重中之重。目前,铁路系统繁忙干线上近1/3的车流为本线到发,其余2/3为跨线到发,有相当一部分本线客流是由这些跨线列车进行运送的,如此高比例的跨线列车给运输组织和列车开行方案的制订带来很多不便和困难。

换乘客流节点是指高速铁路客运专线网络中客流集散能力良好,且能够完成多个方向换乘衔接的客流节点,换乘客流节点构成的界定条件如下所示。

(1)位于高速铁路网络之上,即高速铁路线途经所连通的客流节点。

(2)旅客发送量在全路网客运量排名前100的客流节点。

(3)客流节点的线路智核万向达到二个度三个以上。

我们通常将高速铁路换乘节点类型划分为路网性节点、区域性节点、一般性节点与地方性节点。

二、高速铁路网络能力计算与评估的基本思路

大系统分解协调算法的原理是将"大系统"分解成若干个"子问题",在此基础上综合考虑各"子问题"之间的关联,其理论基础是自组织、协同学和控制论等。自1960年Dantzig和Wolfe提出对大系统进行分解的思想以来,大系统递阶优化控制理论不断得到发展。其中Mesarovic等人提出的"分级递阶"方法的思想是用分层结构描述大系统,原来系统中的各个子系统送出局部解,而在子系统的上级设置一个协调器,综合考虑各系统的局部解,向子系统送出关联值,经反复迭代和修正,目的在于找到对总系统来说最优的运行状态。由于较小的子问题更容易求解因而将复杂原问题分解为较小的子问题,分治策略是一种总体解决问题与个别设计算法的概念,其中算法将问题划分为各个同类的子问题并且进行分别独立的求解,将子问题的解组合起来形成原始问题的解。

从运输组织管理体制上看,路网运输系统是一个多级递阶控制的大系统。采用大系统递阶优化控制理论,作为大系统的铁路网的点、线划分的目标可以通过单独考虑每个车站、换乘客流节点、动车段所(所)、轨道区段(track segment)等基本单元且这些基本单元是与交通流模式(tafficpatterm)相关的。在此划分基础上,用分治策略计算与评估各基本单元的能力,进而计算评估整个路网能

力。据此,从点、线、路网各个角度对网络化条件下轨道交通系统能力分析如图 4-2-1 所示。

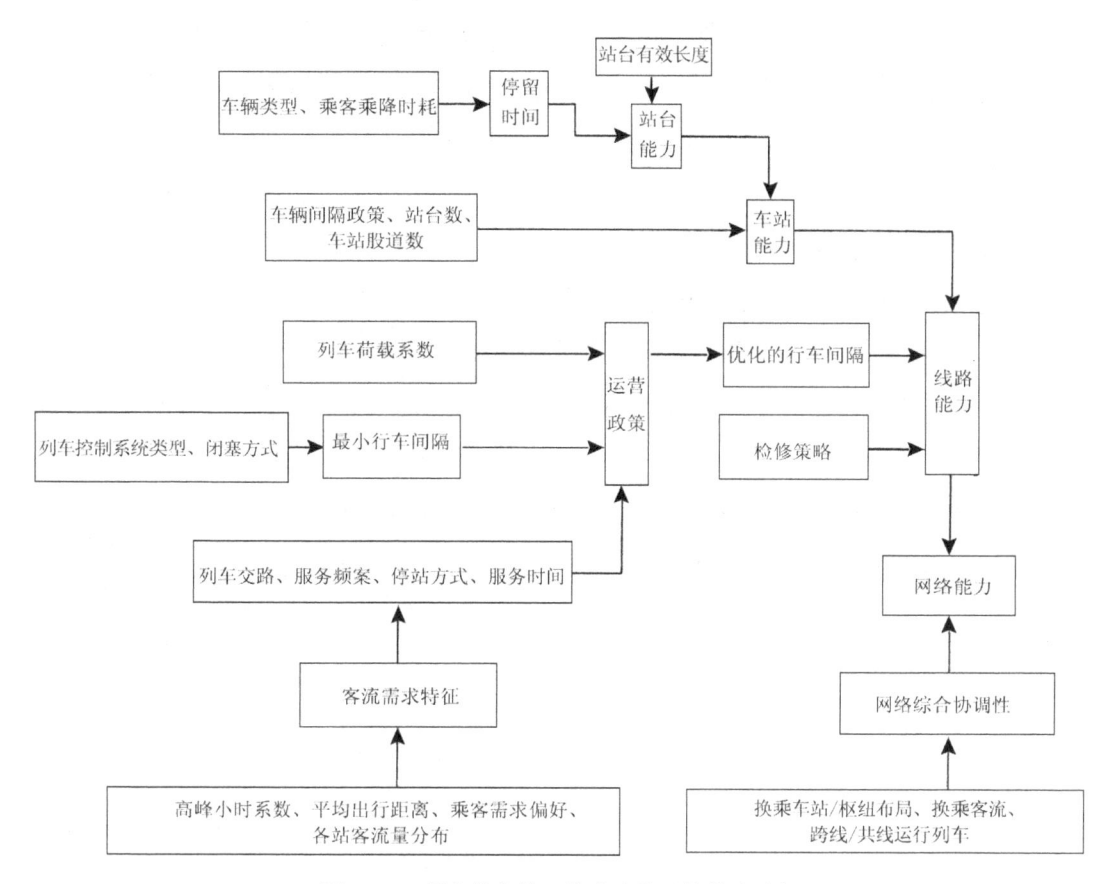

图 4-2-1 网络化条件下轨道交通系统能力分析

随着高速铁路的建设运营,既有传统铁路将以货运为主,高速铁路的运能配置不能独立于既有路网,必须与既有提速线路协调配合,满足本线客流、跨线客流、短途客流、中长途客流等出行需求,如灵活编组,按乘客出行地点、方向的不同或人数的变化,分段加挂、减编客车车辆或改变列车的运行方向、进行列车的重联与分解。由于高速铁路将以运能管理为中心转变为以旅客服务为中心的运输组织模式集中体现了铁路运输客运产品"服务"的本质概念——以尽可能满足乘客出行需求为终极目标的具有一定公益性质的服务,因而也须改变高速铁路的能力衡量标准——以完成一定的旅客运输服务需求所消耗的时间最小为高速铁路能力计算与评估优化的标准,突出客流不同时段的波动规律,在服务可靠度与最大物理能力之间找到一个经济优化的能力平衡点。

铁路系统是一个复杂的动态系统,难以计算整个铁路网络的能力。鉴于此,应首先将高速铁路网络分解为一系列点、线子系统,分别运用相应的理论方法计算各子系统的能力,再根据系统工程的理论与方法运用系统协调技术,考虑一定的协调度,综合评估整个路网的能力。UIC406将铁路能力视为能力消耗与能力使用的组合,以"能力平衡"(列车数、平均速度、异质性、稳定性)定义能力消耗参数。据此,高速铁路网能力计算的基本思路如下所示。

Step 0:预定义高速铁路网列车服务——需求集合。

Step 1:从高速铁路基础设施网络中分解出点、线子系统,基于UIC406分析各子系统的能力消耗&能力使用。

Step 2:用分析方法计算点、线的最大能力。

Step 3:考虑列车数、平均速度、异质性和稳定性应用优化方法计算点、线的基本能力。

Step 4:应用系统协调技术评估高速铁路网络的能力。

Step 5:用仿真技术标定相关参数,计算可能的实际能力。

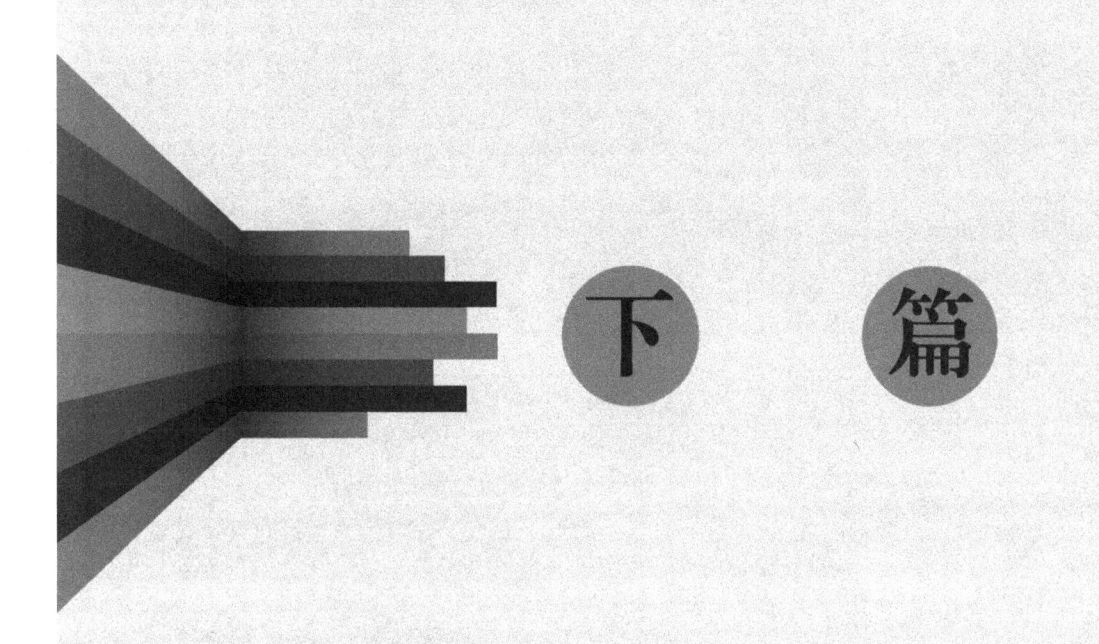

下篇

第五章 铁路货物运输产品

第一节 整车货物运输

一、整车运力安排

整车运力安排应首先保证应急物品、重点物资的运输,然后再根据运力最大限度满足所有客户的运输需求。

应急物品是指因突然发生自然灾害、公共卫生事件、战争、恐怖袭击或其他突发事件,造成社会生产资料、燃料、生活必需品等物资关系突变,进而需要铁路运输企业紧急调运的物品。

重点物资是指在一定时期、一定区域内,为平衡社会供求关系,保证国民经济的正常运行和国防的顺利建设,保证关系国计民生的企业正常生产和人民群众基本生活而需要铁路部门运输的煤炭、石油、粮食、化肥、进口物资、国家指令性应急物资和军用物资等。

二、办理整车货物发送作业

(一)托运与受理

1. 货物运单

货物运单是托运人(客户或称货主,下同)与承运人(铁路运输企业即铁路局集团公司,下同)之间,为运输货物而签订的一种运输合同。它是确定托运人、承运人、收货人之间在运输过程中的权利、义务和责任的原始依据。货物运单既是托运人向承运人托运货物的申请书，也是承运人承运货物和核收运费及编制记录和备查的依据。货物运单由货主委托承运人或货主本人通过95306请车形成带号码的货物运单。

2. 托运

托运人以货物运单向承运人提出货物运输需求，并向承运人交运货物，这个过程被称为货物的托运。车站应落实货物运输实名制。托运人在通过铁路托运货物时，托运人必须提供有效身份证件和托运物品的详细信息。

（1）需求提报方式。托运人（以下也称客户）向承运人交运货物，应向车站按批提出货物运单（需求联）一份。托运人可采用以下方式提报需求。

①非注册客户提报需求。登录铁路货运网上营业厅，进入"自助办理"菜单，选择业务类型，提报完整的运输需求信息。

②注册客户提报需求。登录铁路货运网上营业厅，进入"客户登录"页面，输入用户名、密码、验证码等信息，转入电商系统。

③客户拨打95306客服电话，各铁路局集团公司货运客服人员根据客户提供的需求信息，在电商系统代为录入运输需求。

④客户拨打各车站货运受理服务电话，车站营业厅工作人员根据客户提供的需求信息，在电商系统代为录入运输需求。

⑤客户在车站营业厅柜台办理或车站工作人员上门受理的，可由客户填写纸质货物运单（需求联），由车站工作人员代为录入电商系统。

（2）提出货物运单的具体要求。

①托运人向承运人交运货物，应向车站按批提出货物运单（需求联）一份。

②使用机械冷藏车运输的货物，是同一时间到站，同一收货人可以数批合提一份货物运单（需求联）。

③托运人按一批托运的货物品名过多，不能在货物运单（需求联）内逐一填记或托运搬家货物及同一包装内有两种及两种以上的货物，而须提出"物品清单"。

④托运人对其在货物运单（需求联）和"物品清单"内填记事项的真实性应负完全责任，在匿报、错报货物品名、重量时还应按照规定支付违约金。

3. 受理

车站对客户提报的需求实货核实，在电商系统确认后，立即进行运单受理。

车站受理岗位受理运单需求联可与铁路局集团公司日需求审定同步进行。在车站受理后,客户应做好承运人记事和运输戳记。

(二)进货、验收、仓储

1.进货

在铁路货场装车的货物,车站应在货运站系统中录入装车作业信息及运单承运人填记信息。整车货物进货,车站应凭进货通知、纸质运单需求联或需求号接收货物。在铁路货运站安全监控与管理系统分配货区货位后,货场货运人员确认货物进齐。

2.验收

车站货场是铁路办理货物运输的场所,货场货运人员应对搬入货场的货物进行检查验收。由于《铁路货物运输规程》规定,货物按整车运输时,只按重量承运,不计算件数,但也有一些货物因附加值较高,无论其规格是否相同,在按一批托运时,每件平均重量在 10 kg 以上的,托运人能按件点交给车站的,承运人都应按重量和件数承运。因而,货场货运人员对散堆装货物、成件货物规格相同(规格在三种以内的视作规格相同),一批数量超过 2000 件或规格不同,一批数量超过 1600 件的整车货物进行验收时,应对品名、件数、运输包装、标记及加固材料等进行重点检查,特别是某些在运输和装卸过程中需要特别注意的货物,托运人应根据货物的性质,按照国家标准,在货物包装上做好包装储运图示标志。

3.仓储

在铁路货场装车的货物,如果托运人未在承运人指定日期内将货物全部搬入车站,那么自指定搬入之日起至再次指定搬入之日,或将货物全部搬出车站之日止,车站按车核收货物暂存费。整车货物因车辆容积或载重量的限制,装车后有剩余货物时,托运人应于装车的次日起算,3 日内将剩余的货物全部搬出车站或另行托运。逾期未搬出或未另行托运时,车站将对于超过的日数按车核收货物暂存费。

(三)货物装车作业

货物装车作业是铁路货物运输生产工作的一个重要环节。对此,货物装车应在保证货物安全的条件下,积极组织快装、快卸,昼夜不间断地作业,以缩短货车停留时间,加速货物运输。

1. 装车责任及要求

装车组织工作根据装车地点和货物性质来划分承运人与托运人、收货人的责任范围。货物装车组织工作，在铁路货场以内的由承运人负责；在其他场所（铁路专用线、专用铁路及区间）由托运人负责。但是，下列货物由于在装卸作业中需要特殊的技术或设备、工具，所以，虽在铁路货场以内进行装卸作业，但仍应由托运人负责组织装卸工作。

(1)罐车运输的货物。

(2)冻结的易腐货物。

(3)未装容器的活动物、蜜蜂、鱼苗等。

(4)一件重量超过1 t的放射性同位素。

(5)用人力装卸带有动力的机械和车辆。

凡存放在装卸场所内的货物，应距离货物线钢轨外侧1.5 m以上，并应整齐、稳固地堆放。

2. 货车使用原则

铁路货车是实现货物位移的运输设备，承运人应按照运输合同约定的车种拨配适当的车辆。承运人如无适当货车拨配，在征得托运人同意、保证货物安全、货车完整和装卸作业方便的条件下可以代用其他车种。其中，以长大货物车(D)、冷藏车(B)代替其他车辆及改变罐车(G)的使用范围时，应经国铁集团同意；用其他车辆代替棚车(P)时，应经包装储运图示标志承认。同时，在用其他车种代替运输合同中约定的车种时，要遵守以下原则：

(1)车辆代用必须符合《铁路货物装载加固规则》中"货车使用限制表"的规定。

(2)对保密物资、涉外物资、精密仪器、展览品，能用棚车装运的必须使用棚车装运，不得用其他车种的货车代替。

(3)对怕湿或易于被盗、丢失的货物，应使用棚车装运。

(4)毒品专用车不得用于装运普通货物。

(5)冷藏车严禁用于装运可能污染和损坏车辆的非易腐货物。

(6)承运人应拨配状态良好、清扫干净的货车装运货物。

3. 装车的基本要求

装车前，承运认真检查货车的车体（包括透光检查）、车门、车窗、盖阀是否完整良好,有无扣修通知、色票、特殊货车及运送用具回送清单等或通行限制,车内是否干净,是否被毒物污染。装车后,承运认真检查车门、车窗、盖、阀关闭状态和装载加固情况。落实装车质量签认制度,需要填制货车装载清单及标画示意图的,应按规定填制。同时,整车装车要充分利用货车的载重力或容积,但不得超过货车容许载重量。由于货物的包装、防护物重量影响货物净重,或机械装载不易计算件数的货物装车后减吨确有困难时,可以多装,但不得超过货车标记载重量的2%。此外,整车货物装载超过货车规定的容许载重量时,除补收运费外,应按规定核收违约金。

4. 货车施封

货车施封是货物(车)交接,划分货物运输责任的一项手段,是保证货物运输安全的重要措施。

(1)使用棚车、冷藏车、罐车、集装箱运输的货物,由组织装车或装箱单位负责在货车或集装箱上施封。但派有押运人的货物、需要通风运输的货物及组织装车单位认为不需施封的货物(集装箱运输的货物除外),可以不施封。

(2)施封的货车集装箱应在货物运单和货车装载清单上记明。使用施封锁、施封环或带号码的封车钳子施封的货车集装箱,应记明施封号码。

(3)施封锁分为FS型(直形)和FSP型(环形)两种。FS型施封锁由锁头、锁芯、锁套3个部分组成,锁头和锁芯用钢丝绳相连,锁闭后呈直杆状,用于各型集装箱的施封。FSP型施封锁由锁芯、锁套两部分组成,锁芯和锁套用钢丝绳相连,锁闭时将锁芯垂直向锁套的锁孔插入,锁闭后呈环状,用于棚车、冷藏车的施封。

(4)施封的货车应使用粗铁线将两侧车门上部门扣和门鼻拧固并剪断燕尾,在每一车门下部门扣处施封锁一枚。施封后须对施封锁的锁闭状态进行检查,确认落锁有效,车门不能拉开。之后在货物运单或货车装载清单上记明F及施封号码(如F146355、146356)。

(5)发现施封锁有下列情形之一,即按失效处理:

①钢丝绳的任何一端都可以自由拔出,锁芯可以从锁套中自由拔出。

②钢丝绳断开后可再次相接,以便重新使用。

③锁套上无站名、号码和站名或号码不清、被破坏。

5. 篷布苫盖

(1)托运人组织装车的货物,在使用铁路货车篷布时,对篷布的完整状态应进行检查,若发现篷布破损或腰、边绳短少,应向车站更换完整的篷布。

(2)当托运人使用自备篷布时,应在货物运单托运人记载事项栏内记明"自备篷布××张"。

(3)在专用线内装车使用的铁路货车篷布或到达专用线的铁路货车篷布,分别由托运人和收货人负责到车站取送。

(4)使用铁路货车篷布苫盖货车时,按使用张数向托运人核收货车篷布使用费。

(5)到达专用线或专用铁路的铁路货车篷布,收货人应于货车送到卸车地点或交接地点的次日起,2日内送回车站。若超过规定期间,将对其超过的期间核收篷布延期使用费。

(四)承运

1. 核算制票

车站在货票系统中核对"已装车"的整车运单信息,录入承运人记事,计算运输费用。计费承运前,如货车未出线发现运单承运人填记信息不准确、不完整,应在货运站、集装箱系统进行取消操作,之后重新进行装车作业操作。"已制票"的运单,如发现计费错误等,不得修改,只能作废并重新计费后打印。遇故障需重新打印时,重新计费后打印。作废的运单,应将已打印的联次作废,未打印的运单作废后,应选择有作废标识的运单,打印发站存查联和收款人报告联。有物品清单的,车站打印物品清单一式二份,一份由车站交托运人签章后与运单发站存查联合订留存,一份交托运人。

2. 货物的承运

整车货物装车完毕并核收运费后,发站在货物运单上加盖车站日期戳时起,即为承运。同时,实行承运前保管的车站,对托运人已全批搬入车站的整车货物,从接收完成时起,负承运前保管责任。承运是货物运输合同的成立,是承诺的生效,从承运时起承托双方就要分别履行运输合同的权利、义务和责任。因此,承运意味着铁路负责运输的开始,是承运人与运托人双方划分责任的时间界线,标志着货物正式进入运输过程。

3. 货物的押运

活动物、需要浇水运输的鲜活植物、生火加温运输的货物、挂运的机车和轨道起重机及特殊规定应派押运人的货物,托运人必须派人押运。押运人数除特定者外,每批不应超过 2 人。托运人要求增派押运人或对上述以外的货物,要求派人押运时,须经承运人确认。对押运人应核收押运人乘车费。派有押运人的货物,应由托运人在货物运单内注明押运人姓名和证明文件名称及号码。押运人应乘坐所押运的货车,如该货车不适于乘坐时,可乘坐站长指定的车辆。押运人对押运的货物应负责采取保证货物安全的措施,如发现货物有腐烂、变质、病伤、损坏等现象,应立即向车站提出声明,由车站协助进行适当处理。押运人从承运人承运货物时起至交付完毕时止发生意外伤害时,比照《铁路旅客意外伤害强制保险条例》规定办理。

三、办理整车货物途中作业

(一)途中基本作业内容

(1)货车编入列车内出发。装车站应严格贯彻"发站从严"的原则,根据作业计划,编制、核对出发列车编组顺序表并补充车辆"其他记事"栏信息,按规定核对列车编组顺序表、现车,相符后,与机车乘务员办理列车编组顺序表交接签认,按规定发车。

(2)列车到达。车站接收列车确报,与机车乘务员办理列车编组顺序表交接签认,依据确报或列车编组顺序表按规定核对现车。

(3)列车解编作业。车站通过现车系统掌握车辆相关运输信息,编制作业计划,组织解体、集结、编组等作业。

(4)途中站、到达站遇列车编组顺序表中车辆信息与电子票据信息内容不一致时,应现场确认现车车号,以现车车号的电子票据信息为准。

(5)送车作业。车站根据货运、车辆等部门的送车需求,编制作业计划,组织送车作业。

(6)货检作业。车站检查现车发现问题,须在铁路货检安全监控与管理系统(简称货检系统)编制普通记录。

(7)列检作业。列检技术作业前,货车技术管理信息系统(简称 HMIS 系统)从运输信息集成平台接收列车到达、编成报告。在编制相关票据时,按流程进行车辆扣修、车辆回送检修等信息交互。

(二)货运交接检查

1. 货运检查

铁路货运检查工作是保证行车安全和货物安全的一项技术性较强的工作，是铁路运输安全生产的重要组成部分。铁路货运检查员主要承担铁路运输过程中的货物(车)交接检查工作，是铁路行车单位的一个主要工种。铁路货运检查实行区段负责制。区段负责制是指在对货物列车的交接检查中，按列车运行区段划分货运检查站责任的制度。货运检查包括以下主要内容：

(1)货物列车中货物装载、加固状态。

(2)货车篷布及篷布绳网苫盖、捆绑状态。

(3)施封。

(4)货车门、窗、盖、阀关闭情况。

(5)《铁路超限超重货物运输规则》规定的事项。

(6)《铁路货车超偏载检测装置运用管理办法》规定的内容。

(7)危险货物押运人的押运情况。

(8)国铁集团规定的其他事项。

货运检查作业应在规定的技术作业时间内完成，检查作业和在列整理完毕后及时向车站调度员(值班员)报告，未接到货运检查作业完毕的报告，不准动车。

2. 货运交接检查及发现问题的处理

列车运行途经有技术作业或无技术作业但停车时间在 35 min 及以上的编组站或区段站，视为责任货运检查站(简称货检站)，由车站组织人员进行货运检查作业。

交接检查时发现的问题应按有关规定进行处理，并应于列车到达后 120 min 内以电报通知上一货检站，同时抄知发到站。电报的内容应包括列车的车次、到达时分、车种、车号、发站、到站、品名、发现的问题及简要处理情况，需编制记录时按规定进行编制。

3. 整理、换装作业

(1)基本要求。在运输中发现货车偏载、超载、货物撒漏，以及因车辆技术状态不良，经车辆部门扣留，不能继续运行，需要换装整理时，由发现站(或铁路局集团公司指定站)及时换装整理。

(2)时限要求。换装整理的时间一般不应超过2d。如两天内未换装整理完毕时,应由换装站以电报通知到站,以便收货人查询。

(3)统计要求。编组、区段站对扣留换装整理的货车,应进行登记,并按月汇总报铁路局集团公司,同时通知有关铁路局集团公司。

(4)费用要求。铁路责任的货物整理费由整理站(铁路局集团公司)列销;换装费由原装车站(铁路局集团公司)负担,但由于行车事故或调车冲撞发生的换装费由责任单位负担;因车辆技术状态不良发生的换装,属车辆部门责任,换装费由发生铁路局集团公司负担。

(三)货物运输合同的变更和解除

1. 货物运输合同的变更

托运人由于特殊原因,对承运后的货物运输合同进行变更时,可按批向货物所在的中途站或到站提出变更到站、变更收货人。承运人不办理以下变更:

(1)违反国家法律、行政法规、物资流向、运输限制的变更。

(2)变更后的货物运到期限大于容许运输期限。

(3)变更一批货物中的一部分。

(4)第二次变更到站。

2. 货物运输合同的解除

承运后挂运前托运人可向发站提出取消托运,经承运人同意,货物运输合同即告解除。托运人要求变更或解除运输合同时,应提出货物运单副本(领货凭证联)和"货物运输变更要求书",提交不出货物运单副本(领货凭证联)时,应提供其他有效证明文件,并在货物运输变更要求书内注明。

货物运输变更由车站受理,但整车货物变更到站,受理站应报主管铁路局集团公司同意。车站在处理变更时,应在货物运单记事栏内记明变更的依据,改正运输票据、标记(货签)等有关记载事项,并加盖车站日期戳或带有站名的名章。变更到站时,应电知新到站及其主管铁路局集团公司和发站。办理货物运输变更或取消托运,托运人应按规定支付费用。

3. 变更或解除运输合同的具体处理方法

(1)解除运输合同。解除运输合同,即取消托运。对托运人提出的取消托运需求,在货场装车的,发站确认货车在本站,通知行车人员后,方可受理;在专用线装车的,路企交接前可受理,路企交接后不受理。受理时应审核并收回运单托运人存查联、领货凭证;办理电子领货的,验证领货密码,打印领货凭证。对已受理的取消托运需求,发站货运人员通知行车人员将货车调回货场,并在货票系统完成取消托运操作。核收相关费用后,运单需求单按"已装车"状态回退到"货运站系统",在"货运站系统"进行取消装车操作。

(2)变更运输合同。途中或到站仅受理托运人提出的货物运输变更需求。变更处理站应审核运单托运人存查联、领货凭证、货物运输变更要求书;电子领货的,验证领货密码,打印领货凭证。变更到站时,处理站应报铁路局集团公司同意后方可受理,在货票系统中录入货物运输变更要求书,收取变更手续费,运单状态变为"变更完成",并在纸质运单托运人存查联、领货凭证上修改相关信息,加盖车站日期戳或带有站名的人名章后交托运人。电子领货的,向托运人申明,原领货密码失效,凭变更后的纸质领货凭证领货。

四、办理整车货物到达作业

(一)重车到达与票据交接

本站待卸重车到达后,在完成对车辆的技术检查、货运检查后,电子货票信息会通过车站管理信息系统发送到指定货运作业场所。

(二)货物卸车作业

整车货物的卸车,应在保证货物安全的条件下,积极组织快卸,昼夜不间断地作业,以缩短货车停留时间,加速货物运输。

1. 卸车前检查

铁路组织在卸车前,认真检查车辆、篷布苫盖、货物装载状态有无异状,施封是否完好。卸车前,发现系统显示的车号与实际现车不一致的通知行车部门处理;发现系统显示重车带票实际为空车的不得卸车,由车站按票车不符流程处理;发现系统显示货物名称同实际货物不符的,通知行车及相关部门处理。

2. 监卸工作

铁路组织卸车时,车站货运人员必须核对货物运单、实际货物,保证货物运单、货物相统一。要认真监卸,根据货物运单清点件数,核对标记,检查货物状态。对集装箱货物应检查箱体,核对箱号和封印。严格按照《铁路装卸作业安全技术管理规则》及有关规定作业,合理使用货位,按规定堆码货物。发现货物有异状,要及时按章处理。

3. 卸车后检查

卸车后,应将车辆清扫干净,关好车门、车窗、阀、盖,检查卸后货物安全距离,清好线路,将篷布按规定折叠整齐,送到指定地点存放。对托运人自备的货车装备物品和加固材料,应妥善保管。

4. 货车的清扫、洗刷和除污

负责卸车的单位在卸车时,应将货物彻底卸净,卸空后的货车应清扫干净,车门、车窗、端侧板、罐车盖、阀等要关闭妥当。对装过活动物、鲜鱼类、污秽品等货物的车辆,以及受易腐货物污染的冷藏车和《铁路危险货物运输管理暂行规定》中规定必须洗刷消毒的货车,由铁路负责洗刷并按规定或依照卫生(兽医)人员的要求进行消毒,费用由收货人负担。当收货人有洗刷、消毒设备时,也可由收货人自行洗刷、消毒。

收货人组织卸车的货车在未进行清扫或清扫不干净时,车站应通知收货人补扫,如收货人未补扫或仍未清扫干净,车站应以收货人的责任组织人力代为补扫,向收货人核收规定的货车清扫费和货车延期使用费。

5. 货车拆封

卸车单位在拆封前,应根据货物运单、货车装载清单上记载的施封号码与施封锁号码核对,并检查施封是否有效。拆封时,从钢丝绳处剪断,不得损坏站名、号码。拆下的施封锁,对编有记录涉及货运事故的,自卸车之日起,须保留180日备查。车站应建立施封锁的领取、发放、使用和销毁制度,按封印号码进行登记,责任落实到个人。

(三) 货物到达通知与仓储

承运人组织卸车的货物,到站应不迟于卸车完毕的次日内,用电话或书信,向收货人发出催领通知,并在货物运单内记明通知的方法和时间。

货物运抵到站,收货人应及时领取。拒绝领取时,收货人应出具书面说明,自拒领之日起,3日内到站应及时通知托运人和发站,征求处理意见。托运人自接到通知之日起,30日内提出处理意见并答复到站。

从承运人发出催领通知次日起(不能实行催领通知时,从卸车完毕的次日起),经过查找,满 30 日(搬家货物满 60 日)仍无人领取的货物或收货人拒领,托运人又未按规定期限提出处理意见的货物,承运人可按无法交付货物处理。对性质不宜长期保管的货物,承运人根据具体情况,可缩短通知和处理期限。

承运人组织卸车的货物,收货人应于承运人发出催领通知的次日(不能实行催领通知或会同收货人卸车的货物为卸车的次日)起算,2 日内将货物搬出。超过上述期间未将货物搬出,车站将对其超过的期间核收货物暂存费。

(四)货物搬出与货物送达

交接货物时,收货人凭纸质凭证领货的,配送人员携带运费杂费收据收货人存查联、运单到站存查联和收货人存查联,核验收货人身份,收回领货凭证(零散快运不收领货凭证);电子领货的,携带运费杂费收据收货人存查联、运单到站存查联和收货人存查联,通过手持设备验证领货密码,核验收货人身份。

客户在到站提出需求,车站办理交付手续,在货票系统核收相关费用,接取送达系统接收货票系统推送的物流需求信息,铁路局集团公司组织物流企业与到站办理货物交接,组织配送,与收货人办理货物交接,完成后使用手机 App 将状态变为"已送达"。

第二节 零散货物快运

一、零散货物快运概述

(一)零散货物快运办理范围

零散货物是指大宗货物(仅表示大批量,非按品类界定的大宗货物)以外的货物。对于批量零散货物快运品类的货物,一批重量不足 40 t 且体积不足 80 m^3 的,可按零散货物快运办理;对于非批量零散货物快运品类的货物,不足整车时,可按零散货物快运办理,但以下情况除外:

(1)散堆装货物。

(2)危险货物(理化性质不明或包装上有危险货物包装标志的货物比照危险货物办理)、超限超重和超长货物。

(3)活动物及需冷藏、保温运输的易腐货物(铁路局集团公司管内在特定时段及能够在保证货物质量情况下可以承运)。

(4)易于污染其他货物的污秽货物(但采取有效包装、防护或隔离等措施不易污染其他货物时可按零快办理;达到点对点运输标准的,管内各站可办理,办理时发站按整车标准收取货车洗刷除污费,到站卸后按规定排空洗刷)。

(5)军运、国际联运、需在米轨与准轨换装运输的货物。

(6)在专用线(专用铁路)装卸车的货物(签订零散货物运输协议的专用线除外)。

(7)国家法律法规明令禁止运输的货物(如反动、淫秽的书籍、报刊、影像等)。

(8)其他不宜作为零散货物运输的货物。

(二)零散货物快运列车

零散货物快运分为环线快运和点对点快运两种方式。环线快运是指以客车化模式开行的货物快运列车装运零散货物的装运方式;点对点快运是指同车所装零散货物全部为同一到站且一站直达的装运方式。点对点快运包括需在中心站、中转站中转的货物。

货物快运列车,是指按"五固定"(固定车次、固定始发时刻、固定运行区段、固定编组内容、固定作业地点)客车化模式开行的列车,分为跨铁路局集团公司快运列车和管内环线列车。

(三)零散货物快运车站

零散货物快运车站是指办理零散货物快运业务的车站,包括既有货运营业站和无轨站。按其在零散货物运输中承担的主要任务不同,零散货物快运站分为办理站、作业站、中心站、接续站和无轨站。

1.办理站

零散货物快运办理站简称办理站,是指向作业站集送货物的铁路车站受理网点,负责零散货物的受理、保管、制票等作业,办理站应具备货物存放、检斤计量、制票收款等条件。

2.作业站

零散货物快运作业站简称作业站,是指铁路局集团公司管内环线列车图定停车站,负责零散货物的受理、承运、制票、集结、保管、装卸、交付等作业,如北京局的高碑店、徐水、保定、望都、定州、新乐、正定等。

作业站应具备货物快运列车停靠,进出货、装卸车作业、货物集结、安全检查和防雨雪等基本条件,它不受车站性质限制,作业站应具备办理站功能。

3. 中心站

零散货物快运中心站简称中心站,是指铁路局集团公司管内环线列车和跨铁路局集团公司快运列车的发到站和集中作业站。中心站负责铁路局集团公司管内环线列车和跨铁路局集团公司快运列车的货物中转、集散分拨、解编取送、车流交换、设备整备等作业。

中心站应为具有货场的编组站或靠近编组站的货运站,并且具备作业站功能。原则上,每个铁路局集团公司设置1~2个中心站。中心站应具备车流交换、货物分拣、码放、配装作业、安全检查等条件。同一铁路局集团公司中心站分工如下:

(1)中国铁路哈尔滨局集团有限公司发往其他16局的跨铁路局集团公司货物,由哈尔滨南站中转。

(2)中国铁路成都局集团有限公司发至中国铁路哈尔滨局集团有限公司、中国铁路沈阳局集团有限公司、中国铁路北京局集团有限公司、中国铁路太原局集团有限公司、中国铁路呼和浩特局集团有限公司、中国铁路郑州局集团有限公司、中国铁路武汉局集团有限公司、中国铁路西安局集团有限公司、中国铁路济南局集团有限公司、中国铁路兰州局集团有限公司、中国铁路乌鲁木齐局集团有限公司和中国铁路青藏局集团有限公司的货物,由城厢站负责中转;中国铁路成都局集团有限公司发至中国铁路上海局集团有限公司、中国铁路南昌局集团有限公司和中国铁路广州局集团有限公司的货物,由改貌站负责中转。

(3)中国铁路乌鲁木齐局集团有限公司从南疆地区发至其他铁路局集团公司的货物,由库尔勒站中转;中国铁路乌鲁木齐局集团有限公司其他地区发至其他铁路局集团公司的货物,由乌西站中转。

4. 接续站

零散货物快运接续站简称接续站,是指相邻两铁路局集团公司管内环线列车交汇点,负责邻铁路局集团公司同货物的中转交换作业。接续站应具备货物快运列车停靠、装卸车作业,或车流交换等基本条件,原则上应为中心站或作业站。

5.无轨站

零散货物快运无轨站,是指在铁路车站营业场所以外的货源集散地设立的铁路物流经营服务网点。无轨站除具备揽货功能外,还应拓展以下几个功能:

(1)营销功能。营销功能包括物流市场调查、品牌宣传、业务洽谈、物流方案设计、客户关系管理等内容。

(2)服务功能。服务功能包括日常业务咨询、货物受理承运、电子商务服务、在线交易支持、周边客户自提等内容。

零散货物快运车站应按照铁路货运标识技术规范和应用规范,以及货物运输服务质量标准等有关要求,在车站营业场所设置铁路货运及零散货物快运标识,揭挂货物快运列车运行时刻表、价目表、业务办理流程图及客户须知。

铁路局集团公司在调整中心站、作业站、接续站时,应提前将调整方案和实施日期报国铁集团运输部审核公布。

(四)零散货物快运服务平台

零散货物快运服务平台是零散货物快运业务办理的计算机应用系统,铁路局集团公司、快运车站应使用全路统一快运平台。

零散货物快运车站通过零散快运平台完成零散快运货物的需求受理、现货核收、装车作业、卸车作业、交付确认作业的业务管理。

(五)零散货物快运品牌

为加强零散快运货物运输管理,提升铁路零散快运货物品牌,各铁路局集团公司成立了零散快运货物专运公司,负责铁路局集团公司管内零散快运货物的运输管理工作。

二、零散货物快运组织

(一)托运与受理

零散货物受理实行"承诺制"和"实名制"。托运人托运货物时,应按批提出"零散货物快运需求单"(运单需求联)一份,还应按批提交"物品清单",签署"货物托运安全承诺书"。托运人托运零散货物可通过网上营业厅、拨打95306电话等方式向零散货物快运车站提出货物运输需求。承运人应通过"零散快运平台"受理零散货物运输需求,审核运输需求(运单需求联)信息,添加承运人记事标记运输戳记,使用高拍仪采集证明文件资料等。

（1）受理人员应核对托运人身份证（托运人是单位的,还应查验包含有效期的单位经办人委托证明）。经核对一致的,将托运人（经办人）姓名和身份证号码填记在零散货物快运需求单"托运人记事"栏内；发现托运人（经办人）填记姓名与现供的身份证不符、拒绝提供身份证或委托证明的,一律拒绝受理。

（2）受理人员应对零散货物快运需求单、物品清单填记的货物品名进行查验核对,《铁路危险货物品名表》中明列的品名（包括经铁路局集团公司批复,可按普通货物办理的危险货物）,拒绝受理；对未列且理化性质不明的货物,要求托运人提供国家安全生产监督管理部门认定的检测鉴定机构出具的非危险货物鉴定报告。

（二）进货、验收

办理站和作业站受理货物时,外勤人员应依照零散快运平台受理确认的零散货物快运需求单、物品清单逐件检查核对货物,危险货物和品名不符、无包装标识、包装上无中文品名标识或不能确认物理化学性质的货物不得进货。

货物安全检查是保证货物运输安全的重要措施,受理货物或上门取货时,应认真核对货物品名、性质、重量、数量、规格尺寸、到站和特殊运输需求等信息,确认运输和包装防护条件符合安全要求,协助客户办理托运手续,并对货物进行安全检查。

零散快运货物安全检查可采用人工或人机结合的方式,每批货物只安检一次。货物安全检查实行经办人负责制,即谁安检、谁签字、谁负责。货物经过安全检查符合办理条件后,安检人员应在有关单证上签字或加盖带有站名的人名章。

货物安全检查分为现场检查和授信检查。

1. 现场检查

现场检查分为全检和抽检。原则上全检适用于二次包装（非原包装）、性质不易识别、外观不易直接目测检查的货物；抽检适用于同品名、同规格、生产厂家原包装或简易包装的货物。现场检查应由托运人自行打开箱（包）。托运人拒绝检查或发现可疑物品的,不得办理货物运输。

2. 授信检查

授信检查是指车务站段（货运中心）授权大客户对同品名、同规格、生产厂家原包装、简易包装、无包装货物进行安全检查,授权双方要签订安全协议,授信检查的货物可直接组织装车。授信检查由站段制定管理办法报局货运处备案;车务站段(货运中心)应将具备授信检查资格的托运人及货物名录在所辖办理站、作业站公布。

(三) 装卸车作业

1. 零散货物装载清单

零散货物"货车装载清单"(简称"装载清单",是铁路内部作业货物交接凭证和责任划分的依据,也是装卸车货物的依据。零散货物装车前,车站必须填制"装载清单",作为装车作业的依据,"装载清单"必须通过零散快运平台生成。

中心站、作业站、接续站应不断提高装载清单编制的质量,以装载清单为核心,统筹组织集货、配装和中转等作业,装车为卸车创造条件,充分利用车辆载重力和容积,及时装卸,合理配载,巧装满载,降低运输成本,保证作业规范有序。

2. 零散货物装车作业要求

零散货物装车作业须通过货运站系统、零散快运平台完成货物的装车作业,严格执行作业流程和作业标准,及时录入有关数据,填写相关报表,并保证系统数据的真实性和完整性。装车完毕,应及时将装车信息推送到相关作业系统。

零散货物装车前,车站应根据货物结构特点、包装、特殊装运要求等情况,及时制定符合装运安全要求的、方便卸车的配装方案,指导合理装车,杜绝超偏载问题,保证装车的质量和效率。

货物装车时,应将货物均衡装载在车地板上,货物码放与车门距离不得小于100 mm,不超载、不偏载、不偏重、不集重,易滚动、窜动、倒塌的货物不得装在车门处或车内上层,并采用可靠的防滚动、防窜动、防倒塌措施。

装卸货物应轻拿轻放、大不压小、重不压轻、长不压短、码放稳固、标签向外,符合包装指示标志要求。对易倒塌、怕污损、自带包装薄弱的货物应使用伸缩膜缠绕或紧固带等加固;对食品、贵重物品等货物必要时应采取车内衬垫、隔离防护等措施。

管内环线列车货车、行李车要划分舱位,明示货物、集装化用具堆码位置,留有通道(同一货车装载均为同一到站的货物除外)。非同一到站时,以"远途到站装两端、近途到站装中间"的原则,按环(线)别、站顺合理配装。

3. 装卸作业安全

装卸车作业时,车地板与站台高差较小的车站配备防滑渡板,与站台高差较大的车站配备升降平台,满足管内环线列车随车叉车上下站台的需要。在站台上装卸机具停放和货物堆码,距站台边缘不得小于 1 m。接发列车、调车作业过程中,装卸机具禁止移动,应顺线路停放,采取止轮措施,并由人员看护。在客运站台装卸作业不得影响客车运行和旅客乘降。装卸车作业完毕,货运车长应组织人员检查确认货物装载和车门(窗)关(锁)闭状况是否良好、线路上有无坠落物,防止影响列车开行。

(四)交付作业

快运车站对到达本站的货物应及时通知客户(可通过快运平台自动短信通知),凭收货人(代理人)身份证原件(复印件)、委托书办理货物交付。

客户取货时,快运车站作业人员同步应用手持设备扫描货签条形码进行交付确认。手持设备故障时,作业人员应在货物交付后的 15 min 内,凭运单到站存查联进行快运平台交付确认操作,交付确认。托运人在运单到站存查联签字或加盖人名章,承运人将加盖"货物交讫"戳记的运单收货人存查联交与收货人。

上门送货时,快运车站作业人员在车站与送货人员进行货物交接,同步应用手持设备扫描货签条形码进行交付确认。手持设备故障时,作业人员应在货物交付后的 15 min 内,凭运单到站存查联进行快运平台交付确认操作,交付确认。送货人员在运单到站存查联签字或加盖人名章,承运人将加盖"货物交讫"戳记的运单收货人存查联交与送货人员。

零散货物发生货损、货差或票据丢失等情况时,由到达铁路局集团公司中心站或到达作业站编制记录,并于列车到达后 60 min 内向发到局中心站或发站拍发电报,抄送发到铁路局集团公司。零散货物损失按《损规》和国铁集团有关规定处理。

第三节　集装箱运输

一、集装箱

(一)集装箱的定义和种类

1. 集装箱的定义

集装箱是满足下列要求的一种运输设备:
(1)具有足够的强度,可长期反复使用。

(2)适于多种运输方式运送,途中无须倒装货物。

(3)设有供快速装卸的设施,便于从一种运输方式转移到另一种运输方式。

(4)便于箱内货物装满和卸空。

(5)容积不小于1 m³。

集装箱不包括车辆和一般包装。

2. 集装箱的种类

(1)按箱主分类。按箱主分类,集装箱分为铁路箱和自备箱。其中铁路箱是承运人提供的集装箱,自备箱是托运人自有或租用的集装箱。

(2)按尺寸分类。铁路运输的集装箱按长度分为20 ft箱、40 ft箱、45 ft箱等。集装箱以TEU作为统计单位,表示一个20 ft的国际标准集装箱。一个40 ft集装箱折合为两个TEU。

(3)按所装货物种类和箱体结构分类。按所装货物种类和箱体结构进行分类集装箱可分为普通货物箱和特种货物箱。

①普通货物箱。普通货物箱包括通用箱和专用箱。通用箱又称干(杂)货集装箱,是指全封闭式,具有刚性的箱顶、侧壁、端壁和箱底,至少在一面端壁上有箱门的集装箱。通用箱适合装运大多数普通货物,如文化用品、日用百货、医药、纺织品、工艺品、五金交电、电子仪器仪表、机器零件及化工制品等。该类集装箱占全部集装箱总数的70%~80%。

专用箱是指为便于不通过端门装卸货物或为通风等特殊用途而设有独特结构的普通货物集装箱,包括通风集装箱、敞顶集装箱、台架式集装箱和平台式集装箱。

②特种货物箱。特种货物箱是指专门适用于运输某种状态或特殊性质的货物的集装箱,包括保温箱、罐式箱、干散货箱和按货物命名的集装箱等。

(4)按是否符合标准分类。集装箱按是否符合国家或铁道行业标准可分为标准箱和非标箱。

(二)集装箱的标准化

集装箱的标准化,不仅能提高集装箱作为共同运输单元在海、陆、空运输中的通用性和互换性,而且能够提高集装箱运输的安全性和经济性,促进国际集装箱多式联运的发展。同时,集装箱的标准化还给集装箱的运载工具和装卸机械提供了选型、设计、制造的依据,从而使集装箱运输相互衔接配套、专业化和高效率的运输系统。

二、集装箱运输设备

(一) 集装箱办理站

1. 集装箱中心站

集装箱中心站又称集装箱物流中心,是指专业办理集装箱列车及枢纽内集装箱小运转列车到发和整列集装箱列车装卸的路网性集装箱货运站。集装箱中心站是按照集装箱的发展趋势和现代化物流发展要求建设的专业化、现代化、对周边地区集装箱运输具有较强辐射作用的特大型集装箱办理站,是全国和区域铁路集装箱运输的中心。集装箱中心站具有作业量大、信息化程度高,具有先进的装卸机具和管理机制等特点。

2. 集装箱专办站

集装箱专办站是指办理集装箱列车及枢纽或地区内集装箱小运转列车到发和整列集装箱列车装卸的地区性或区域性集装箱货运站。集装箱专办站是地区铁路集装箱运输中心,一般靠近省会城市、大型港口和主要内陆口岸站建设,应配备必要的集装箱仓储、装卸、搬运等设备。

3. 集装箱一般办理站

集装箱一般办理站位于集装箱货源产生地或消失地,也称集装箱代办站。集装箱一般办理站多为综合性货运站,即除办理集装箱运输业务外,可能还办理整车或零散运输业务。

(二) 集装箱装卸、搬运机械

集装箱装卸、搬运机械具有快速装卸和搬运的装置,便于机械作业,极大地提高了装卸、搬运作业效率,是集装箱运输工具的最大特点之一。因此,在集装箱场内部都配备一定数量的集装箱装卸、搬运机械。随着集装箱运输的发展,集装箱装卸、搬运机械也得到相应的发展,其类型很多,其主要类型有门式起重机、旋转式起重机和起升搬运机械。

1. 门式起重机

门式起重机是集装箱场的主要装卸机械,一般可按运行方式或主梁结构特点进行分类。

(1)门式起重机按运行方式分为埋轨式和轮胎式两种。

①埋轨式门式起重机。埋轨式门式起重机主要由门架、大车运行机构、小车架、小车运行机构、起升机械、旋转机构、导向架及司机室等组成。司机室内有操纵台,操纵起重机各个机构的运转。埋轨式门式起重机的特点是必须在限定的轨道上运行,作业范围受到一定的限制,但结构简单,便于铁路货车和汽车的装卸作业,经济效果好,因此在铁路货场内被普遍采用。

②轮胎式门式起重机。轮胎式门式起重机的特点是机械由充气轮胎支撑在场上走行,不受固定轨道限制,因而机动性好、作业效率高,但是该类起重机操纵比较复杂,造价高。

(2)门式起重机按悬臂分为双悬臂式、单悬臂式和无悬臂式。其中双悬臂式起重机由于跨度大和起升高度高,可以跨越铁路线和汽车道路,在跨度内、悬臂下直接进行集装箱的装卸、换装和堆码作业,因而被集装箱场大量采用。而单悬臂式和无悬臂式门式起重机由于缺乏双悬臂起重机特点,被采用的比较少。

(3)集装箱门式起重机按主梁结构分为桁架式和箱形式两种,其区别主要在于主梁为桁架结构或箱形结构。

2. 旋转式起重机

旋转式起重机主要有轮胎起重机、汽车起重机和履带式起重机。

3. 起升搬运机械

起升搬运机械主要包括集装箱叉车、正面吊运机和跨运车等。

(1)集装箱叉车。集装箱叉车是目前铁路集装箱场采用的性能较好、效率高、用途多的集装箱装卸、搬运机械,其主要用于装卸、搬运和堆码集装箱。

(2)集装箱正面吊运机。集装箱正面吊运机是 20 世纪 70 年代中期开发的一种移动式集装箱装卸搬运机械,主要由车架、支承三脚架、伸缩臂架和吊架组成,其作业特点是:

①有可伸缩和左右旋转 120°的吊具,能用于 20 ft、40 ft 集装箱装卸作业,吊装集装箱时,吊运机可不与集装箱垂直。

②有能带载变幅的伸缩式臂架。

③能堆码多层集装箱及跨箱作业。

(3)集装箱跨运车。集装箱跨运车是随着集装箱运输的发展,为适应集装箱运输设备的配套而采用的集装箱装卸、搬运、堆码的专用机械。它以门形车跨在集装箱上,由装有集装箱吊具的液压升降系统吊起集装箱,一般以柴油机为动力,通过机械传动方式或液力传动方式驱动跨运车走行,进行集装箱的搬运和堆码工作。

集装箱跨运车与轮胎式、埋轨式门式起重机比较,具有更大的机动性,主要用于集装箱场与门式起重机配套使用。跨运车负责将铁路车辆上卸下的集装箱搬运到集装箱场并堆码,或将集装箱场上集装箱搬至铁路装卸线附近,再由门式起重机进行装车,从而构成全跨运车方式集装箱场。

三、组织集装箱运输

(一)集装箱运输的基本原则和调度指挥

1. 基本原则

铁路集装箱运输应按"合理集结、多装直达、均衡运输、减少回空"的原则进行组织,并采取有效措施加速集装箱周转。

2. 调度指挥

集装箱运输实行全路集中统一调度指挥,国铁集团调度部设立集装箱调度台,统一指挥全路集装箱调度业务。各铁路局集团公司根据工作量,设立相应数量的集装箱调度台,在铁路集团集装箱调度台的领导下完成集装箱运输生产任务。

(二)集装箱作业过程

1. 托运与受理

集装箱运输以货物运单作为运输合同。托运人托运集装箱应按批提出运单。托运人应如实填记运单。箱内所装货物的品名、件数、重量及使用的箱型、箱号、封印号等应与运单(物品清单)记载的内容相符。填写运单"箱型箱类"时,箱型应填集装箱对应箱型,如"20英尺"等。箱类应填集装箱对应箱类,如"通用标准箱"等。车站在电商系统进行实货核实并受理电子运单需求联,审核发到站办理限制、起重能力、临时停限装,审核证明文件等原件并采集影印资料,添加承运人记事和运输戳记。

2. 空箱拨配

托运人使用铁路集装箱装运货物时,由货运员指定拨配箱体良好的集装箱。

托运人在使用前必须检查箱体状态,发现箱体状态不良时,应要求更换。托运人可通过电商系统进行"空箱预订",车站通过铁路集装箱运输管理信息系统查询空箱预订信息,并安排站内可用铁路空箱。托运人可在电商系统打印提箱单。在站外装箱时,托运人应按照约定日期,凭提箱单或需求号(运单需求联)到车站领取铁路空箱,由货运员指定拨配空箱。在站内装、掏箱时,托运人应按照约定日期将货物运至车站,凭需求号(运单需求联)进站,由货运员指定拨配空箱。在空箱数量不足的情况下,配箱工作应贯彻贵重、易碎、怕湿货物优先,门到门运输优先,纳入方案去向优先,简化包装货物优先的"四优先"原则,及急运的学生课本、报纸杂志、邮政包裹和搬家货物,优先拨配空箱。

3. 装箱与施封

(1)装箱。货物的装箱工作可由托运人自己进行。货物装箱时不得砸撞箱体,货物要稳固码放,装载均匀,充分利用箱内容积,要采取防止货物移动、滚动或开门时倒塌的措施,确保箱内货物和集装箱运输安全。站内装箱时,应于承运人约定的进货日期当日装完。超过期限核收集装箱延期使用费。

(2)施封。集装箱施封由托运人负责。施封时应注意:

①用集装箱重箱必须施封,施封时左右箱门锁舌和把手须入座,在右侧箱门把手锁件施封孔施封一枚,用10号镀锌铁线将箱门把手锁件拧固并剪断余尾。其他类型集装箱的施封方法另行规定。

②托运的空集装箱可不施封,托运人须关紧箱门并用10号镀锌铁线拧固。

③所用施封锁必须是车站出售的,或经车站同意在国铁集团定点施封锁厂订购的。

(3)运单填写。集装箱施封后,托运人应在运单上填记集装箱箱号和施封号码,这是托运人施封责任的书面记载。

4. 验收

发送的集装箱应于承运人约定的进站日期当日进站完毕。托运人装箱后,交给车站承运,承运的过程是责任转移的过程,必须认真做好集装箱的验收工作。集装箱货物是按箱验收的,货运员应逐箱进行检查。检查发现问题时,由托运人按规定改正后检查接收。验收后的重集装箱应送入货区指定的箱位,并在货物运单上填写箱位号、验收日期并签章。

5. 核算制票与承运

集装箱接收完毕，车站应通过"货票系统"及时检索需要制票的电子运单需求联，根据实际补充有关记事，信息核对完整后，生成费用信息，核实费用信息无误，生成带号码的货物运单。

发站对生成的电子运单应分别打印发站存查联、托运人存查联、领货凭证联（托运人约定非电子领货时）和到站存查联（需要时）、物品清单（混装货物）。在核收运输费用，托运人在运单发站存查联、物品清单（混装货物）上签字后，承运人在打印的运单各联、物品清单（混装货物）上加盖车站日期戳，将运单托运人存查联、领货凭证联（托运人约定非电子领货时）、物品清单（混装货物）交托运人，货物即为承运。

6. 装卸车作业

(1) 装载加固基本要求。使用铁路货车装运集装箱时，应合理装载，防止超载、集重、偏载、偏重、撞砸箱体。集装箱装车前，须确认锁头齐全、状态良好、车地板干净。集装箱装车时，应核对箱号，检查箱体和施封情况。专用集装箱和特种货物集装箱还要检查外部配件。装车后，要确认锁头完全入位，箱门处的门挡立起。使用普通平车装运集装箱时，应按规定装载加固；使用敞车装运重集装箱时，应采取措施，防止偏载。

(2) 搬运装载和堆码要求。集装箱装卸和搬运时应稳起轻放，防止冲撞。集装箱应使用集装箱专用吊具装卸。装卸部门码放集装箱时，必须关闭箱门，码放整齐，箱门朝向一致；多层码放时，要角件对齐，不得超过限制堆码层数。

(3) 集装箱货车装载清单。集装箱装车前，应填制"集装箱货车装载清单"，作为装车作业的依据，货车装载清单必须通过箱管系统生成。

(4) 卸车。集装箱卸车时，应核对箱号，检查箱体和施封情况。卸车作业时，对安装 F-TR 型锁的集装箱专用平车或共用平车，须确认箱车完全分离后再进行后续作业。卸车完毕，卸车货运员应凭票核对箱号、箱数、施封等项目，在货运票据上注明箱位，填写"集装箱到发登记簿"，向内勤货运员办理运输票据的交接，向货调报告卸车完毕时间。

7. 交付

到站应向运单记载的收货人交付集装箱。收货人在收到领货凭证或接到车站的领货通知后，应及时到车站领取货物。收货人在办理领取手续时，车站应认真审查领货凭证及相关证明文件,确认收货人信息后,通过货票系统清算运输费用,核收相关费用后,打印运单收货人存查联和到站存查联,加盖车站日期戳,将收货人签字盖章后的纸质领货凭证与运单到站存查联合订保存。将运单收货人存查联交收货人,收货人凭此到货物存放地点领取货物。

到达的集装箱,应于承运人发出领货通知的次日起算,2d内领取集装箱货物,并于领取的当日内将箱内货物掏完或将集装箱搬出。站内掏箱时,应于领取的当日内掏完。

集装箱的掏箱由收货人负责,铁路箱掏空后,收货人应清扫干净,将箱门关闭良好,撤除货签及无关标记,有污染的须除污洗刷。车站对交回的铁路箱空箱应进行检查,发现未清扫或未洗刷的应在收货人清扫或洗刷干净后接收,或以收货人责任委托清扫人员清扫洗刷。

集装箱门到门运输重去空回或空去重回时,应于领取的次日送回;重去重回时应于领取的3d内送回。收货人领取自备箱时,自备箱与货物应一并领取。

第四节　高铁快运

一、开行模式

(一)捎带运输

捎带运输模式是利用客运动车组装载货物在高速铁路上运行的模式,是我国目前采用的最主要的高铁快运开行模式,该模式可分为由高铁确认车捎带、客运动车组捎带和动卧列车捎带三种。确认车捎带是利用每天4:00—6:00开行的确认线路安全状况的动车组运输货物。目前我国高速铁路的天窗时间每日的0:00—6:00,其中0:00—4:00进行综合检测维修作业,4:00—6:00开行高铁确认车。该种模式对旅客运输作业基本没有干扰,且运输货物能力要大于日间的客运动车组,但开行范围仅限于各铁路局管内各车站。客运动车组捎带是利用6:00—24:00开行的客运动车组捎带货物,客运动车组在停站时往往时间很短,这就要求捎带的货物在装卸时也需要在很短时间内装卸完成,对货物快速准确的装卸、合理配装要求高,并且需要专用场所堆放货物和装卸机具,还需要最大程度降低与旅客流线的交叉。动卧列车捎带是利用夜间开行的卧铺动车组捎带货物,动卧列车装载能力大,且货物装卸对旅客运输作业干扰较小,主要服务于中长途的客货运输,但由于现今开行动卧列车车次有限,并未成为捎带运输采用的主要运输模式。

捎带运输的优势是货物可以和旅客同时出发和到达,因此可利用既有的客运运行图不需要增设运行线,不会增加高速铁路的行车压力。但由于客运动车组既承担旅客运输也承担货物运输,捎带运输模式对客运造成的干扰最为严重。捎带运输模式的主要劣势为列车可装卸时间短,对装卸的要求高,且客运动车组的车门及可用空间小,不能使用大型的集装器,单次运输量低。

(二)客货联挂

客货联挂模式与捎带运输模式的共同点是在同一列动车组中既有旅客又有货物,但不同于捎带运输,客货联挂是旅客和货物分装在不同车厢内,以联挂的形式运行。类似于行包运输中的行李车,客货联挂动车组在货运车厢货物集中装卸,并且可以根据具体的客运需求变更联挂方案,具有灵活性。该种运输模式还未在我国实际运营,但中车唐山公司研制的可变编组动车组为客货联挂模式提供了可能性。客货联挂模式列车中的客运列车车次选择,应避免是上座率高的繁忙客运列车,以此来减少对旅客流线的干扰。客货联挂模式同样需要考虑客货作业流线交叉的问题,且该模式下需要进行可变编组车的摘挂解编作业,大幅增加了运输组织的难度。

(三)客货共线

客货共线是指在同一条高速铁路线路上既开行客运动车组又开行货运动车组专列。客货共线模式中的客运与货运车辆是独立运行的,可单独设计开行方案,通过合理的铺设运行线可以使客运动车组和货运动车组分时运行,缓解车站同时进行客运作业和货运作业的压力,减少客货交叉,充分利用运输能力。但同时货运动车组的整列运行对作业车站的设备要求更高,并非所有车站都具备货运动车组作业条件。目前,我国采用日间开行客运动车组,夜间开设综合维修天窗的运营组织模式,在现有条件下加开货运动车组必定会对既有的列车组织工作造成影响。

(四)客货分线

客货分线模式是指有两套独立的运输网络,开行的客运动车组和货运动车组运行时互不干扰,拥有者各自的运行图。客货分线运行的基础是客运动车组拥有自己的运输线路网络,我国高速铁路主要是进行旅客运输,目前仅是承担一些少量的货运,但随着货运动车组的开行,快捷的货运会给市场带来变化,在货运市场份额靠向高速铁路之后,铁路运输会随之采取应变措施,通过对既有线进行改造,运行货运动车组列车,实现客货分线独立运输将是未来我国高速铁路的发展方向。

二、货物装卸器具条件

(一)装载器具

针对高铁快运货物尺寸、大小各异的特点,高铁快运通常将货物集中堆放在物流箱、集装笼等装载器具中,进行集装化管理,从而减小装卸作业量,提高装卸作业效率,减少货物货损。常用的一些装载器具有集装笼、集装箱、集装板、物流箱及轮式托盘。

1. 常用集装器

(1)集装笼。集装笼为装有底部脚轮的笼状容器,容器底架用于放置货物,底架上设有叉车孔,容器四周设有防护栏,并且有可以和其他集装笼紧密堆放的扣件。集装笼可分为全开式和半开式,目前已应用于铁路快运班列。但由于集装笼尺寸的限制,对于未经改造车门的客运动车组来说使用困难,但可以应用于货运动车组。

(2)集装箱。集装箱的大小尺寸有国际标准,适合大批量的远距离运输或者多式联运。标准集装箱的体积较大,自重较大,不适用于高铁列车进行货物运输。而1t小型集装箱自重达到0.2t,集装箱形状不适用于货运动车组车辆内部结构,易造成空间利用浪费,故不建议将集装箱应用于高铁快捷货物运输。

(3)物流箱。物流箱又可称为周转箱,具有重量轻、承载强度大、可相互多层堆垛的特点。其型号众多,可以充分利用车厢中的空间,且方便在客运动车组上搬运和堆放。目前物流箱广泛应用于高铁快运的捎带运输模式,是客运动车组上使用的常见集装器。

(4)托盘。托盘分为普通平托盘、轮式托盘、箱式托盘3类。平托盘通常可以搭配其他装载工具如物流箱、集装袋等使用,方便使用叉车等搬运设备装卸,常见尺寸为1200mm×800mm;轮式托盘互相之间可以通过扣件连接,可作为人工快速装卸工具使用,利于在列车内部短距离移动;箱式托盘可以多层堆叠,常见尺寸为1200mm×80mm,但是由于通用高度较高为1050mm,不利于在客运动车组内部使用。

(5)其他器具。其他器具包含文件封、纸箱、集装袋、拉杆箱等装载器具,该类装载器具在高铁快运的发展中皆发挥了一定的作用。

2. 货运动车组集装器

货运动车组集装器应具备承载并保护快运货物的功能,集装器的体积、形状应满足铁路、公路、航空的一体化运输,能够适用于多种载运工具;集装器应能够满足于机械化装卸设备的快速装卸,如应设置叉车孔,同时,集装器底部应设置锁闭孔等,以满足集装器的固定及限位需要。考虑到公路运输常用厢式汽车的型号及尺寸,铁路棚车和货运动车组的内部空间结构,货运动车组大装载门的净通过尺寸,以及航空用集装箱的形状,并根据《铁路快运车辆载货标准空间尺寸及集装器具第1部分:型式与轮廓尺寸》中的要求,中车唐山公司研制开发了量种适用于公铁联运的通用型集装器,两种集装器皆能适应厢式汽车、货运动车组和飞机货舱的实际空间尺寸。两种集装器的主要参数如下。Ⅰ型集装器:尺寸1150mm×1350mm×200mm,自重量105kg,载重量425kg。而考虑到未来高速铁路快运量的增加,以及装卸技术的发展,中车唐山公司研制了存储容积更大的Ⅱ型集装器,用来增大货运动车组的载货量及装载效率。Ⅱ型集装器:尺寸1150mm×2700mm×2000mm,自重量210kg,载重量850kg。

除上述普通货运动车组集装器外,中车唐山公司也研制了具有冷藏保温功能的集装器。冷藏保温集装器内部设有密封隔热层,能够将集装器温度可变的控制在2~8℃,为高铁快运运输生鲜、医药等货物提供了很好的基础。

(二)搬运设备

1. 叉车

叉车是一种机动搬运设备,分为内燃型和电动型,常用于机场、货运站、工厂仓库与物流企业中堆垛货物或大批量装载器具的搬运,常搭配平托盘使用。叉车在作业场地可以灵活走行转向,且可搬运大重量货物。目前的高铁站站台未设置货运跨线通道,叉车无法开上站台,且客运动车组车门较小,无法使用叉车直接将货物搬运入车厢,因此无法将叉车应用于客运动车组的货物装卸。但随着站场作业条件的改善,未来可将叉车应用于货运动车组集装器的搬运。

2.搬运车

搬运车俗称地牛,常用种类为电动搬运车和手动液压搬运车两种,搬运车是一种小型装卸设备,其操作简单方便,常搭配托盘使用,并作为叉车的补充,常用于小批量装载器具的搬运,可在场地受限的作业地点发挥重要作用。

3.手推车

手推车借助人力完成货物及装载器具的搬运,虽然操作简便、适用范围广泛,但运送效率低下,会消耗大量人力。手推车是目前高铁快运目前主要采用的搬运设备,适用于短距离、小批量或不具备货运通道的高铁站的货物搬运,未来将作为辅助的搬运方式服务于高铁快运。

以上三种搬运工具可以根据场站特点配合使用,在装卸大批量货运动车组集装器时,可使用叉车转运,在货物批量较小或作业场地受限时,可使用搬运车和手推车完成搬运作业。考虑到列车与站台间的间隙,搬运设备需要搭配站台过渡板等辅助装置配合装卸,远期则可考虑专用货场站台并配置地面传送装置进行自动化装卸作业。

第六章
铁路货运运输服务管理

第一节 铁路货物运输服务概述

一、铁路货物运输服务中心

铁路货运服务中心是统一的对外服务窗口,它可以受理货运需求,与客户商讨运输价格,受理投诉,同时可为客户提供货物全程服务咨询,帮助客户实现"一次提报、全过程服务、一个窗口、全方位服务",简化客户办理手续,提升铁路营销和服务水平;对内为调度和现场运输生产部门提供服务,具体来说,是根据市场需求及运力实际设计货运产品、制订运输方案,并实时向运输生产部门提供产品方案或日历装车方案,确保客户需求落实到位。

铁路货运客服中心的组织机构应分为国铁集团、铁路局集团公司和基层站段三级。各级货运客服中心可分别隶属于国铁集团货运部、铁路局集团公司货运部和各货运中心。

国铁集团客服中心的职责是制定全路统一的规章制度、管理办法和服务标准,制订全路货运计划和相关产品、技术方案,全路信息平台的搭建,对各铁路局集团公司货运服务中心进行业务指导,协调跨局业务。

铁路局集团公司级客服中心是主要负责和开展业务的经营主体和执行机构,其职责是制订本局的货运计划、营销政策和相关产品、技术方案,承担客户需求受理、合同签订,手续办理和运输组织等具体工作。

基层站段级客服中心则是铁路局集团公司级客服中心的地区代表,它负责与客户联系,执行铁路局集团公司级客服中心的决定,承担装卸车、验货、理赔等相关业务及上门取货、仓储保管、简单包装、流通加工和短途配送等物流增值服务。

对于客户而言,货运服务中心是铁路专门办理货运业务的窗口,在整个运输服务过程中,客户只需面对货运服务中心,货运服务中心直接通过互联网提报运输需求,并办理相关货运业务。铁路货运营销部门根据受理的运输需求,结合铁路局集团公司实际运力情况,优化制订旬日历装车运输方案,并由客户网上提报日请车,由调度部门组织执行。

(一)部门设置

铁路货运服务中心作为销售独立部门,在机构设置上应突出和保证其重要地位,并且应设置以下核心业务部门。

1. 客户服务部

客户服务部是主要面对客户的部门,可按行业划分为煤炭、化工、钢铁等若干个专业服务组,也可按照铁路局集团公司的管辖范围,按线别或按区域划分为若干个服务组。每一个服务组都有自己的客户群,可以独立完成本服务组客户运输生产计划的全过程处理,并为客户提供从货车预订、订单受理、取送车计划到运输信息查询全过程的运输服务,这就相当于是铁路局集团公司、车站的货运计划和货调岗位的合并服务。此外,还可专门设置一个新客户服务组,承担对新客户提供的运输服务咨询,并根据新客户的需求,负责将新客户转接至相应的专业客户服务组,进行一对一的服务。

2. 运力资源配置部

该部门是铁路运输产品开发、运用车管理、优化运力资源配置的部门。

3. 订单处理部

订单处理部是数据处理部门,该部门负责对客户通过电话、传真、E-mail、互联网销售平台及电子数据交换系统传输的订单进行集中处理和分拣,并按照铁路规定和内容标准进行修正,生成运输合同和电子运单,之后将其传输给客户和结算部进行核算制票。

4. 结算理赔部

该部属于内勤部门,负责运费结算和运输赔付。

5.信息技术支持部

设置围绕铁路货运客户服务中心进行信息系统开发和维护的信息技术专业部门是非常必要的,也是非常重要的。

(二)主要职能

1.对外职能

货运客服中心对外负责货运市场营销和客户办理铁路货运业务的各项报务工作,其功能主要包括:

(1)市场营销。细分货运市场,制定市场营销策略,进行市场营销工作。

(2)客户关系管理。要实施有效的客户关系管理,可以建立客户信息资料库,制定客户服务质量和客户信用等的评价标准,建立与客户的沟通协调机构。

(3)产品研发。铁路货运服务中心根据已有产品的信息和顾客需求偏好的改变等调研数据,结合内部生产信息,开发适合顾客需求的新产品。

(4)业务办理。铁路货运服务中心负责受理、审定、汇总客户提出的服务需求意向,与客户商讨运输价格和签订运输协议;负责货物运输过程中的追踪;提供运费结算服务;提供电子商务服务;负责客户的业务咨询、投诉、索赔等。

2.对内职能

铁路货运服务中心对内为调度和现场运输生产部门提供服务,其主要功能包括实现铁路货源调查、机车车辆及装卸作业能力等铁路运力资源的高度集成,编制阶段货运计划,需要实时向运输生产部门提供产品方案或日历装车方案,确保客户需求落实到位,调度部门要做好装车作业及车流集结,同时提供全面多维度的统计分析数据,为买卖双方提供运力优化的辅助决策。

二、铁路货物运输的服务模式

(一)服务方式

服务的无形性、异质性、不可分割性、易逝性、客户参与等特点,使服务的创新相对较难,但可以从供给端、客户角色、解决方案等入手进行创新。为方便客户办理货运业务,丰富服务手段,货运客户服务中心应采用多种服务方式,以互联网服务为主,以电话、传真和现场服务为辅,逐步推行集约化,实现集中化的货运业务办理方式。

(二)服务环节

铁路货运客服中心应为客户提供售前、售中、售后的全程运输服务。

1. 售前服务

售前服务的内容多种多样,主要是提供信息、服务场调查预测、产品定额、加工整理、提供咨询、网络订购等服务。售前服务的主要目的是协助客户做好供应链规划和系统需求分析,满足用户需要。

2. 售中服务

售中服务是指在产品销售过程中为顾客提供的服务。铁路货运售中服务虽然不像有形产品那样展示,但是无形产品更需要通过有形证据和细心、恰当的解释,消除顾客的疑虑,建议恰当的产品,促进销售。

3. 售后服务

对于铁路货运产品来说,售后服务则是在销售合同签订后,恰当安排运输货物的装卸等各项工作,使货物交接更顺畅、更有效率;提供在途货物信息查询和响应顾客需求,保证货物状态正常,但如果发生货物损坏,则应在发生货物损坏后负责安抚顾客、迅速理赔和处理其他售后事宜;处理消费者来信来访,解答消费者的咨询,同时用各种方式征得消费者对铁路货运产品质量的意见,并根据意见及时对运输应注意的事项进行改进。

(三)服务内容

1. 市场调查

市场调查主要是经济环境调查、货运产品调查、技术调查、市场需求调查、目标客户调查和内部管理考核机制调查等。

2. 信息宣传公布

信息宣传公布是指实时发布运力情况、去向限制及运价变化等公告类信息,宣传运输政策法规、行业条例、业务介绍和规章制度办法等。

3. 信息查询

信息查询是指货运规章制度办法查询、货运业务办理流程及订单查询。

4. 业务办理服务

业务办理服务包括客户运输需求提报,货运业务办理状态和货物运行状态查询,客户铁路运输情况统计查询,客户与铁路的实时交互,保价理赔及电子订单、电子运单、电子支付等电子商务功能,协调组织物流服务及其他增值服务等。

5.客户关系管理

客户关系管理包括对客户进行分级管理、统一建库,对其需求特点和规律进行长期跟踪和管理,为开展营销奠定基础;向客户发布通知;对客户的服务满意度进行调查,建立客户信用评价和质量测评制度。将客户基本资料、需求特点、信用等级等进行电子化处理,为后期运输组织、电子支付、理赔服务提供基础客户信息和决算参考。

6.市场意见的收集与反馈

市场意见的收集与反馈包括向客户提供建议、投诉、留言的沟通渠道,收集、处理客户的反馈信息,开展满意度调查和产品、装卸、保价等专项调查等。

三、业务流程

对于客户而言,货运客服中心是铁路局集团公司专门办理货运业务的窗口,在整个运输服务过程中,客户只需面对货运客服中心,便可直接通过互联网提报运输及物流服务需求,并办理相关业务。铁路货运部门根据受理的运输需求,结合铁路局集团公司实际运力情况,优化制订运输方案。

(一)受理运输需求

客户可方便地通过铁路货运客服中心的电子商务平台了解铁路运输服务、货运营销信息化类和产品信息及其有关程序规定等内容。

(二)整合运力资源

铁路局集团公司货运客服中心根据铁路局集团公司调度部门提供的分界口接入交出能力,以及重车到达、空车接入等预确报信息,实时掌握运力资源情况,特别是准确掌握次日的线路能力、机力、空车、不同车种分布等运力信息,按车种、地域、需求、去向等因素对可分配的运力进行整合。

(三)制订产品方案和阶段装车方案

铁路局集团公司货运客服中心根据整合后的运输需求科学、合理分配运力,制订产品方案和阶段装车方案,强化成组、同方向、整列装车组织。货运客服中心应在运力与需求的匹配过程中实现各部分的互相调整,一方面是将运力(如空车)调整到有需求的地方,另一方面是将货源调整到有运力的地方,并及时将产品方案和阶段装车方案传送到调度部门执行。阶段装车方案是铁路运输生产部门运输组织方案的源头,是运力资源、市场运输需求的集中整合和最优配置的成果。

(四)装车及办理相关手续

调度部门根据铁路局集团公司货运客服中心提供的产品方案或阶段装车方案,组织调配车辆、站段进行装卸车生产。站段是装卸车作业及安全管理部门,不具备经营职能。调度部门组织按图行车,确保阶段装车方案的实现。调度部门将装车的实际完成情况及时反馈给货运客服中心,由货运客服中心及时向客户反馈。

(五)相关票据办理

货运客服中心在受理运输需求时,应审定办理限制。制订日装车方案后,将运单传递至车站。运费由货运客服中心统一收缴和结算,装车时由货运客服中心制货票并向装车站传送,装车站直接反馈给客户。

第二节　铁路货物运输服务质量管理

一、货物运输服务质量的特性

(一)铁路货物运输服务质量

1. 铁路货物运输服务

铁路货物运输服务是为满足货主或货物托运人、收货人运送货物的需要,铁路运输企业与货主或货物托运人、收货人接触的活动和铁路运输企业内部经营活动产生的结果。

2. 铁路货物运输服务质量

铁路货物运输服务质量是铁路货物运输服务满足货主或货物托运人、收货人正当需求产生的结果。

(二)铁路货物运输服务质量的特性

1. 安全性

安全性是在货物运输过程中，保证运输对象完好无损，平安实现位移的特性，是货物运输企业安全、可靠地履行服务承诺的能力体现，是货物运输服务质量的首要特性。货物运输活动的特点之一就是要改变货物的空间位移，而不改变其属性和形态。因此，在货物运输活动中首先必须保证货物安全，货物运输服务中任何不安全的事件都直接和间接地影响正常的生声和消费活动，而且必定会造成社会财富的损失。

2. 及时性

及时性是指高速、准时地满足货主货物运输需求的特性。货物运输及时性的基本要求是按照货物运输合同、协议规定的或企业对社会宣布的办理时间，铁路货物运输中心提供及时的货物运输服务，将货物及时运达目的地。

3. 经济性

经济性即货物运输质量的经济特性，指以尽可能少的劳动消耗实现货物位移的特性。货物运输质量的经济性要求货物运输企业实现货物最佳货物运输方案，该方案需在完成既定货物运输任务的情况下，使货物运输费用最低，直接表现是货主的费用支出能公平合理，间接表现是减少追加到社会产品中的货物运输费用。

4. 完整性

货物运输质量的完整性是指货物运输过程只使货物产品位移、而不造成货物数量减少、质量变化的特性，是保证服务对象能力的体现。货物运输为国民经济和人民生活服务，由于其产品的特殊性，如果货物运输过程造成货物损坏或数量减少，就意味着社会财富的减少，会造成直接、间接的损失或者其他后果。

5. 服务性

货物运输的服务性是货物运输企业在生产经营活动中以运送货物的物质条件和工作人员的服务态度使货物运输消费者满意的程度。货物运输具有强烈的社会服务性，货物运输的服务性要求一切从货主的正当需求出发，尽最大可能为货主提供便利条件，进行热情周到的服务。以上仅是货物运输质量特性的主要表现，在货物运输服务质量管理工作中，还可以通过服务质量的其他特性对服进行描述。

(三)铁路货物运输服务过程的特性

1. 动态性

铁路货物运输的产品是实现货物的位移,即通过载运方式把货物高速地移到目的地,其运输服务过程都在高速运动状态中完成,从而对其质量也带来了时间和空间上的动态变化,使得质量体系的稳定运行难度增大。

2. 网络性

铁路运输服务活动点多线长面广,庞大的网络是其显著特征之一,其中任何一个环节上的失误或失控,都可能导致铁路网的堵塞或瘫痪,中断或影响铁路运输的正常运营,使铁路运输丧失服务能力。

3. 连续性

铁路货物运输服务是不分昼夜,全天候进行的,这要求运输服务人员需要昼夜交替上班,分别提供不同要求的服务。

二、提高铁路货运服务质量的途径

(一)加快路网建设,增加供给能力

加快路网建设、加大主型车辆的投入、提高供给能力是提高货运服务质量的有效途径。将其融入综合运输体系,可以完善货物部门运输服务。

(二)瞄准市场需求,开发高质量的服务产品

铁路货运必须瞄准市场,尽快实现货运向快捷化、物流化的转变,并为客户提供多样化的服务,以增强企业的市场竞争能力。

(三)适新常态,继续开展新形势下全面质量管理

开展新形势下全面质量管理应围绕提升企业核心竞争力,以质量管理为中心,抢抓机遇,应对挑战,继续深入推进全面质量管理,加强管理制度和机制建设,不断改进执行偏差,助力管理创新,为路径攻坚克难,不断创立适应铁路新发展要求的全面质量管理新规范、新机制和新模式,进一步提升运输服务的社会满意度,增强货物运输服务的亲和力。

(四)完善客户服务中心功能,实现客户服务管理现代化

必须加快客户服务中心建设、加速完善功能,实现客户关系管理、市场需求

预测、货运营销、计划管理、运输组织、收益管理、内部服务管理、客户自助服务管理信息化、智能化,提高客户满意度、稳固市场份额,并且以此为契机促进铁路货运组织模式及管理体制的改革。铁路运输部门的工作人员、工程技术人员必须加强服务质量,使铁路运输企业在激烈的市场竞争中发展前进。

第三节　铁路货物运输服务的营销策略

一、营销战略

(一)目标市场营销战略

所谓目标市场营销,就是企业在其资源有限的条件下,根据市场需求的异质性,把整体市场划分为若干个子市场,并选择相应的子市场作为企业的目标市场,从而更有效地发挥自己的资源优势,更好地满足顾客的需要。目标市场营销战略具体包括市场细分、目标市场选择和市场定位3个步骤,因而又被称为STP战略。

1. 目标市场选择

目标市场选择是指估计每个细分市场的吸引力程度,并选择进入一个或多个细分市场。目标市场选择的标准包括以下几点:

(1)有一定的规模和发展潜力。

(2)细分市场结构的吸引力。

(3)符合企业目标和能力。

2. 目标市场的选择形式

通常,企业选择目标市场有以下5种形式:市场集中化、产品专业化、市场专门化、选择专业化和市场全面化。

铁路局集团公司作为一个大型运输企业,有自己的优势。但由于本身运输特点的局限,比如没有汽车运输灵活、机动性差、不太适合短途运输,还有运输成本等方面的因素,是否能将整个运输市场作为目标市场,生产适销对路的产品,就很值得人们研究。

3. 市场定位策略

市场定位是企业及产品认为在目标市场上所处的位置,其含义是指企业根据竞争者现有产品在市场上所处的位置,针对顾客对该类产品的某些特征或属性的重视程度,为本企业产品塑造与众不同的、给人印象鲜明的形象,并将这种形象生动地传递给顾客,从而使该产品在市场上确定适当的位置。其关键是企业要设法在自己的产品上找出比竞争者更具有竞争优势的特性。企业目前采用的定位策略主要有避强定位策略、迎头定位策略、创新定位策略、重新定位策略。

4. 铁路货运目标市场的选择及定位

铁路货物运输的特点是全天候、安全性好、运价适中、运量大,但同样存在托运和领取手续繁杂、不够机动灵活等缺陷。

从铁路自身及其货运情况看,铁路运输车种齐、载重大、容量大、品类多、安全可靠,同时具有点多线长、计划性较强的特点。公路运输则以其价格灵活、到发方便、运送快捷、到达准时等优势占领了一部分货运市场。因此,铁路运输企业的货运目标市场应该是以中长途为主,以短途为辅;以大宗稳定货源为主,以零星货物运输为辅;同时,大力拓展特殊货物运输、集装箱运输业务和快运货物运输,不断提高市场占有份额。

5. 目标市场营销策略

企业根据目标市场确定的营销策略有 3 种,即无差异性营销策略、差异性营销策略和集中性营销策略。

(二)产品战略

1. 产品整体质量策略

产品的质量包括 3 个层次,即内在质量、外在质量和服务质量。

消费者的需求是多种多样的,即使是买同一种商品,也存在着多种需求,若是企业按照传统的质量观念办事,是难以满足这些需求的,因而必须树立新的质量观——整体质量观念。树立整体质量观念就是要求企业把产品的三层质量一起抓,这样有利于产品更好地适销对路。

2. 产品组合策略

产品组合是指一个企业生产经营的各种产品,以及产品品种、规格的组合或相互搭配。运输企业生产经营的产品往往不止一种,如何根据市场需求和自身情况对产品进行组合、调整和优化,对企业经营的成功起着决定性作用。常见的产品组合策略包括扩大产品组合策略、延伸产品线策略、缩减产品线策略、产品线现代化策略。有时,企业的产品线长度已经比较合适,但还需要采用新技术、新工艺等来改变产品线面貌,使之现代化。

3. 产品品牌策略

所谓品牌是指生产企业给自己的产品规定的商业名称,是一个名字、术语、符号、标记、图案或它们的组合,用以区别本企业或其他企业的产品劳务,以突出本品牌产品品质的地位。

在铁路货运市场份额下降的情况下,铁路运输企业可以利用富裕的运输能力,打出名牌产品,树立市场形象。货运的品牌战略可以货物列车为中心,也可以货运站为中心。

二、营销决策

(一)产品与服务决策

1. 产品决策

产品决策是企业为目标市场提供合适产品的有关策略,主要包括产品种类、质量、设计、性能、规格、产品线的宽度与深度、品牌名称、包装、安装、说明书、服务、保修及退货等具体因素的决策安排。

2. 产品决策的基本内容

产品决策的基本内容包括以下内容几点:

(1)向市场投放适销对路的产品。

(2)企业应成立产品开发小组,合理组织新产品的开发。

(3)控制产品淘汰计划,以有效利用企业的资源,取得较高的销售额,减少产品的库存量,提高利润。

(二)价格决策

1. 新产品定价策略

定价策略一般要随产品生命周期的变化而相应改变。在产品生命周期的各个阶段,处于投入期的新产品的定价策略是十分重要的。

在激烈的运输市场竞争中,铁路运输企业为增强自身的竞争优势,提高自身的竞争能力,在不断改善原有运输产品的基础上,还必须根据运输市场的需要,研究、开发一些铁路运输新产品。例如,根据运输市场需要,在继续开好现有的站对站班列的基础上开行集结时间短、货源稳定的技术站间的"五定"班列,扩大开行车范围,在全路形成"五定"班列网络等。常见的新产品定价策略有高价策略和低价策略。

2. 价格调整策略

所谓价格调整策略就是铁路运输企业在不断变化的市场竞争环境中,采取价格调整方式(降价或提价、下浮或上浮),适应运输市场的一种价格策略。铁路运价不可能是一成不变的,因为运输市场是动态的,铁路运价也应随着市场的变化而及时调整。这是价值规律在铁路运输生产经营活动中的具体体现,也是最基本的运输市场运动规律。因此,价格调整策略是铁路运输企业适应市场竞争的一种重要的价格策略。价格调整的形式一般包括调低价格策略、调高价格策略、产品生命周期各阶段的调价策略。但是应注意,由于铁路货运价格的调整需与整个社会化大生产和国民经济相适应,并考虑到货主、企业的生产经营状况和对货运产品的需求情况,不能盲目变价。

3. 心理定价策略

心理定价策略是运用心理学原理,根据不同类型的用户在购买运输服务时的不同消费心理来制定价格以诱导用户增加购买的定价策略。其主要策略有分级定价策略、声誉定价策略。

4. 折扣定价策略

折扣定价策略是企业为了鼓励顾客大量购买、淡季购买、及早付清货款等的酌情降低其基本价格的一种方法。这种价格调整叫作价格折扣,主要形式有现金折扣、数量折扣、季节折扣、代理折扣、回程和方向折扣、复合折扣等。

5. 差别定价策略

差别定价是企业根据不同顾客群体、不同的时间和地点对同一产品或劳务采用不同的销售价格。这种差别不反映生产和经营成本的变化,它有利于满足顾客不同需求和企业组织管理的要求。

(三) 渠道决策

1. 分销渠道的概念

分销渠道又称为产品销售渠道、产品流通渠道。它是指某种产品或服务从生产者向消费者转移的过程中所经过的路线。分销渠道包括直接渠道和间接渠道、长渠道和短渠道、宽渠道和窄渠道等类型。

2.铁路分销渠道策略

铁路货运产品的销售以承运为标志,铁路货运分销渠道是指铁路在什么样的网络中,以怎样的方式办理承运货物,其策略也可分为货运营销网络策略和货运办理方式策略。

(四)促销决策

1.促销概述

促销即促进销售,是指企业将其产品和企业有关信息通过各种方式传递给消费者和用户,激发该类群体的购买欲望,影响并促成顾客的购买行为,以达到扩大销售目的的全部活动的总称,是企业市场营销组合的一个重要内容。

2.促销策略

促销策略由人员推销、广告、销售促进(或营业推广)和公共关系 4 种方式组成,因此也称促销组合策略。促销策略可分为人员推销和非人员推销两种类型。

第七章
铁路货物运输向智慧物流发展

第一节 铁路智慧物流概述

一、智慧物流

(一) 概念分析

随着"互联网+"的发展,智能化和信息化技术在生产与物流中快速普及应用,使得所有核心环节都将变得更加"智慧"。智慧物流使整个物流系统能模仿人的智慧,具有思维、感知、学习、推理判断和自行解决物流中问题的能力,智慧物流标志着信息化在整合网络和管控流程中进入一个新阶段,即进入一个动态的、实时进行选择和控制的管理水平。智慧物流是指以互联网为依托,在物流领域广泛应用物联网大数据、云计算等新一代信息技术,通过互联网与物流业的广泛链接和深度融合,实现物流产业智能化,提升物流运作效率的新兴业态。

智慧物流以链接为前提,以数据为基础,以融合为核心,最终实现智能化的目标,其重点在于资源整合、以及在此基础上进行整体协同,从而实时高效灵活地响应人性化的物流需求,并能动态快速地适应物流环境复杂变化的新的物流业态。智慧物流的运行与物联网密不可分,物联网的核心在于实现物物相连,从而实现自主运行,即智慧化。在智慧物流各个环节中,如互动感知环节、网络传输环节、应用服务环节等,均需要物联网技术的支撑。

可见,智慧物流是指以信息技术为支撑,在物流的运输、仓储、包装、装卸搬运、流通加工、配送、信息服务等各个环节实现系统感知、全面分析、及时处理及自我调整功能,实现货物运输过程的自动化运作和高效率优化管理,提高物流行业的服务水平,降低成本,减少自然资源和社会资源消耗。

智慧物流强调构建一个虚拟的物流动态信息化的互联网管理体系,智慧物流更重视将物联网、传感网与现有的互联网整合起来,通过精细、动态、科学的管理,实现物流的自动化、可视化、可控化、智能化、网络化,从而提高资源利用率和生产力水平,创造更丰富的社会价值。

智慧物流作为互联网与物流业深度融合的产物,是高质量发展的必然选择。通过智慧物流系统的四个智能机理,即信息的智能获取、智能传递、智能处理、智能运用技术,智慧物流在功能上要实现六个"正确",即正确的货物、数量、地点、质量、时间、价格,在技术上要实现物品识别、地点跟踪、物品溯源、物品监控、实时响应。

另外,智能新技术在物流领域的创新应用模式不断涌现,成为未来智慧物流发展的基础,不仅推动了电子商务平台的发展,还极大地推动行业的发展。智慧物流的理念开拓了物流行业的视野,将快速发展的现代信息技术和管理方式引入行业中。作为中国物流行业先行者的智慧物流,站在行业的前沿,以敏锐的嗅觉,把握物流业的发展方向,通过物流信息平台的搭建,率先实现物流行业信息化,为物流行业领航掌舵,全面迎接智慧物流时代的到来。

(二)主要特征

智慧物流代表物流的发展方向。智能化、可视化、标准化是"智慧物流"的重要标志。智能应该具有三个特征,即自动化、信息化和网络化。移动互联网、物联网、大数据、云计算技术是实现智慧物流的基础。物联网技术和架构是智慧物流实现上下游垂直产业链各环节无缝隙对接的基础;移动互联网技术实现物流业中发货人、承运人、收货人的紧密连接;大数据技术带来的则是思维的变革、商业模式的变革及管理的变革,更是跨界经营的依据和手段,是颠覆传统物流业商业模式、实现转型升级的基础,是提升企业核心竞争力的保证;云计算技术使物流业实现从定性管理向定量管理的跨越,是科学决策、提升产品质量、服务质量的基石。

集成智能化技术的使用,使物流系统能模仿人的智慧。"智慧物流"即利用集成智能化技术,使物流系统能模仿人的智慧,具有思维、感知、学习、推理判断和自行解决物流中某些问题的能力。即在流通过程中获取信息从而分析信息做出决策,使商品从源头开始被跟踪与管理,实现信息流快于实物流。

在大数据时代,数据成为新的生产要素、新能源;云计算则是引擎,可以激发出大数据蕴含的信息与动力并通过网络进行收集与传播,赋能行业。同时,当互联网成为社会基础设施,当物联网技术开始大规模应用于物流业,整个供应链也将升级为立体的、无边界的、网络化的供需网,并全面推动智慧物流的实现。概括来讲,云服务、互联互通、智能化已成为近年来物流信息化最明显的变化趋势。

产生物流大数据的前提条件是物流要素、设施、作业工具、作业过程等得到充分的数据化,这需要广泛应用物联网、移动互联网等先进技术,深入物流场景、作业过程中去采集相关的物流数据。其中,物流要素的数据化,简单来讲就是货物、包装、物流单据、人员等方面的数据化;物流设施的数据化,就是园区、码头、货站、仓库、货架、分拣输送系统等的数据化;物流工具的数据化,包括运输车辆、叉车、托盘、堆垛机、扫码枪等作业工具的数据化;物流作业过程的数据化,如对从装车开始到装车结束的整个过程的现场信息进行采集,即把谁和谁交接、交接的凭证、装车的货物、装车的时间等数据进行采集。

(三)运作模式

从整个物流发展轨迹来看,智慧物流的发展是从传统配送到集中配送、协同配送、共同配送,最后到智能配送,是用互联网技术改进传统物流的运作模式。

通常来说,智慧物流包含智能产品和智能服务两个部分,它通过将现有物流技术进行整合,使技术能够以智能方式进行运用。同时,智慧物流具有"连接"属性,因此其发展与环境紧密相连。按照服务对象和服务范围划分,智慧物流体系分为企业智慧物流、行业智慧物流、区域或国家的智慧物流3个层次。在企业层面,智慧物流要应用新的传感技术,实现智慧仓储、运输、装卸、搬运、包装、配送和供应链;在行业层面,智慧物流要建设智慧区域物流中心、区域智慧物流行业预警和协调机制,推动物流行业向智慧化发展;在国家层面,智慧物流要打造一体化的交通同制、规划同网、铁路同轨、乘车同卡的现代物流支持平台,以制度协调、资源互补和需求放大效应为目标,以物流一体化推动整个经济的快速增长。

从智慧物流将要实现的功能的角度出发构建智慧物流体系,可将智慧物流体系分为物流功能体系、技术信息体系、法律法规体系、基础设施体系和智慧人才体系5个并列的子体系,并针对每个子体系构建企业智慧物流体系。新战略下基于物联网技术的智慧物流系统,其系统功能主要实现对物流仓储过程、物流配送路径、信息收集的管理过程的实时监控和报警。在"一带一路"倡议下构建国际物流网、区域物流网和城市物流网运输网,并将基于物联网技术的智慧物流系统应用于物流的各个过程。

智慧物流的发展模式有以下几种。

1. 产品的智能可追溯系统

产品的智能可追溯系统,如食品、药品的可追溯系统等,为保障食品安全、药品安全提供了坚实的物流保障。例如,粤港合作供港蔬菜智能追溯系统通过安全的 RFID 标签,可实现对供港蔬菜进行溯源,提高监管效率,实现快速通关。目前,在医药、农业、制造等多个领域,产品的智能可追溯系统都发挥着货物追踪、识别、查询信息等的作用。

2. 物流过程的可视化智能管理网络系统

基于卫星导航定位技术、RFID 技术、传感技术等多种技术,可视化智能管理网络系统在物流过程中可实时实现车辆定位、运输物品监控、在线调度与配送可视化等功能。目前,全网络化与智能化的可视管理网络还未出现,但初级的应用已经比较普遍,如 GPS 智慧物流管理系统、食品冷链车辆定位与食品温度实时监控系统等,都初步实现了物流作业的透明化、可视化管理。

3. 智能化的企业物流配送中心

智能化的企业物流配送中心是基于传感、RFID、移动计算等各项先进技术建立全自动化的物流配送中心,以实现物流作业智能控制、自动化操作的网络。智能配送可以促进物流与制造联动,实现商流、物流、信息流、资金流的全面协同。例如,有一些先进的自动化物流中心,就实现了机器人码垛与装卸、无人搬运车进行物料搬运、物流中心信息与制造业 ERP 系统的无缝对接。基于智能配送,整个物流作业与生产制造系统实现了智能化转型升级。

4. 智慧供应链

利用多种现代信息技术,构建完善的采购需求计划系统、物料需求计划系统、运输管理系统、仓储管理系统、配送管理系统,实现产品生产供应全流程可追溯;构建数据交换平台、物流信息共享平台、财务管理和结算系统、物流分析系统、决策支持系统,实现物流企业的信息化运作,实现整体供应链的信息共享,打造智慧供应链体系。

二、智慧铁路货运的内涵

(一)发展铁路智慧物流的重要意义

1. 适应物流业发展趋势的必由之路

随着经济社会的不断发展和进步,社会物流总额逐年增长,现代物流业的迅速发展,使传统的位移式货物运输已不适应新形势。特别是电商物流迅猛发展,不断刷新着物流业的历史纪录。随着我国经济发展进入新常态,物流市场需求更加呈现出多样性、层次性、细分化的特征,专业化的第三方物流市场也迅速崛起。

2. 深化铁路货运改革的需要

物流铁路货运实行"站到站"的生产组织模式,这种生产组织模式现在正处于现代物流产业链的低端,并且发展空间受到制约,与铁路在经济社会发展中的地位很不匹配。在经济发展新常态下,从市场出发,突出智慧货运的导向,从优化运输组织、完善基础建设等方面入手,发展智慧物流,是加快铁路货运发展,促进可持续发展的战略举措,是铁路货运企业升级和转型的根本之路。

3. 降低社会物流成本的重要举措

现代物流作为生产性服务业,是我国转变发展方式后重点发展的战略性产业,是国家扶持的新兴产业,在推动我国现代物流发展中占有重要地位,同时在推进智慧物流发展方面优势明显。铁路加快发展智慧物流,可通过信息联通、资源共享、智能化应用等措施,把电子商务与铁路运输、物流服务联结起来,带动社会物流业发展,促进多式联运发展,实现各种交通运输方式的合理匹配。

铁路发展现代物流、融入互联网经济已成当务之急,推进"互联网+"高效物流,强化信息技术支撑,鼓励新兴业态发展,促进物流业技术性"降本增效",将成为当前和今后一段时期的主要任务,也就是向智慧物流发展。如用好大数据、物联网等新技术,逐步完成"移动 App 综合物流服务系统",重点整合"95306"、网上营业厅、集装箱管理系统、物流总包、接取送达、客户档案、网上理赔、货运站系统、货票、营销辅助决策、限界管理和超限超重运输、保价运输等系统,以实现信息的互联互通,资源数据充分共享。对外以网上营业厅为服务窗口,将客户需求、服务全部纳入平台管理;对内以货运站系统为管理平台,将货运生产的各环节、车站装卸监控全部纳入该系统,实现货运票据电子化,改进客户网上服务体验。

(二)智慧物流的需求分析

1."一单制"服务

建设综合性服务平台,集物流交易、信息交互、支付结算、物资采购等于一体,实现线上为线下引流、线下为线上导流,为客户提供更经济、更环保、更高效的物流解决方案,打造绿色共享的物流新生态,需要做到以下几个方面。

(1)加强综合信息系统建设,以物流全链条服务管理为目标,推进铁路网、配送网、电商网、物联网、信息网的融合,充分挖掘和扩大铁路供给能力。

(2)加强铁路电子支付平台建设,完善电子支付功能,拓展电子支付业务,进一步丰富铁路电子支付与结算的渠道。

(3)加强客户服务信息系统的建设,以服务客户为中心,拓展客服语音、短信、微信服务功能,建设客户关系管理系统,提升客户的满意度。

(4)推进信息的互联互通,以电子化、数据化的方式采集物流信息,促进物流活动和物业交易传统模式的革新,与公路、水运、航空等不同运输方式间的信息衔接,与国家交通运输物流公共信息服务平台、电子口岸公共平台等互通,实现物流活动的全程监测预警、跟踪查询。

(5)探索物流全程"一单制",把承运商的"订单号"作为发货人、收货人和公水航各承运人互认的"身份证",关联货物信息的各个要素,探索物流联盟、企业主导、合作企业共享"一单制"发展模式,做到一家起票、各家互认,让客户一张单据跑通全流程,实现一票结算,一单到底。

2."一站式"服务

完善"节点+通道"实体网络,升级货运基础设施,实现铁路与企业、铁路内部信息系统的互联互通,为客户提供"一站式"服务整体解决方案,构建适应市场需求的绿色融合发展物流体系。若要实现"一站式"服务,需要做到以下几点。

(1)构建布局合理的网络节点,着眼于打造全国性物流基地,建设公铁水集散分拨中心,建成多式联运综合货运枢纽和快进快出的仓储配送枢纽,完善业态丰富的延伸服务设施。通过改造升级硬件、增加信息管理系统等手段,将既有铁路货场升级为区域性、地区性物流中心。与社会物流公司合作,打造遍布各地的物流集散点,形成"门到门"的三级物流网络,满足客户"一站式"业务办理需求。

(2)构建快捷畅达的物流通道,加强各部门合作,促进不同运输方式间的无缝衔接。在铁路局集团公司管内方面,针对货源"小批量、高频次、快中转"等特点,可开行物流专线,构建区域快运通道。在国内方面,对接各类企业,多方挖掘货源,根据流量流向,开发"点对点"等我国快运班列,构建我国长途快运通道。在国际方面,加强与进出口企业和境外物流贸易企业对接,开行更多的中欧、中亚班列,发挥铁路口岸功能,推行通关"一站式"办理,构建以铁路为主导的国际物流大通道。

(3)加快升级智能化物流园区。建设园区智能信息管理系统,提升产品可追溯、在线调度管理、全自动物流配送及智能配货的组织效率。

(4)加快应用智能化设备。运用电子标识、自动分持、自动拆封包;采用危化品智能监测等技术,对运输、仓储、配送装备进行升级,优化作业流程,提高物流各环节效率。

3."一体化"服务

发挥铁路节能减排,绿色环保的优势,开展以铁路为骨干的多式联运经营业务。开发大宗直达班列、多式联运、中欧班列等多样化、系列化货运产品,为客户提供全程一次委托,运单一单到底、结算一次收取的"一体化"服务。

(1)做强大宗货物运输产品。以中长期协议为抓手,加强大宗货物合同运量兑现落实。与冶炼、粮食等大型企业合作,开展"总对总"营销,精准设计大宗直达班列,最大限度做大大宗货物运输。

(2)推广城市生产生活物资公铁联运产品。构建"外集内配、绿色联运"的公铁联运城市配送体系;打造"轨道+仓储配送"的铁路物流新模式,提高物资运输中公铁联运的比例。

(3)做优集装箱多式联运产品。加强与其他运输方式的融合协作,开发新产品;优化与港口、船公司、海关、质检部门EDI信息交换,压缩集装箱周转时间,提高集装箱运用效率。

(4)做好商品汽车和冷链专业物流产品。主动对接汽车制造企业,发展新增客户,增加班列线;以冻品和生鲜等货物运输为重点,优化冷藏车和通用车混编、普快班列挂运冷藏箱等运输组织措施,提高铁路冷链物流市场竞争力。

(5)深化中欧班列国际品牌。进一步做优做大中欧班列,扩大辐射范围,参与中欧班列提单研究和使用。

（6）创新物流金融服务产品。引入银行、保险金融机构，为供应链上下游客户提供资金结算、银行贷款等服务；为物流企业提供仓单质押、代收款等服务。

（7）开发"商贸＋物流"一体化服务产品。建设大宗商品物资交易平台，在实现生产物资交易的同时，提供安全、快捷、价廉的综合物流服务。

对于铁路企业来说，发展智慧物流，既是践行"强基达标、提质增效"工作主题，促进铁路向现代物流转型的重要举措，又是服务经济社会发展、降低社会物流成本的需求。铁路智慧物流有效反映了满足市场需求的管理理念、组织架构、运力安排、硬件设施、产品体系、价格体系、信息支撑等，主要包括广泛地掌握物流市场的实时信息和铁路内部的运输组织信息，智能地对运能、运力配置进行匹配调整，有效地对市场主体、各工种进行组织协调；迅速实施运输组织方案，严格按照市场需求组织生产。

（三）铁路智慧物流的表现形式

1. 货主服务智能化

利用"线上＋线下"智能识别设备对货主身份数据进行识别，自动为货主提供及时、准确、全面的物流信息服务。"线上"货主可通过"95306"网站及手机App实时掌握其需求受理进度、到发货物送达、车站（场）内取送货径路等信息；"线下"货主通过智能终端实时掌握货主业务办理动态，实时为货主做好服务准备，实现客户服务由"被动"转为"主动"，全面提升客户服务水平，提高客户的满意度。

2. 货场管理智慧化

货区货位状态智能监测将货场内所有作业相关元素，以图形化的方式动态、直观地呈现给用户，让货运作业人员体验到电子化、智能化带来的方便和快捷；利用货场既有监控资源将生产作业中各关键业务结点数据与业务发生时的视频信息相结合、相匹配，实现重点作业实时监控，事后作业可查、可追溯；利用图像智能识别技术，自动分析货区货位内的货物变化，同时提取货运生产作业系统数据与之进行比对，判断货位内货物变化的合法性。例如，图像智能识别可自动判断出货位货物变化，若生产作业系统并无该货位出货作业记录，则系统发出预警，推送预警信息至相关岗位，提醒货位货物安全异常。通过货区货位智能检测功能,可提高货区货位货物的存放安全。

3. 市场营销智慧化

以物流市场数据和铁路生产作业信息为依托,利用大数据技术,深度剖析企业需求,细化客户分类,及时准确反映区域内物流市场变化,制定营销策略,构建货运营销管理体系,使营销更有目的性和针对性,并用技术手段逐步消除铁路市场营销的"短板",从而综合构建物流市场监测系统和客户关系管理系统。

4. 生产组织智慧化

通过信息汇聚和整合,打造安全监控、生产组织指挥,市场营销、物流调度服务、资源设备监控、数据统计分析的综合调度中心。

(1)汇聚各类生产源信息。集成现车系统、货运站系统、集装箱系统、快运系统、货调系统等,自动分配作业计划,生产人员实时掌握作业进度,系统辅助分析作业瓶颈点,作业过程实时定位跟踪,有效降低货运员、货调等现场作业人员劳动强度,提高作业效率和企业效益。

(2)图形化货场资源。利用数字电子地图技术,图形化显示货场内股道现在车的位置信息、空重信息、装卸车作业信息、货物存放信息、货区货位占用信息、货场监控点位分布信息,同时具有作业智能提醒、故障自动预警、视频追踪等功能,即能够将货场内所有与作业相关的资源进行统一管理。

(3)自动采集各类信息。利用图像处理、机器视觉技术,在场站出入口实现自动检测集装箱外观状态,自动识别箱号,道闸自动放行的功能,结合场站集装箱堆放原则及作业规则,提高集装箱车辆进场效率。利用超宽带微波测距定位、GNSS及UWB等定位技术,使门吊在运行中进行定位、识别集装箱箱号及位置,实现集装箱箱位智能化动态管理,实时、动态、自动掌握作业信息和集装箱分布情况,提高集装箱生产作业效率;实时采集和共享信息,保证业务发生时间与信息采集、上传时间一致;自动采集技术,减少错误采集、信息作假的机会;使用可视化展示工具,利用电子地图、图形报表、视频等工具,实现物流信息可视化查询;借助信息系统,打破管理"暗箱操作",业务环节不存在盲区;实现铁路运输业务中其他物流信息共享,降低物流信息不对称产生的物流成本。还可以通过手持机进行相关作业节点的确认,完成作业消息推送、作业过程图片采集、业务信息查询、语音通话等作业。

(4)自动监测。通过实现对公路、铁路、水运等物流信息的集成及共享分析，反映出区域内物流市场变化，制定营销策略，包括区域市场货物发送到达情况、运量去向情况、货物品类构成情况、物流运输情况、货源、运价、营销机会评估、营销目标、可用物流资源与物流需求、营销计划等功能。

5. 分析决策智慧化

利用大数据技术建设统一的数据交互系统，通过对数据挖掘进行分析，实现决策由"主观决策"向"数据决策"的转变。例如，对车站装车数趋势、货物发送趋势、货运收入趋势进行实时的统计分析，同时对货物发货流向、发货品类进行分析展示，监控各类指标的完成情况，为决策人员提供依据。

6. 铁路物流信息化标准体系

遵循国家、地方有关法律法规，采用物流行业基础标准和社会通用标准，以及政府部门和相关机构有关标准，借鉴其他物流企业标准，围绕铁路物流全过程构建铁路物流信息化标准体系，构建铁路物流信息技术标准。

7. 铁路对外数据交换技术标准

在多式联运建设方面，除了加强相关基础设施的建设与衔接外，信息系统的建设与多式联运业务中各相关主体之间信息系统的互联互通也是十分重要的任务。通过对公铁、水铁多式联运数据交换标准优化与完善，使铁路信息系统互联标准更加成熟、通用，进一步完善铁路与公路、水运、航空等运输方式及生产企业和国外铁路间的信息共享、互联互通。

8. 货运票据电子化

铁路智慧物流中心的研究与实践通过信息汇聚和运用，实现作业环节全覆盖的电子票据信息采集和应用电子化，实现全生命周期电子票据管理，让客户方便快捷地办理货物托运、追踪查询电子交付等业务。

9. 铁路智慧物流作业过程控制

物流信息系统涉及环节众多，涉及铁路、港口海关商检、众多的物流企业，系统建设标准不统一、关系复杂，信息共享难度大。对各作业环节进行细分，发现单项作业的随机性、各作业相互联系相互制约的复杂性，以及全程运输组织随时间推移的动态性，系统建设紧密结合当前货运改革现实需要，以客户、用户为中心的物流作业过程控制的方法及策略，设计基于客户、用户中心的作业过程控制信息系统。

第二节 铁路智慧物流的建设

一、电子货票

(一)电子货票的基本概念

以整车为例,在货票电子化实施前,客户在办理承运时需要3个环节:一是携带证件、运单等到受理窗口核验;二是转外勤装车,核对货物品名、抽查货物重量、确认装车号及装车后的施封号;三是转制票窗口,进行费用核算及运单填记。直到2013年货运组织改革后,客户可以选择5种渠道办理发货。例如,客户申请一个用户名,即可在"95306"网站上自助办理申报。货运票据电子化后,客户只需在网上填好运单就可以直接下单,货运员不需要输入任何内容,只需核对后即可完成。同时,电子货票具有信息共享和货物追踪功能,机车乘务员也不用交接货票了,到站只需输入货票号码,用户即可凭证件提货,也不用邮寄取货凭证了。纸质货票退出历史舞台,是铁路发展更进一步的重要标志。电子化货运票据主要包括货物运单、货车装载清单、特殊货车及用具回送清单、货运记录、普通记录、物品清单、不良货车通知单、装卸作业单、货车篷布交接单、货车调送单、铁路箱破损记录、铁路箱出站单、垫款通知书、车辆检修通知单、检修车回送单、检修车辆竣工验收移交记录、新造车辆竣工验收移交记录、货物运输变更要求书、超限超重货物运输记录、调卸作业单、列车编组顺序表等。

当列车开车时,将列车装载货物的电子货票指向列车的货物;当列车运行时,将电子货与TDMS和TDCS绑定;当货车解体或者甩车时候,将其电子货票绑定车站的货物;当列车新编组、加挂时,将其电子货票重新绑定列车的货物;当货物需要倒装时,电子货票需要重新绑定车辆和列车的货物;当列车到达目的地后,将其电子货票重新绑定车站货物。

货运票据电子化的任务主要是电子签名条件下的无纸化受理、承运和交付。货运票据电子化可以有以下优点:

(1)收货人体验更加便捷,承运人效率显著提升。
(2)"运到时限"数据化分析得到信息支撑。
(3)铁路内部作业流程得到优化。

(4)客户服务得到提升。

(5)劳动生产率得到提升。

以电子运单为基础,可对铁路货运信息系统进行整合。目前,在受理环节已从运输组织、运输安全和运输方式三个维度对"后厂"进行综合整合。其中,运输组织包括受理、仓储、装车、货物编入车辆、车辆集结成列车、出发、中转、卸车、仓储、交付等;运输安全包括施封、装载加固、危险品、超限超重、货检、保价等;运输方式包括整车、集装箱、零散快运、行包、高铁快运、班列等。通过电子货票代替原来的纸质运单能够追踪货运的全过程,货票只加增值税发票,取消其他四联货票(甲、乙、丙、丁四联),全部使用电子货票替代。

(二)铁路货运票据电子化作业的流程

1. 客户提报阶段

客户提报阶段是货主报送运货需求的阶段,客户现在可以通过登录货运网上营业厅进行自主提报,大客户可以客户登录的方式转入电商系统。

在进行阶段装车需求和当日装车需求的提报时,客户也可以到货运中心的各个营业网点的营业厅,让工作人员替货主提报。货运票据电子化后,货主提报全部在网上进行,客户足不出户就能报送货物运输需求。在报送的过程中,货主在网上填报货物件数、货物价格、增值税信息、物品清单等,物品清单包括具体货物品名、包装、件数、重量、体积、价格等信息,同时货主可以选择门到门、站到站、门到站等服务方式。这些信息将在整个货物运输的过程中一直随着车辆流转,直到收货方收到货物。

2. 运单受理阶段

当客户把需求提报后,由货运营业网点的受理岗位工作人员进行信息确认,通过受理,把需求上报到铁路局集团公司,铁路局集团公司的电商服务器会自动受理客户的需求,产生一个需求号,受理通过的需求根据运输种类的不同进行推送。整车的信息会推送到"货运站安全监控与管理系统"(简称货运站系统),集装箱的装车信息会推送至"车站集装箱管理信息系统"(简称箱管系统)。

3. 运货阶段

在运单受理通过后,货主会收到进货通知的短信。若在提报需求的时候,客户选择了门到门服务,铁路物流企业会上门帮助客户把货物运送到铁路货运站仓库,或客户也可以自己把货物运到货运站。进货时,外勤货运员可以在货运站系统上进行物品清单的核对,核对无误后,货运站即开始准备装车。

4. 装车阶段

当货主所有的货物进齐以后,货运站的货运员就可以开始装车了,整车装车由货调在货运站系统中进行"派班",外勤货运员选择车辆,进行"接车对位""前后三检"等操作;集装箱装车则由集装箱货运员在箱管系统中进行"安排空箱""检斤验货"等操作。这样,外勤装车时就可以直接在系统里的运单上填记车号、重量等承运人信息,等装车完成后,信息就会上传到铁路局集团公司和国铁集团,同时信息也会直接推送到制票系统。

5. 制票检报

在货运站系统中或者箱管系统中完成装车后,所有信息将会推送至货运制票系统中,制票系统就可以核算运费、制货票了。因所有信息全部会一步一步推送过来,包括客户的资料、货物的清单、件数、重量及客户的增值税发票的开票信息、车号等,所以货运核算员在制票过程中不再需要添加信息了,大大减少了货运核算员的工作量。制票完成后就会产生一个运单号,运单号作为票据编号,连同所有信息与车号绑定,传到了现车系统中。等货票生成后,就即时上传至总公司和集团公司的票库。

6. 车辆运输阶段

当整车和集装箱制票完成后,在货运站系统中进行票据确认,通知取车操作,这样车务系统就具备了取车条件,可以进行计划的编制、调车、出发等操作。在车辆运输过程中,如果中间的车站需要对票据信息进行核对,可以在现车系统中与车辆绑定的票据信息进行核对,也可以在票据综合管理信息平台上把票据打印出来进行核对,这避免了纸质票据随车在各个车站间传递和核对修改、填写普通记录。车站行车人员根据货运站、箱管等系统推送到现车系统的信息组织取车作业,并在现车系统编制列车编组顺序表,补充车辆"其他记事"信息,发现问题编制普通记录。车站货检人员在铁路货检安全监控与管理系统编制普通记录,按规定进行途中签认。

7. 卸车阶段

等车辆到达目的地货运站后,先由车务系统接收到确报报文,由货调进行卸车派班,通知车务系统送车,然后把车辆推送到卸货的股道上,这个时候货运站就可以进行卸车作业了。整车由外勤货运员在货运站系统中进行"接车对位""前后三检"等操作；集装箱卸车则由集装箱货运员在箱管系统中进行到达卸车、掏箱等操作，等外勤货运员组织把车辆都卸完后，就可以通知货主领货了。同时，做完卸车作业的车辆信息会即时同步到现车系统，在现车系统中被置为空车，把票据同车辆进行解绑。这样，这个车辆就可以再次进行装车等其他作业了。这些操作信息全部都即时上传到铁路局集团公司和国铁集团。

8. 交付领货阶段

货运员通知货主领货后，货主收到领货短信通知，就可以到货运站营业大厅办理领货手续了。有时候会在运输过程中产生一些其他的费用，如暂存费、到站装卸费等一系列费用，就需要有核算员在杂费系统中进行补收，货主交完这些费用后，就可以领货了。至此，货主完成了运货全过程。

通过所有货运票据均使用电子格式，取消手工填记，托运人可以通过系统终端、互联网或手机 App，方便快捷地办理货物托运、追踪查询、电子交付等业务，实现货物"承运—运输—交付"全过程电子化办理和信息化管理，优化作业流程，减少作业环节，提高运输效率和质量。

铁路货运票据电子化为实现铁路与国家有关部门、行业、企业及国外铁路间货运信息的互联互通、数据共享，促进铁路与其他交通方式和相关行业融合发展奠定了基础，为提高铁路货运服务水平和经营效率效益提供了技术支撑。

二、铁路货运物联网应用的业务流程

(一)流程再造

1. 原货运业务流程

要描述清楚正常作业状态下的业务流程，如中铁快运零担运输产品的业务流程包括承运入库、装车运输、到达交付作业等环节，每一环节具体做什么、怎么做，存在哪些不足之处，最后画出详细的业务流程图，以便与新的流程图进行比较。

2. 对原货运业务流程进行详细分析，找出核心业务

应该以流程为基础，优化调整企业的组织结构，通过制度的制定和完善，确保机制的运作。针对货运业务流程，利用管理学相关理论，对业务流程各环节作

定性或定量分析,找出哪些是核心业务、哪些是辅助业务。物联网技术的应用主要针对核心业务,这样才会有更大的应用价值。

因此,铁路货运物联网应用的组织结构优化的核心是从职能式管理过渡到流程式管理,以客户为导向,以流程为中心。铁路货运物联网应用的组织结构需要根据具体货运和业务流程的不同要求来进行优化,这里仅说明物联网应用在业务流程再造基础上组织结构优化的整体措施,主要有以下3个方面:

(1)以满足客户需要为最终目标。铁路货运客户需求向个性化、快速化发展,同时,市场竞争日趋激烈,这就需要铁路相关部门关注客户满意度,以便发现客户价值的真正驱动因素,满足客户的快速化发展需求。

(2)组织结构的设计应与铁路货运系统相协调。进行业务流程再造后,设计的组织结构应与其相适应,全面考虑影响组织的各个方面因素。

(3)铁路货运物联网应用业务流程再造的技术基础是物联网技术,因此,业务流程再造一定要结合组织变革,充分利用物联网技术达到降低成本的目的。

(二)层次分析

顶层设计是介于规划和工程实施之间的设计,在理念和方法上已经深入各行各业、各个领域,特别是运用于信息系统和电子政务设计和建设中。智慧货运顶层设计是用系统论的方法,对智慧货运建设的各个方面、各个层次、各种参与力量、各种正面的促进因素和负面的限制因素进行统筹考虑,理解和分析影响智慧物流建设的各种关系,从全局的视角出发,对智慧物流的基本问题进行总体的、全面的设计,确定长期的建设目标,制订实现目标的路径和战略战术,并建立智慧物流建设发展的保障措施,将建设的风险降至最低。顶层设计关系全局,是方向性的举措。智慧货运顶层设计对智慧方面的各项建设任务给予系统的部署,有利于具体项目落地,避免因建设标准、技术体系、数据接口等多元主体而导致信息孤岛化。

1. 数据采集层

数据采集层主要完成信息的标识及信息采集、转换处理、环境信息收集等,利用物联网技术将采集的信息通过通信模块、延伸网络、网络层的网关、网络层及应用交互信息。针对铁路货运整车、零担、集装箱及特种货物运输形式,可采用不同的标签标识货物信息。整车、零担多采用一维码、二维码、RFID类标签、北斗或GPS类标签标识;集装箱及特种货物运输多采用ZigBee类标签、北斗或GPS类标签及体感器标识;接口技术包含各类通信协议、媒体接入层、短距离无线通信、分布式信息处理、嵌入式技术、节点级中间件等多项技术,在本层中嵌入传感器和射频类标签元件形成局部网络,协同感知周围环境或自身状态信息,经初步处理和判定,根据相应规则响应,通过各种接入网络把中间或最终处理的结果接入网络层。

2. 网络层技术

网络层主要完成信息传递和处理。承载网的构建应充分利用公网设施、铁路内部(生产网、内部服务网、外部服务网和管理网)的公用数据通信网及铁路数字移动通信系统等已有资源;接入网除采用通用的射频接入单元、2G/3G/4G 移动接入模块等,由于铁路运输线路上信号盲区很多,还应考虑卫星接入模块等。考虑到铁路信息管理系统庞大异构等状况,铁路货运物联网应用需要多种数据预处理技术,包括信息融合、异构网聚合、资源与存储管理、数据分析、数据挖掘、智能决策、智能控制、云计算技术、海量信息技术、专家管理系统。网络层具体通过各类移动或固定数据采集基站、中继器实现,各类移动或固定数据采集基站、中继器要与所采用的标识、铁路物流业务管理信息系统的科技硬件接口相适应。

3. 应用层技术

应用层包含物联网应用业务中间层和铁路货运物联网应用两部分。物联网应用业务中间层包含信息管理、业务分析管理、服务管理、用户管理、目录管理、终端管理、认证技术、仓储管理、物流管理、结算管理等相关技术,提供通用支撑服务、数据智能处理等服务,与相应的各铁路货运管理系统相连,并与不同铁路货运产品的专业知识和业务模型相结合,构建管理平台和运行平台,以实现更加准确和精细的智能化信息管理。数据智能处理包括数据汇集、存储、查询、分析、挖掘、理解,以及基于感知数据决策和行为的理论和技术。数据汇集将实时、非实时物联网业务数据汇总后存放到数据库中,以方便后续数据挖掘、专家分析、决策支持和智能处理。铁路货运物联网应用与现有的铁路运输管理信息系统、货运营销与生产管理系统、车站综合管理信息系统、列车调度指挥系统等铁路运输管理系统相连,为其提供货运状态的各种实时数据,建立不同领域的各种应用。

三、铁路物流大数据技术的信息平台

(一)铁路货运大数据综合信息平台建设

1. 铁路货运大数据综合信息平台的基本框架

铁路货运大数据是指由铁路货运组织过程中的基础数据,包括业务数据、企业管理等各业务领域的结构化、非结构化数据汇集而成的数据集合,其具备大数据的"4V"特征。铁路信息系统可以提供丰富的大数据。例如,铁路互联网订单、货票系统、集装箱系统、行车安全、设备状态等数据,可为精准营销、建设服务型企业提供数据基础。可整合目前铁路拥有的各种信息平台(系统)的信息资源建设铁路大数据综合信息平台,核心模块包括铁路货运大数据综合信息平台。

铁路货运大数据综合信息平台包括供货运大数据营销系统、货运生产管理信息系统,以及铁路"95306"货运服务平台,其设计理念以铁路货运需求为驱动,以大数据技术为支撑,对海量的数据进行收集、处理、存储、分析、应用、展现等操作,达到优化客户关系、提升营销能力的目的,其逻辑架构设计包括数据采集层、数据传输层、数据存储层、数据分析层、数据应用层、数据展示层。

铁路货运大数据营销系统作为铁路货运大数据综合信息平台的子系统,目标定位为货运营销组织管理,可以为铁路货运营销提供智能决策支持、优化营销组织方案,其中:

(1)数据采集层。数据采集层主要依托 TMIS 系统中的货票系统(货主信息、货物信息、节点信息等)、"95306"系统(客户信息、货物信息、客户满意度信息等)、TMIS 系统中的货车动态管理信息系统(货车状态信息)、集装箱管理信息系统(集装箱动态信息)进行实时动态信息采集。

(2)数据传输层。数据传输层一般应用铁路数据通信网络进行,通信数据网是覆盖全路各车站及相关节点、专网专用的宽带数据通信网络;铁路通信网由通信传输网和通信数据网两部分共同组建。传输网由骨干层、汇聚层、接入层三层构成,其中,骨干层为国铁集团至铁路局集团公司,各铁路局集团公司之间的网络传输通道;汇聚层为各铁路局集团公司内部的干线传送网络;接入层为沿线铁路各车站、区间节点提供传输接入。

(3)数据存储层。铁路货运大数据综合信息系统中的数据将大多数以关系型数据库进行存储,由于大数据的密集性,在大数据存储方面尽量避免使用传统关系型数据库,应构建具备对海量数据的存储管理能力的数据库,并保持传统数据库的一些特性。

(4)数据分析层。数据分析层主要是将采集到的数据进行整合处理,通过软件将结果可视化或者通过大数据分析算法,对数据进行推断,使数据具有指导性。

(5)数据应用层。铁路货运大数据的分析应用和其他信息化应用一样,基于业务需求产生。通过业务细分,在货运营销方面,大数据分析结果可以应用在货运市场分析、竞争行业分析、定价及收益管理、运营成本分析,以及向客户展示推销,还可以进行货流预测等。

2. 营销方案

(1)优化营销手段。开展数字化营销,利用网络平台,强化数据分析反馈,做好市场分析与预测,紧紧围绕运输市场变化、政策取向等,制订快速、有效的营销策略。根据大数据分析结果,对现有运输产品进行优化,设计多样化营销组合,并能够对各种定制化的产品进行智能模拟,评估产品实施可能达到的效果,将定制化的营销产品根据不同目标客户需求的变化,向客户进行实时智能推荐。

充分发挥新兴网络媒介的作用,利用"95306"网站等优势资源,与社会上有影响的网站、第三方销售平台合作,对铁路货运新产品、新服务、新政策及时进行推介,实现线上、线下互动,充分开发铁路货运物流市场资源,同时优化"95306"铁路货运电子商务服务系统。将运单追踪功能安置进"95306"系统中,客户可以及时查询在途货物运输的相关信息,包括到站时间、到站地点、货物状态等。优化"95306"网站界面设计,采用灵活的信息推送模块,根据收集到的客户账号历史数据或IP地址信息,将适用于该客户的相关货运信息呈现在信息推送模块中,达到精准投放的目的;开发"95306"手机App系统,使客户体验向简单化方向发展,以收集到客户账号及历史数据等相关信息为依据,在手机界面中为客户推送相关货运信息。

(2)精准分析货运市场。

①加强市场分析研判。市场分析是对市场供需变化的各种因素及其动态、趋势的分析,分析过程需要收集大量的样本资料和数据。

②发展铁路现代物流。铁路货运改革的方向是向现代化物流转型和融合,发展供应链物流服务。

③优化运力资源配置。利用大数据技术,对铁路的车辆信息进行整合、分析;结合运输信息集成平台,通过分析典型数据,总结货运量变化的相关规律,为进一步满足客户需求做好运力优化的配置和调整。

④提高货运收益管理。货运收益管理可以定义为在合适的时机将合适的货运产品以合适的价格出售给合适的客户。

⑤做好运输市场分析,制订优化运销策略,并且协同铁路货运部门预留相关运转资源,再将相关运输信息及时通过传统营销方式发送至有运输需求的主体客户与潜在客户,从而达到稳定货源、精准营销的目的。

(3)建立科学的定价模型。通过平台提取大数据信息,并将得到的大数据信息进行分类整理,实时掌握货流信息、客户信息、运力信息及物流市场相关信息,制订灵活的运价调整方案,以此建立不同方案下的定价模型。通过及时调整运价方案及模型中的参数,确定合理的运输价格体系,最终形成科学的定价机制,并且提供辅助决策。

(4)改革客户关系管理。大数据技术在处理客户关系方面的核心是实现客户细分和管理。大数据在客户关系管理中的应用重点主要包括客户分析和客户管理两个方面。在客户分析中,可从不同途径积累的海量客户数据中挖掘用户习惯、市场变化、运输趋势等有价值的信息。例如,通过对发货时间、发货品类、发货量、发货方向等的分析获取客户的发货习惯等。同时,铁路货运大数据综合信息平台可利用搜集和积累的互联网、物联网、照片、视频、地理位置、客户投诉等数据,分析客户的忠诚度和满意度,进而分析客户价值,预测客户的长期增长潜力,评估客户的流失风险,并能够及时进行预警。在客户管理中,可利用对客户分析的结果,结合客户在历史上对价格等信息的敏感度,对客户进行分类营销,筛选出核心和非核心及重要和次要客户,从而针对不同的客户群通过主动、服务、价格等不同方式有针对性地传递相关服务信息,开展营销活动。同时,加快信息化建设,推广自动化、组织化和智能化应用技术,并依托"95306"升级版平台,建设集团公司货运业务办理中心。

(二)货运营销辅助决策系统的构建

1. 需求分析

在铁路货运电子商务系统、货运计划管理系统、货调系统、货票系统的数据实现互联互通后,系统已经掌握了客户预约、订车、货票的基本信息,通过对信息多维度、多时间段、多种查询条件和多展示方式的统计和分析,可以从运量运费、装车走势、订车兑现、收入、货物流向等角度,研究客户运输行为分析方法,提出各角度下客户运输分析的重点评价指标与分析方法,明确不同类别客户的运输行为特点,提升铁路的服务质量。

充分收集整理加工现行货运相关信息系统的数据,生成多角度、多维度的统计分析数据,减少各级营销人员统计制作报表的工作量,便于货运营销人员及时准确掌握货运生产情况和货源货流的变化情况,强化铁路对货运市场的研究分析,提高铁路货运产品供给能力和适应性。同时,建立国铁集团、铁路局集团公司、站段、车站多级市场信息的收集交互渠道,及时掌握市场的变化情况。

掌握铁路货运需求情况,分析铁路运量的构成和变化,研究铁路运力(产品)的市场适应能力,进而分析铁路货运经营收益的情况,并且细化到每个客户的基本信息、运输情况、分级分类,以客户为单元深入研究货运市场的变化和铁路营销策略,促进铁路运输发展方式的根本性变革。

可改善货运经营性渠道不突出、市场分析工作薄弱、运输产品体系不完善、货运计划与市场衔接不紧密等具体问题,有助于企业重组营销组织、建设营销网络、及时调整产品策略、升级营销手段,实现铁路传统运输向现代物流转型,全面提升铁路货运服务质量和水平。

通过平台建设,有效组织各层级市场调查、日常监测、营销分析等活动,支持铁路货运营销策略的制定和经营生产决策。

在铁路货运电子商务系统、货运计划管理系统、货调系统、货票系统的数据实现互联互通后,积累了大量的货运市场和运输生产数据,挖掘这些数据的价值,建立起全路统一完整、上下互动的货运营销信息服务平台,辅助铁路货运营销工作展开,提高整体生产效率和综合经营效益。

兼顾客户需求与运力资源,运用数据融合、智能决策、大数据分析、可视化等信息技术,通过进一步细分客户和市场,实现更加灵活的营销策略,分阶段地使用运力资源满足客户需求的铁路货运市场化营销。

2.构建内容分析

(1)生产概况。对生产概况进行分析是为了方便货运营销部门及时了解日常影响货运生产产量及变化情况,掌握下属单位货运生产进度。货运计划管理系统按单位类别统计每日订车、配车、装车数、收货人及对应的月累计、年累计,对比上月同期和去年同期的数据情况,计算完成年年度期值的进度;同时统计生成装车数、发送吨数、货运收入、集装箱完成量的月度报表。

(2)市场动态。系统提供市场调查、行业监测、企业监测、政策环境四个功能模块,通过这四个功能模块收集分析宏观经济、关联行业企业、其他运输方式、价格等运行指标,以及政策环境的变化,为各级货运营销工作提供全面的经济运行状况参考。

(3)需求兑现。对货运需求进行分析,梳理铁路货源货流情况,并且分析需求装车兑现情况和落空原因,研究铁路运力(产品)适应市场的能力,为营销部门深入了解市场需求、优化运输方案、完善货运产品提供数据依据和决策支持,并建立日常装车台账。

(4)运量预测。将针对不同运输需求下的不同品类(行业类别、货物流向等),采用大数据技术,提供运输起始地到目的地的运量预测,并能够给决策层提供不同时间段的运量预测值,从而提高铁路预警能力和运营监控能力。

(5)营销分析。营销分析包括基于不同品类、运输地点、运输流向等的运输资源分布,并根据市场经济情况和铁路运输历史数据预测运输市场趋势,制定营销规划,从而提高铁路营销策划能力和资源优化能力。

(6)经营收益。对货票库数据进行加工处理,从运量和收入两方面分析铁路货运的经营收益。从总量上按品类、去向、车种分析铁路运量构成,并且对集装箱、零担、货场、专用线等多个维度进行专项统计,方便使用者通过对信息的比对、分析,实时掌握货运收入的费用构成实际及建设基金、物流服务收入等的比重,并结合管理范围内的主要客户的运输变化实际,分析、预测后续的收入趋势。

(7)客户管理。针对不同客户类型,分析采用的营销方法,形成事务报告,这包括对货主运量、运费、行业、忠诚度、收入率、增长率等不同指标的分析;重点货主的发现与提升;对货运营销工作进行准确市场定位等功能,从而提高铁路客户管理能力和客户服务能力;建立客户档案,通过对客户运量、运费、收入率等不同指标的分析,进行货运市场细分,从而针对客户从不同行业、企业进行分类管理,挖掘新增客户,分析客户流失的原因,指导货运营销工作进行准确的市场定位。

(8)预警分析。分析市场动态,对电厂、港口、钢厂库存、行业产品价格、宏观经济景气指数、企业产量异常变化进行预警,对国家、地方出台的相关新政策影响进行预判;分析需求情况,对订车需求大幅升降、装车卸车通过能力不足进行预警;分析运量情况,对行业、品类、发区、到区、班列运量异常变化进行预警;从客户角度分析,对客户流失、客户数量变化、客户构成变化、客户运量运费变化、客户投诉进行提示;分析运价变化,对调价、下浮对运量收益产生的影响进行预警,对其他运输方式运价变化进行预警。

(9)产品分析。产品分析可分为三部分：一是对批量快运、散货快运产品开行情况的分析；二是对营销项目的开发、实施情况进行跟踪管理；三是根据不同的业务管理需要，有针对性地对部分数据进行提取统计分析，如重点物资运输、国际联运、运价下浮项目、集装箱运输、特货运输、保价运输、物流服务、零担运输、铁路货场装卸、专用线装卸、危险品运输等。

3. 决策系统

(1)模块介绍。

①强化客户管理。强化客户管理可通过对局集团公司货运客户发运情况进行统计分析，按照"二八"定律筛选出年度运量15万吨以上的货运大客户，作为货运重点客户，并按主要运输品类进行分类管理；通过决策系统对客户年度各阶段生产数据、运输数据进行分析，帮助营销人员在决策时预测客户运输需求，提前做好服务。

②稳定既有货源。通过系统重点板块数据分析和预警提示，若发现既有货源发生变化，则有针对性地制定措施，吸引货源回流。

③挖掘潜在货源。通过决策系统对企业产销量、物流方式、原材料来源、产品去向等情况进行对比分析，挖掘潜在增量；通过不断扩大市场调查范围，增加决策系统企业覆盖面，拓展非铁路运输企业。

④规范价格制定。通过决策系统"份额分析"板块实现对价格项目制定、申报、上会、审批和评价的全过程记录和盯控，定期对价格项目进行分析评价，确保项目有效跟踪及项目执行的可行性分析；对运输市场价格进行采集、记录和建档，通过对比分析其他运输方式的价格，尤其是竞争去向、竞争运输方式的价格，提高市场响应速度，促进全局货运增运增收。

⑤优化运力配置。通过对客户运量、运输收入等数据的分析计算，测算出客户运量贡献和运费贡献。同时，将其纳入单车收入，确保效益最大化；纳入淡季贡献，确保路企互保，实现双赢。

(2)货运营销大数据应用分析。

①数据采集渠道和维护。目前决策系统所有企业的数据都由营销人员按月采集，并且进行人工维护，这既耗时间又耗人力；而且按月采集的数据，时效性差，对市场预判不足；人工采集数据准确性不高，不同途径收集的数据不一致。

②数据应用的共享。信息系统还包括铁路运输管理信息系统、调度指挥管

理系统、铁路车站综合管理信息系统等,这些数据在多个独立的系统中,形成众多的"信息孤岛",缺少跨部门的信息整合,数据应用水平不高,使得数据的互联互通、信息资源共享举步维艰,难以为决策者提供综合、高效、准确的信息。

③运输能力。货运大数据的应用最有价值之处在于运力调配和优化,但实际使用效果不佳。受限于铁路的运能,要增加运力必须增加车底,但在运力不紧张的时期,闲置的车底又将造成更大的经济负担;受限于运力的分配,空车调整计划较复杂,空车的周转没有利润且消耗能力。

(3)相关做法。

①建立货运大数据应用平台。搭建智能化、可视化的货运营销大数据应用平台——"智慧供应链服务平台",实现客户数据信息的时效性、完整性、效用性和共享性;畅通双方沟通渠道,建立快速响应机制;实现对客户信息与铁路货运信息的交换及融合分析,为客户生产组织的安排、运输过程的监控等提供信息支持,为铁路运输组织、营销组织决策提供基础保障。

②优化整合社会资源。整合交通运输、环保、国土资源、城乡建设、商务、航空、邮政、电信、气象等相关方面涉及交通物流的数据,同时与网络搜索引擎和旅游电子运营商合作,深入挖掘运输市场需求及发展态势,研究不同经济发展阶段下运输市场需求的演变规律,推行物流的数字化管理,开展数字化营销,最终达到铁路物流网络化、散客化、大众化的目的。

③优化内部运输组织。在明确市场需求的基础上,调整运输产品供给,由传统运输模式向电商运行模式转型,在统一的电商平台下实现货运以营销为中心,统一协调调度指挥、应用车辆,各部门配合实现战略部署,建成运输商务一体化管理模式。

④优化货运营销机制。优化货运营销机制,要拓宽渠道,包括利用电商直销平台、微信推送平台、第三方销售平台等方式扩大客户群体,同时加入客户评价和推荐功能;针对大客户,建立客户信息库,及时跟踪大客户和机构客户在投资和消费方面的偏好变化,同时培养营销管理部门自己的销售队伍;做好市场预测。利用大数据进行预测是数据挖掘的核心,营销部门应利用信息平台优势、结合同业市场产品的动向进行预测。

⑤实施营销定制化服务。通过对集团公司辖区内货源分布、产业布局、客户的发货习惯等进行研究,分区域对客户群进行充分细分。以客户需求为导向,以

优化客户物流链为目的,从客户整条销售链找切入点,通过对客户研发、生产、销售和服务等环节的数据分析,为客户提供全面、个性化的运输方案,从而更好地服务客户,增加客户价值,同时获取铁路货运可持续发展的竞争优势。

四、铁路物流园区的建设

(一)物流园区的概念分析

物流园区最早出现在日本东京,当时被称为物流所在地,随后在欧洲一些国家出现物流基地、物流战场、物流港、货运村等具有现代物流意义的名词。一般而言,物流园区是以政府为主导,从城市整体经济利益出发,为缓解城市交通压力,顺应现代物流业发展趋势,实现"货畅其流"的重要措施。

物流园区是现代物流发展到一定阶段的产物,抽象地说,是物流节点作业活动的空间聚集体,为实现规模化和多种服务而将多种物流设施和多家物流组织单位在空间上进行集中布局并承担物流业务的载体场所,其构成基本要素包括物流作业处理对象、物流设施设备及技术手段、物流相关信息和组织经营机构等。物流园区是布局在城市周边,由多家专业从事物流服务、拥有多种物流设施的不同类型物流企业在空间上相对集中分布而形成的具有物流产业集群特点的物流产业集聚区,物流园区的服务领域广泛,物流辐射范围广阔(涵盖城市范围、区域范围、国际范围),能够提供规模化、集约化的大规模物流服务和综合服务功能的物流节点和两种或两种以上交通运输方式(公路、铁路、水路、航空)相交会的区域。例如,上海洋山深水港物流园区位于上海南汇海港新城西部,东临沪芦高速公路,距洋山深水港区32千米、市区55千米、郊区环线10千米、浦东国际机场30千米。该园区的规划面积为13.8平方千米,包括港口辅助作业区、口岸检验区、国际保税物流区、铁路集装箱换装区、内河集装箱换装区、危险品仓储区、综合管理服务区和临港保税仓储区八大功能区。

物流园区产生的主要原因,可归纳为以下几个方面:

1. 缓解物流发展给城市交通带来的压力

物流业的发展往往带来货运量的迅速增加,从而给城市的交通带来压力。通过建立物流园区将货物运输尽量安排在市中心边缘或者市郊,是大城市缓解交通压力的有力措施。

2. 优化城市用地结构

随着经济的不断扩展,原来的城市边缘区逐渐成为市中心的一部分,商贸、金融、饮食服务等第三产业在此集中,大型货运战场因无力支付上涨的地价和因对城市交通与环境影响较大需要迁出中心区,物流用地性质发生变化,城市用地结构亟待调整,物流园区的出现既为货运站等物流节点提供了新的发展空间,也为城市用地结构调整创造了条件。

3. 缓解物流对城市环境造成的不利影响

物流除了会给城市交通带来压力和产生噪声污染外,分散的物流节点本身也会对城市环境造成一些不利影响,因而在空间布局上受到规划的限制和制约。例如,大型储运仓库与周围建筑的环境协调性低,会造成对城市景观的破坏,因此不宜零散布局。物流园区的建设将分散的小型物流节点集中于一处,有利于其产生的废弃物的集中处理,从而有利于物流行业的可持续发展。

4. 提高物流规模化效益的内在要求

组织建设物流园区,可将多个物流企业集中在一起,发挥其整体优势和规模优势,实现物流企业的专业化和互补性。同时,这些企业还可共享物流基础设施,可以共建信息管理组织平台,因此,物流园区有助于企业降低运营成本和费用支出,获得经营规模效益,提升综合竞争能力。

(二)物流园区信息平台

1. 整体规划

把传统的铁路货场打造成现代物流园区是一项战略工程、系统工程、希望工程。关于总体目标规划和实施方案的具体思路为立足"三个面向",推进"一个开启",实现"两翼格局"。

(1)"三个面向":面向国际国内市场,提高物流市场份额;面向信息化,提升物流市场的核心竞争力;面向经济新常态,满足运输需求的新变化。

(2)"一个开启":以现代铁路物流园区建设破茧,开启高速货运时代。

(3)"两翼格局":谋求"高铁客运"与"高速货运"相辅相成,使之成为铁路发展的两翼。

为此需要对现有货场进行"现代化、信息化、专业化"的根本性重塑,并设计好以下几个方面:定位应以抢夺"白货"市场为主体、以巩固"黑货"市场为基础、以参与"战略合作"为补充;布局应以依托路网调整布局为基础,突出特色、着眼发展;功能上包括集散、信息、配送、金融、保障、机制(经营和合作)等方面,并将这些功能统筹协调,做好设计与实施。

2. 构建智能管理信息平台

铁路物流园是以大型铁路物流枢纽为依托,衔接铁路物流与其他物流方式,集聚众多物流服务企业并提供仓储、信息等综合物流服务的场所。作为铁路物流的重要节点,铁路物流园在铁路物流仓储、运输方式衔接等方面具有重要作用。铁路智慧物流园是以智慧园区的方式升级改造铁路物流园,是具备互联互通、开放共享、协同运作、创新发展功能的新型园区发展模式,是物联网、大数据等新一代信息技术与园区建设、管理深入融合发展的产物。为了充分利用物联网等技术,有效组织园区物流管理,提高园区自动化和智能化水平,实现对铁路智慧物流园的信息管理,提出构建铁路智慧物流园信息管理平台。平台基于物联网技术,可以实现物流管理和追踪、仓储管理、车辆人员管理、物流信息共享、安全管理、集装箱管理、智能监控、大数据分析等功能。物联网是指基于各种有线或无线网络技术,将各种信息传感器、射频技术、图像处理技术、定位系统及信息处理技术等与设备有效结合,将设备采集到的信息和数据进行整合、分析、计算和判断,以实现远程监视、自动报警、控制、诊断和维护。平台利用物联网技术可以解决铁路物流园智能化水平低、物流效率低、无法有效整合物流资源的问题,为铁路物流园改造和铁路智慧物流园建设提供了一个新的选择方案。

构建智能管理信息平台的重心是围绕园区调拨、仓储管理两大业务,为园区人员、车辆、货物、司机、用户提供智能化信息服务,包括仓储、配送、装卸、导航等基础服务,以及车货匹配、市场金融保险、餐饮住宿、通信保障等增值服务,形成产业集聚效应,其优点是能够与物流云平台打通信息接口,线上整合信息资源,线下支持园内物流业务开展,在支撑园区运营的基础上,与智慧物流云平台实现高效数据对接、协同和交换,衔接起订单管理、仓储管理和运输管理等业务,同时为生态模式在园区的落地提供信息化支撑。

通过对铁路智慧物流园信息管理需求的分析可以发现,对物流自动化管理、追踪及仓库的自动化管理,是实现物流园区自动化和智慧化最迫切的需求。而结合物联网技术可以通过各种信息采集设备自动地采集数据,并对数据进行整合、分析、计算和判断,从而实现远程监控和控制。为了满足对铁路智慧物流园信息管理的需求，实现对车辆、人员、物流、仓库等的管理和信息自动化采集及智能控制，需要对铁路智慧物流园信息管理平台总体架构进行分析与设计，清晰刻画出系统应实现的功能，挖掘实现系统的重点、难点。铁路智慧物流园信息管理平台由技术层、数据感知层、存储层和应用服务层组成。

（1）技术层。技术层主要展示了平台使用的相关技术，以物联网技术中的射频识别技术、传感技术、网络通信技术、嵌入式智能技术、物联网平台技术来实现数据的获取、传输和反馈，以大数据技术实现大数据分析，以微服务技术实现平台应用服务层的构建。

（2）数据感知层。数据感知层主要通过射频识别技术、传感技术等物联网技术实现数据的感知获取，如物流数据、监控数据、位置数据等信息。在物流的不同阶段，主要获取到的数据内容也有区别。

（3）数据存储层。数据存储层主要实现异构数据的统一组织和存储。数据感知层获取到的数据，通过互联网等手段进行传输，最终在数据存储层中实现数据存储。

（4）应用服务层。应用服务层主要是在数据存储层的基础上实现平台需要的功能，通过微服务的形式实现对物流的管理和追踪、对仓储的自动化管理、对物流园内车辆和人员的管理，对物流信息的共享管理，同其他物流系统进行数据交换以支持多式联运等功能。

物流监控管理主要是对物品从进入园区到离开园区进行全方位的监控管理，而物流跟踪溯源是在物流园对物品监管的基础上进行的物品来源的追溯。该平台实现智能监控，核心在于充分利用物联网获取的感知数据，进行自动化控制，采用的主要方式是构建物品监控指数调节服务。物流监控管理需要获取每一个物品的限制条件，划定相关属性阈值，通过传感器对物品进行监测，并实时对比物品限制条件，在超出条件后进行自动控制或报警。由此，该平台构建了一个统一的接口，来进行统一操作，即实施统一的物品监测服务、物品监测指数调节服务、物品监测反馈服务。

仓库货位包括空置态、正常态、监测态、警报态、反馈态、故障态几种状态。仓库中所有货位的状态集合构成仓库状态。使用三维空间描述一个仓库，可以这样叙述，当其内部任何一个货位发生变化时，都会使其状态发生变化。

物流存储数据服务主要通过 RFID、条形码和外部数据交换获取数据，这些数据可提供物流信息；物流监控数据服务将物联网获取到的当前和历史监测数据整合后提供给其他服务；物流统计数据服务是对物流存储数据和物流监控数据进行统计和加工后，向其他服务提供。铁路运输交换服务主要借助与对应的系构建相互调用接口的方式来实现，而对于公路和海路运输相关系统，因为系统的多样性，所以采用由平台构建统一的访问接口，通过相关系统对统一访问接口进行调用的方式来实现。物流监控和存储信息查询服务用于实时向货主和客户提供物流信息，提高客户服务的效率、物流支持服务的质量，并将物流统计数据根据需要向社会企业提供。

铁路智慧物流园是铁路物流园的发展方向，通过结合物联网技术的相关技术研究，在物流和仓储管理、物流开放共享等方面做出改进，为构建互联互通、开放共享、协同运作、创新发展的铁路智慧物流园提供了新的解决方案。进一步对物联网与铁路物流园结合的相关技术进行更深入的研究，包括探索物流园与其他物流方式之间衔接的效率提升、集装箱业务改进和用户需求挖掘等方法，以为客户提供更有效、更优质的服务。

第八章

铁路旅客运输组织流程

第一节　站务工作组织

一、客运站流线组织

(一)客运站流线的分类

1. 进、出站旅客流线

(1)进站旅客流线。车站的进站客流在检票前比较分散,不同旅客在不同时间内进站办理各种旅行手续,并在不同地点候车。进站旅客流线按旅客类型不同又可分为不同的流线。

①普通旅客流线。普通旅客流线是进站客流中的主要流线,该流线人数最多,候车时间较长。多数客流进站的流程为广场→问讯→购票(已购票的略)→托运行李(无行李的略)→实名验证→安检→候车→检票→跨线设备(基本站台的略)→站台上车。已预购客票的旅客和不托运行李的旅客,不完全按照上述流程进行。

②特殊旅客流线。特殊旅客包括母婴及老、幼、病、残、孕旅客,其流程顺序与普通旅客相同,但考虑其特殊性,在中型以上客运站站房均另设母婴候车室和专门检票口,保证他们优先、就近进站上车。此外,对团体旅客,在大客运站也应另设候车室,最好与普通旅客流线分开,以免延长进站时间。

③贵宾流线。在贵宾来往频繁的客运站,为保证贵宾的安全和便利,应设贵

宾室。除设专用通道连通基本站台外,还应设置汽车直接驶入基本站台上车的通道。他们的进、出站流线应与普通旅客流线分开。在个别情况下,为举行仪式,贵宾室要连通站房大厅。

④换乘或中转旅客流线。换乘是指购买了联程票的旅客在接续站换乘列车的活动。中转是指购买了通票的旅客在中转站办理签票手续继续乘车的活动。换乘旅客已经有下一行程的车票,不需要办理签票手续,中转旅客还需要办理中转签票手续。根据换乘时间的长短,有的旅客在候车室休息,随普通旅客再次检票进站,有的不出站在相应的站台上即可换乘列车。

在进站旅客流线中,如旅客事先已购买了预售票或事先托运好行李,就可以在临开车前进入候车室或直接进站上车。这样则可以简化旅客进站的手续,减少客流交叉,减少站内旅客最高聚集人数。因此,扩大预售车票和办理行包接取、送达业务,将有利于客运站的客运组织工作。

(2)出站旅客流线。出站旅客流线的特点是客流集中、密度大、走行速度快。在平面布置上应考虑通畅便利,使出站旅客迅速出站,并在站前广场迅速疏散。出站旅客流线比进站旅客流线简单,旅客办理手续少,使用站房时间短。一般情况下,普通旅客、中转旅客均在一个出站口出站。

2. 发送、到达行包流线

(1)发送行包流线。目前,只有普速站有行包作业,高铁站办理快运作业。

发送行包的作业流程为托运→过磅→制票→保管→搬运→装车。这条流线应与到达行包流线分开。

中转行包流线根据中转车次的衔接情况、中转作业量的大小和有无中转行包库房情况的不同,有时行包到达后暂存放在站台上并在相应的站台上直接换装,在某些情况下则需预先搬运至发送仓库或中转行包仓库,再按发送行包处理。

行包托运处要接近售票房和候车室,并与停车场之间有方便的通道。大型客运站应设置专门的行包地道,将旅客流线与行包流线完全分开。

(2)到达行包流线。到达行包的作业流程为卸车→搬运→保管→提取。这条流线应尽可能与发送行包流线分开。行包提取处应靠近旅客出口,大型客运站应设置专用行包地道。

3. 车辆进、出站流线

车辆流线是指站前广场上的公共交通车辆流线,出租汽车、小汽车流线,行包、快运专用车辆流线及非机动车辆流线等。在站前广场上应合理组织各种车辆的交通流程,妥善规划各种车辆的停靠位置和场所,使各种车辆流线交叉干扰最少,使旅客、行包、车辆迅速、安全地疏散。

(二)客运站流线组织

1. 流线组织原则

(1)各种流线避免互相交叉干扰。各种流线避免互相交叉干扰,尽量将到、发客流分开,将长途与短途客流分开,将客流与货流、车流分开,将到达行包流线与发送行包流线分开。在职工较多的车站,还应考虑将职工出口与旅客出入口分开。

(2)最大限度地缩短旅客行走距离,避免流线迂回。首先,应缩短多数旅客的进站流线,尽可能把站房入口与检票入口之间的距离缩短;其次,要给其他活动流程不同的旅客创造灵活条件,以便他们都能按照自己的流程以较短的路线进站。

2. 客运站流线组织

(1)进站乘车流线组织。旅客进站乘车流线组织应从其他交通工具与车站的接驳处开始,至旅客上车为止。进站乘车流线组织作业流程如下:

①旅客乘坐其他交通工具到达车站。

②通过车站提示标识引导旅客到售票大厅购票。一般高速客运站都安装有自动售票机,可向旅客提供自动售票服务。若是提前购得电子客票的旅客则无须此流程。

③通过车站提示标识,引导旅客至进站口。

④办理实名制验证,对旅客、所持车票和票面所载的有效身份证件原件进行查验。票、证、人不一致(含成人持儿童票的情形)或无法出示有效身份证件原件的旅客,不得进站乘车。无法出示有效身份证件原件的旅客,可到车站铁路公安制证口办理乘坐旅客列车临时身份证明。

⑤利用安全检查仪器对旅客及携带品进行安全检查。

⑥引导客流进入车站候车大厅。

⑦开车前一定时间,通过综合信息提示设备引导旅客至相应候车大厅或检票口。开车前通过电子显示屏或广播等途径告知旅客到相应检票口排队检票。

⑧通过人工手段进行集中检票,或通过自动检票闸机对持有磁介质车票及

电子客票的旅客进行自助检票。

⑨组织客流通过天桥、地道等跨线设备到相应站台候车。提示旅客出示车票，核对车票信息，并按站台车厢号码提示标识候车。

⑩组织旅客上车。

(2)下车出站流线组织。出站旅客流线的特点是客流集中、密度大、走行速度快。出站旅客流线比进站旅客流线简单，旅客办理手续少，使用站房时间短。在平面布置上应考虑通畅便利，使出站旅客迅速出站，并在站前广场迅速疏散。

高速客运站出站流线与现有的普速客运站出站流线的最大区别是，高速铁路出站流线的组织通常通过集散大厅（一般为地下），将各站台的客流聚集汇总，然后分散组织到轨道交通、常规公交、出租车、私家车等交通方式上。下车出站流线组织作业流程如下：

①提示下车的旅客通过地道、天桥等跨线设备离开站台到集散大厅，至各个出站口出站。

②出站通道终端设置人工检票口或自动检票闸机，对旅客车票进行查验，持电子客票和磁介质车票的旅客可通过自动检票闸机自助出站。

③疏导旅客离开车站，并向旅客提供换乘轨道交通、公交车及出租车等交通方式的换乘信息。

(3)换乘客流组织。旅客换乘通常有同站换乘和同城站换乘。同城站换乘与出站流线组织一样。同站换乘分为出站换乘和站内换乘。

出站换乘是目前最广泛的一种换乘组织形式。对于接续时间长的中转换乘旅客，需要按照"先出站，再进站"的流程完成中转换乘。这种换乘方式相当于将换乘旅客的流线分为出站和进站流线分别组织，无须专门进行组织。对于接续时间短的中转换乘旅客，客运站将专门组织换乘，即站内换乘。这种换乘方式主要在高速客运站进行，旅客由站台通过楼梯或反向电梯到达候车厅，再由候车厅进入另一检票通道，到达另一站台，这种换乘方式也称便捷换乘。这种组织形式方便，但需要车站空间布局和设备方面的配合。当旅客换乘时间较短时，车站可组织站台转乘，这种转乘方式是指利用楼梯、自动扶梯或地下通道到达下一趟车次站台。换乘客流组织作业流程如下：

①下车的旅客通过地道、天桥等跨线设备离开站台。

②接续时间短的旅客,按照车站的安排,由特定流线进行站内换乘;接续时间长的旅客由出站口出站再进站候车。持联程票需要换乘的旅客可通过引导标识由检票进站通道逆向进入候车室继续下一段检票进站流程。

③换乘其他交通方式的旅客,根据出站口导向标识换乘轨道交通、公交车、出租车等交通方式离开本车站。

(三)客运站流线疏解措施

1. 设备设施布局疏解

(1)在平面上错开流线。在平面上错开流线,即在同一平面上,站房及各种客运设备的布局使各种流线在同一平面左右错开自成系统,以达到疏解的目的。为配合站前广场的车流组织,通常将进站客流安排在站房的右侧,出站客流安排在站房的左侧。这种方式适用于中、小型或单层的客运站。

(2)在空间上错开流线。在空间上错开流线,即进、出站流线在空间上错开,进站客流走上层,出站客流走下层,以达到疏解的目的。这种方式适用于大型双层客运站。

(3)在平面和空间上同时错开流线。在平面和空间上同时错开流线,即流线既在平面上错开又在空间上错开。进站客流由站房右侧下层入站,经扶梯上层候车,然后经天桥或高架交通厅(检票厅)检票上车。出站客流经地道由站房左侧下层出站。这种方式不仅流线明显分开,而且流线距离也缩短了,适用于大型双层客运站。特大客运站(北京、上海等站)也采用这种方式达到疏解流线的目的。

2. 作业组织疏解

(1)加强站内宣传工作。采取各种宣传方式如广播、导向标识、大型显示屏等,向旅客公告购票、取票、候车、检票乘车、进出站等信息及注意事项,及时有序地疏导旅客。

(2)加强引导标识作用。引导标识包括静态标识和动态标识,当遇到非正常情况时应尽可能通过显示屏等动态显示导向信息,如车站的候车层通过标识导向设置不同类型候车区域,方便各类旅客候车检票,同时减少旅客的走行流线和避免交叉干扰。

二、售票工作组织

(一)售票方式及地点

目前,铁路的售票方式有人工售票、网络售票、自动售票机售票及电话订票几种方式。

人工售票地点有车站售票处和铁路客票代售点(销售代理人的售票处)。自动售票机大部分放置在车站售票处,随着电子客票的普及,自动售票机的放置地点逐步深入到银行、各类院校、超市等更加便民的地点。

(二)售票条件

1. 主要设备

车站售票窗口配备桌椅、计算机、制票机、居民身份证阅读器、双向对讲器、窗口屏、保险柜、验钞机等售票设备及具有录像、拾音、录音功能的监控设备,发售学生票、残军票的窗口配备学生优惠卡、残疾军人证的识读器,退票、改签窗口配备二维码扫描仪,电子支付窗口配备POS机。

此外,车站售票处还应配备剩余票额信息显示屏,以便及时、正确地显示日期、车次、始发站、终到站、开车时刻、各席别剩余票额等售票信息。车站售票处还应有存放票据、现金的处所和设备,具备防潮、防鼠、防盗、监控和报警功能。

在配备自动售票机时,自动售票机应具备现金、银行卡及电子支付(支付宝等)功能。电子客票推广后,售票处还应配备购票信息单及报销凭证自助打印机。

补票处邻近出站检票闸机,配备桌椅、计算机、制票机、保险柜、验钞机、学生优惠卡识读器等售票设备和衡器,还应有防盗、报警设施;有存放票据、现金的处所和设备,具备防潮、防鼠、防盗、监控和报警功能。

2. 业务揭示

售票处应公布中国铁路客户服务中心客户服务电话(区号+电话号码)、铁路12306手机App客户端和微信公众号二维码。根据车站客流及最早最晚办理客运业务列车到达时刻,合理确定售票时间和停售时间,并在售票处的醒目位置进行公布。

在售票处的窗口正上方设置窗口屏,显示窗口号、窗口功能、工作时间或状态等信息。有对外显示屏,同步显示售票员操作的售票信息。

其他业务揭示有旅客须知、实名制购票证件及验证验票等信息。售票处应配备的业务资料有《客规》《铁路客运运价规则》《铁路旅客运输办理细则》《铁路旅客运输管理规则》《客运运价里程表》《旅客票价表》等。

(三)售票组织

1.售票员作业流程

(1)班前准备。班前准备包括仪容仪表准备,参加点名会及请领票据、备用金。

(2)对岗接班。

①售票组织交接。售票员在交接时要观察窗口客流,对岗交接售票组织变化情况,及时调整售票策略,准点开窗售票;客流较大时可提前开窗;了解客流变化规律,列车运行秩序,重点旅客事项交接等情况。

②设备设施交接。设备设施包括客票系统、制票机、POS机、学生读卡器、身份证识别仪、点钞机、窗口对讲仪、乘意险打印机等窗口配置的相关设备。备品包括印鉴、台账、钥匙、对讲机等售票相关备品。售票员应提前到岗,检查接清窗口设备设施、备品,检查岗位卫生,确保卫生整洁、物品定置摆放、设施能正常使用,并在交接班簿上签字交接,对故障设备及时报当班值班员报修。

(3)班中作业。

①开机登录作业流程。开机登录作业流程为:开机→装好票卷→核对票号→登录、选择班次→登录POS机及软POS,初始化完成后即进入售票界面。

②实名制车票发售作业流程。售票作业流程执行"一问、二输、三收、四制、五核、六交"制度。发售电子客票时根据制票和交付环节依旅客需要而定,如旅客需要提供购票信息单时,则对应执行"四制"和"六交"环节。其他售票班中作业还包括通票发售、电子支付业务、各种减价票发售、团体票发售、互联网换票、挂失补作业、中铁银通卡发售、互联网购票信息身份核验、乘意险发售、废票作业、结账等。

2.《铁路旅客运输服务质量规范》对售票组织的要求

(1)铁路应提供窗口、自动售票机、铁路客票代售点等多种售票渠道,售票网点布局合理,管理规范。

(2)售票窗口和自动售票机设置、开放的数量适应客流量,日常窗口排队人数不宜过多。

(3)车站售票处办理售票、退票、改签、换票、取票、变更到站、挂失补办、中转签证等业务,发售学生票、残军票、乘车证签证等各种车票,支持现金、银行卡等支付方式。

(4)根据车站客流及最早最晚办理客运业务列车到达时刻合理确定售票时间和停售时间,并在售票处醒目位置公布;开窗时间不晚于本站首趟列车开车前30分钟,关窗时间不早于本站最后一趟列车办理客运业务后20分钟。工作时间内暂停售票时设有提示。用餐或交接班时间实行错时暂停售票。

(5)自动售票机及时补充票据、零钱和凭条。发生设备故障等异常状况时应处置及时。

(6)票据、现金应被售票员妥善保管,票面完整、清晰;票据填写规范,内容准确、无涂改,按规定加盖站名戳和名章。

三、旅客进站工作组织

(一)进站交通接驳组织

旅客到达车站的交通方式基本有公交车、城轨交通、出租车、社会车辆、私家车等,自行车或步行到达车站的旅客较少。各种交通工具与车站接驳情况与车站类型及整体设计布局有关,普速客运站与高速客运站也有较大区别。一般中、小型车站接驳处在站前广场,与站房连接通道在一个平面;大型车站尤其是高速客运站的接驳处在站房下方或上方,与站房呈立体关系。

无论是平面接驳还是立体接驳,都需要科学设计规划进站通道,方便旅客快捷地到达车站站房办理旅行手续和乘车。

进站接驳组织因各种流线交叉干扰较大,因此,除硬件设施组织外,更重要的是借助导向信息标识及人工引导等方式进行有效组织。尤其在遇到非正常情况时,需要车站与地方有关部门进行沟通联系进行联合组织。

(二)验票进站及安检组织

1. 实名制验证验票

实名制验证验票在旅客进站时办理,普速客运站以人工操作为主,高速客运站具备直接刷二代身份证或电子客票二维码进站的车站可由具备相应功能的自动检票机自动完成。

按照国家有关规定,车站办理实名制验证时,将对旅客、所持车票和票面所载的有效身份证件原件进行查验。票、证、人不一致(含成人持儿童票的情形)或无法出示有效身份证件原件的旅客,不得进站乘车。无法出示有效身份证件原件的旅客,可到车站铁路公安制证口办理乘坐旅客列车临时身份证明。

车站在各候车区入口处设立实名制验证通道,旅客进站乘车的时候,车站客运员和公安人员对旅客所持车票和票面记载的有效身份证件信息进行查验。旅客应持车票和票面记载身份信息相符的本人有效身份证件原件进站乘车。持减价优惠(待)票的旅客,需同时核对符合优惠(待)票规定的凭证。票、证、人不一致或无法出示有效身份证件原件的旅客,不得进站乘车,应到车站铁路公安制证口办理临时身份证明或经铁路公安部门核实身份后,方可检票乘车,由此耽误乘车的责任由旅客自负。

使用其他证件购买铁路电子客票的旅客,凭购票时所使用的乘车人有效身份证件原件,通过人工通道完成实名制验证、进出站检票手续。持儿童票的旅客乘车时,须凭购票时所使用的本人或同行成人的有效身份证件原件,通过人工通道办理实名制验证、进出站检票手续。

2. 安全检查

为了给旅客旅行生活提供便利,旅客可以将旅行中需要的物品(如提包、背包、行李袋等)携带进入乘坐的列车内,这些随身携带进入列车的物品由旅客自行负责看管。但为了维护车站、列车内的良好秩序,保证运输安全,方便旅客进出站、上下车,必须对旅客携带品的范围有所限制。同时,铁路运输企业要在售票厅、候车室和列车内加强对旅客携带品的宣传,让广大旅客知道携带品的范围及超过范围的处理,以免旅客把违章物品带进站、带上车。

车站还配有危险品检查仪、安全门、手持金属探测器等安全检查设备,可以对旅客及其携带品、小件寄存物品实施安全检查。

安检系统主要由 X 射线检查系统主机、安检操作台、传输设备等组成。通过 X 射线安全检查设备,对旅客行包进行安全检查,防止旅客携带容易引起爆炸、燃烧、腐蚀、毒害或有放射性的物品及枪支、管制刀具等可能危害公共安全的物品。

(三)候车及问讯组织

1. 问讯服务

车站候车区域应设有问讯处(服务台、遗失物品招领处),问讯处的位置应适当,标识应醒目,并配备信息终端和存放服务资料、备品的设备。车站问讯处的基本任务是正确、迅速、主动、热情地解答旅客旅行中提出的各种问题。问讯处应根据客流动态及车站具体情况进行宣传和组织工作,尽可能使旅客在旅行中不发生错误。

当旅客问讯时,工作人员应面向旅客站立(售票员、封闭式问讯处工作人员办理业务时除外),目视旅客,有问必答,并且回答应准确,解释应耐心。遇有失误时,工作人员应向旅客表示歉意。对旅客的配合与支持,表示感谢。随着人工智能的发展和普及,有些车站开发运用智能问讯和导向机器人提供服务。

2. 候车服务

候车室是旅客休息和等候乘车的场所,昼夜都有大量的旅客,而且流动性很大,车站必须为旅客创造一个良好的候车环境。候车室一般实行实名制凭票候车的方法,但对那些夜间下车不能回家的旅客也准许他们在候车室休息。较大的车站可按旅客去向设置候车室或按车次、席别、客流性质设置候车室。候车室工作人员应保证候车室有良好秩序,要主动、热情、诚恳、周到地为旅客服务。

四、乘降工作组织

(一)导向信息组织

1. 综合信息发布

信息发布设备主要是指提供旅客在客运站内需要了解的关于列车运行、客票发售等方面的静态和动态信息的设备,其形式有音频、视频、文字、图像、声音等。

此类设备既包括宣传栏、布告栏、扬声器、扩音机、广播台、广播室等传统的设备,也包括电视、LED显示屏、多媒体终端、计算机、网络及微机室等现代化设备。

2. 广播语音导向

客运站的广播对客运工作人员起着指挥生产的作用,对旅客起着向导作用。通过广播,可将车站的接发车准备、检票、乘降等工作及时传达给工作人员,以便按照统一的作业过程,有条不紊地完成各项工作。通过广播,将列车的到达、出发时刻及其他有关事项通知候车室、广场和站台上的旅客,以便组织旅客及时进出站和上下车。广播语音导向组织主要依靠车站的广播系统来完成,良好的设备是广播信息导向的保障。

(1)车站的广播系统。车站的广播系统主要用于语音广播,基本由业务广播和消防广播两部分组成。正常情况下进行业务广播,向站内的旅客提供信息,实时进行业务、宣传、临时、紧急、背景音乐、资讯广播等,让旅客顺利地进站、乘车、出站;在出现火灾等紧急情况时进行消防广播。

(2)车站广播系统的广播方式。车站广播系统的广播方式包括人工广播和自动广播(含半自动),可提供中文普通话、英语等多种语言。常用的广播技术包括数字化、网络化技术,语音合成技术,环噪补偿技术。

(3)铁路对广播工作的具体要求。

①认真执行党的方针政策,充分发挥广播对旅客的服务、宣传、组织作用。

②广播员应按照列车到开顺序和旅客候车规律编制广播计划,做好安全、服务、卫生和旅行常识的宣传,按时转播中央人民广播电台的新闻,适当播放文娱节目。

③转播时要预先确认,认真监听,严防误转错播。广播员直播时要事先熟悉材料,做到发音准确,音量适宜,语言通俗易懂,并要积极收集资料丰富广播内容。

④广播员应勤与运转室联系,准确掌握列车运行情况,遇有列车晚点及作业变化及时广播通告。

⑤广播员要爱护机械设备,熟悉机械性能,精心使用,严格管理,认真执行操作规程。

(二)进站检票组织

车站检票作业可采用自动检票和人工检票相结合的方式,部分采取检票和实名制查验合设的车站,还应对人员身份信息进行核验。对于持磁介质车票的旅客可通过自动检票通道进站上车,对于持纸质车票的旅客需要客运员检票后方可进站上车。

持磁介质车票的旅客可使用自动检票机自助完成检票。每台检票机直接接收客运站检票服务器的检票计划,对于进站或出站检票,根据检票日计划检查磁票的有效性。如果检票通过,则在磁信息中写入检票标识的同时记录检票存根。持磁介质车票的旅客在操作时右手持票,票面朝上、正反两个方向插票,车票经车票入口进入自动检票机,当被检验的车票为有效票时,车票被送到车票出口,供旅客收回,同时警示灯与通过指示灯亮绿灯,旅客收回车票后,闸门打开,通道开启,允许旅客通过;当被检车票的车票为无效票时(包括车票的日期、时间、车次、检票口地点不符合本自动检票机所检的列车车票),车票被退回车票入口,供旅客收回。同时警示灯与通过指示灯亮红灯,闸门关闭,阻止旅客通过。

旅客持电子票进站检票时,检票机通过接收的检票计划对乘车旅客的购票证件进行检验。旅客通过检票机时将购票时的可读实名制证件放在机器的感应区域,证件相符(含刷脸验证)闸机开放予以通行,同时记录检票信息,不相符则不予放行。

自动检票闸机、车站手持移动检票终端在识读旅客身份证件时所做的进站、出站记录分别作为铁路旅客运输合同运送期间的起、止凭证。

其他不可机读证件,应在人工检票口,由工作人员扫描二维码或手工输入证件号码,并核对证件后进行检票。

(三)站台乘降组织

高速铁路车站站台上应设置动车组列车停车位置标。动车组列车在车站办理客运业务时,需固定股道、固定站台、固定停车位置,设置位置由各铁路局集团公司规定。该标识为表面采用反光材料的金属字牌,位于写有动车组列车停车的位置。由于8节编组及16节编组的动车组列车的停车位置不同,且各车型车门位置不统一,因此,应分别进行标记,并通过广播告知客运工作人员及候车旅客。

列车进站停车时,司机按动车组列车位置标识停车。确定列车停稳并对准停车位置标识后开启车门。动车组列车在站台停靠时间短,对乘降组织要求高。站台候车主要依靠设备而一般不需要专门的客运员进行管理。站台上通过设备以不同颜色区分不同线路的列车,以鲜艳的颜色标出候车安全线。在站台地面上设置明显的各种车型门位标记,以便组织旅客提前按车厢位置标识排队,并在列车停稳后快速上下车。

第二节 乘务工作组织

一、乘务计划的编制

乘务计划包括乘务交路计划和乘务排班计划。乘务交路计划通过旅客列车乘务交路图体现,是乘务员的日工作计划,也是乘务计划的核心内容,更是编制乘务排班计划的基础。乘务交路计划在给定的列车运行图及车底交路下确定完成某一天的列车运行图任务需要的乘务交路数量。乘务排班计划是基于乘务交路计划对乘务员在较长周期内的工作进行安排,并对每个乘务周期乘务员担当乘务交路的顺序进行安排,以满足乘务员的月度工作时间约束和其他针对乘务周期内乘务时间的约束。

一般情况下,乘务计划是根据既定的列车运行计划、车底交路计划、乘务模式等条件,考虑优化目标[如总的乘务时间成本最小、需求的乘务员(组)数量最小、乘务员(组)工作强度的均衡性等]对乘务员(组)在某一时期内的出乘时间、退乘时间、出乘地点、退乘地点、担当车次的时间和地点,以及休息时间和地点等给予相应的具体安排,以确保列车运行计划的完成。

编制乘务计划的阶段可以分为乘务交路计划与乘务排班计划两个阶段,这就是一般描述乘务计划的编制过程。

(一)乘务交路计划的编制

1. 乘务交路计划的编制原则

(1)最大限度地满足时间的接续性。

(2)最大限度地满足乘务工作时间的约束性。

(3)最大限度地满足乘务地点的接续性。

(4)最大限度地满足乘务区段的完全覆盖性。

(5)最大限度地满足最大连续作业时间原则。

2. 编制乘务交路计划的基本方法和步骤

(1)乘务区段的划分。作为乘务计划的基础数据,列车运行计划和车底交路计划按照乘务配属站和换乘站进行分割,以此得到乘务员能够值乘的最小片段,即值乘片段。

(2)乘务片段组合。由于乘务片段是乘务员完成值乘任务的最小工作单元,其长度不会大于乘务员一次出乘的最大工作时间。因此,按照乘务员规定的各相关时间标准对其进行进一步的组合优化。

(3)乘务交路方案选择。由于乘务交路的数量直接决定了所需乘务员的数量,所以乘务交路问题的实质是在可行乘务交路方案中选择以最少的乘务交路覆盖全部的乘务片段,即全部列出运行线均要有乘务员值乘。

(二)乘务排班计划的编制

对乘务交路进行不同的组合后即可生成较为可行的乘务排班计划。乘务排班计划的类型决定了乘务员在周期内执行的乘务排班方案特点,在乘务员执行的排班方案不同的情况下,乘务排班计划的编制可以通过生成可行乘务排班方案,然后根据各项评价指标择优的方法来实现。而该方案要满足周期内乘务员所需的培训及休息等各项时间标准。

由于各个乘务交路的完成时间各有区别,所以组合产生的可行乘务排班方案中的工作人员的值乘时间也不完全相同。因此,应该根据国家相关劳动时间规定,尽可能使得各计划中的各个方案的值乘时间趋于均衡,从而确保乘务员(组)在各个周期内拥有比较均衡的工作强度并且符合实际要求。

各班组中乘务员在担当乘务交路计划时,乘务工时应尽可能均衡,符合月度乘务总工时的规定和国家相关劳动法规,既不能超工时劳动,也不能欠工时劳动。随着高速铁路新线的不断开通运营,列车运行图面临经常性的调整,列车运行图调整直接影响乘务交路计划的编制工作,所以凭经验手工编制已经不能满足高效编制的需求,因此,铁路不断开发自动或半自动编制的系统,如客管系统中有"车底交路计划""乘务交路计划""实际乘务交路""乘务交路调整"等。

二、乘务作业组织

(一)始发出乘作业

1. 普速列车长始发出乘作业

(1)入库接车。

①整理着装。例如,整理制帽、肩章、臂章、领带、纽扣、胸卡、制服、皮鞋、袜子等。

②检查人容。检查乘务员的人容着装达到标准。

③列队入库。组织列队,前后设防护,执行"一停、二看、三通过"。

④集体登车。使用乘降梯,设置专人防护,依次登乘车底。

(2)集合传达。

①集合点名。将全体乘务员集中到指定车厢点名。

②传达任务。传达上级指示命令、重点任务、本趟工作计划、安全预想。

③试问业务。抽查乘务员本趟的重点业务。

④组织上岗。安排乘务岗位,组织及时到岗。

(3)接车检查。

①设备检查。了解各车厢、各岗点安全设备、重点部位、服务设施、备品的情况,对存在的问题进行及时妥善处理,填记"三乘"检查记录,并追踪修复情况。

②协调处理。发现设备问题、异常情况后,应协调相关人员及时解决,对不能修复危及行车安全和服务质量的重点问题立即汇报派班员及相关部门领导。

③库内巡检。检查各工种出库质量标准的落实。

④整理签阅。填写乘务报告、"防火台账"等资料,检查广播计划的编制情况,及时签阅。

⑤交接签认。鉴定全列卫生,与保洁组长交接签认考核。

(4)准备进站。

①整理人容。清洗补妆、整理着装。

②车动检查。在车底顶送时,检查乘务员执行推拉车底作业情况,进站时,在车门口立岗。

(5)派班点名。

①摘抄命令。到派班室报到,听取派班员传达上级重点要求、命令、本趟工作重点,摘抄有关命令指示及核对出乘人员名单。

②请领票据。到票据室领取票据、补票机,核对程序,确认补票机、电池、站车无限交互机等设备作用良好。

(6)站台作业。

①了解客流。与车站值班员联系,了解当趟计划客流及重点旅客情况,做好乘降组织。

②定位引导。车站检票时,规定位置立岗组织引导旅客均衡乘车。

③安排重点。对重点旅客,妥善安排,遇有各级领导检查,做好接待、安排。

④铃响查看。查看乘务员铃响作业执行及外挂设备摘取情况。

(7)始发作业。

①召开会议。召开"三乘"会议,传达当趟工作重点,记录签认。

②巡检车厢。逐车厢巡查安全制度、始发作业的落实情况,听取乘务员车内情况(重点)汇报,对行李车、邮政车、发电车等特种车重点检查,填记巡检记录。

③三品查堵。与乘警长、安全员共同组织休班乘务员进行车内危险品检查

工作。

④核对铺位。核对铺位,复检车票,并夹剪确认,检查公免票的使用,确认证件齐全并签认,之后将票据加锁,组织及时发售空余卧铺。

2.高速动车组列车长始发出乘作业

(1)出乘准备。列车长应提前2小时到派班室报到,摘抄命令及相关内容,听取派班员对重点工作的布置;确认当日担当乘务情况,核实乘务名单,核实当趟考勤情况;请领站、车无线交互系统、GSM-R手持终端、移动补票机和票据;在乘务日志上填写本趟重点工作要求安全预想;做到按时出乘,命令指示记录准确、无遗漏,乘务任务明确,有重点。

列车长还应检查通信设备、补票设备的使用状态,召开出乘会议,检查乘务员的仪容仪表、着装、上岗证和健康证、备品情况,布置乘务趟计划和安全预想。

(2)出乘接车。乘务员应全体佩戴制帽,统一右手拉箱,右肩背包,列车长走在乘务员的前面,列纵队进站台接车。在站台列车中间车厢的相应位置,列车长分别向餐服人员和保洁人员传达命令、文件及重点工作安排,检查健康证、上岗证的携带情况。组织餐服人员和保洁人员,面向站台或线路方向,以列车长、餐服长、保洁组长为第一位,三队横向一字排开,乘务箱、包统统一放置于每人右侧,以立岗迎客的标准站姿迎接车底进站。

列车长和乘务员在列车进站时应面带微笑行注目礼,在列车停稳后,乘务员接车或与对班进行交接。列车长电台通知本务司机乘务班组到岗,打开全列车门,组织集体等车,在餐吧车车门处与终到班组列车长进行交接,与司机、随车机械师、乘警核对对讲机频道,检查列车整备情况,组织客运、餐饮、保洁乘务员按分工区域,对服务设备、车厢卫生、书刊清洁袋摆放等进行检查并办理交接。

(二)途中作业

1.普速列车长途中作业

(1)巡视车厢。

①全列巡视。各站到站前、开车后巡视车厢,了解重点旅客的安排及下车情况,检查首问首诉负责制落实情况,并追踪解决。

②交班巡视。交班前,检查各工种交班卫生作业及资料填记情况。

③重点巡视。针对性地检查安全、路风、留言簿、特种车及相关岗点作业

情况。

④入夜巡视。入夜前,检查各工种入夜作业的落实,核对清查铺位,走访重点旅客。

⑤夜间巡视。检查各工种夜间值岗及作业的落实。

(2)组织客流。

①到站组织。到站及时下车,与站方办理交接事宜,均衡组织旅客安全乘降。

②预留组织。提前到预留车厢,组织旅客安全乘降,防止旅客对流。

③重点组织。遇有特殊任务,妥善安排,周到服务,确保安全。

④待避组织。停车超过30分钟的车站(区间),及时和上级领导联系,将情况通知各乘务员,做好旅客安抚工作。

⑤超员组织。准确掌握客流情况,及时拍发超员电报,深入车厢疏导客流、行包,维护车内秩序。

(3)检查餐售。

①售货检查。检查价目表、品种、保质期,并在销货单签字。

②供餐检查。检查餐前准备、餐中秩序、饭菜质量、工作标准。

③消毒卫生。检查供餐前后、大站前餐具及容器消毒、卫生恢复情况。

④餐后小结。参加餐车小结会,了解经营收入,提出建议要求。

⑤乘务用餐。同乘务员集体用餐,检查乘务用餐管理规定的落实,监督乘务饭菜质量。

(4)查验车票。

①全列查票。按规定区段查验车票,打印标记。

②入夜核查。入夜前,检查票据更换情况,复检车票,核对铺位。

③票款检查。随时检查票据加锁、票款管理、资料填写,掌握收入情况。

(5)应急处置。

①突发事件。遇有各类突发事件,立即到场、组织实施;必要时启动应急预案。

②晚点处置。列车晚点,坚持广播致歉,走访、安抚旅客,协调解决重点事宜。

(6)车长交接。

①办理交接。与对班列车长办理全面交接。

②撤班休息。回宿营车按铺休息。

③接班作业。接班后组织传达,及时深入车厢,了解车内情况,组织乘务员作业。

2. 高速动车组列车长途中作业

(1)开车后作业。列车长在开车后巡视车厢,检查行李摆放情况,提醒旅客将大件行李及铁器、锐器等不适宜放在行李架上的物品放在指定位置并自行看管;做好重点旅客服务工作;查验车票、解答旅客问讯,检查保洁、商务座、餐吧人员的作业质量。

列车长应做到让车厢内旅客的行李物品摆放平稳,保持通道畅通;核对空余座位,处理违章;态度和蔼,执行规章熟练准确,减少对旅客干扰;卫生随时清理,质量达标;了解并掌握商务座、特等座、一等座的旅客需求,开展重点服务。

(2)运行中作业。列车长检查途中保洁作业情况,督促保洁人员在规定的时间内完成作业内容,督促保洁人员对车内的卫生和垃圾随时进行清理;随时检查卫生间及洗面间的卫生情况,保证列车卫生质量,并根据查出的卫生问题及时提醒保洁人员和乘务员进行快速恢复和弥补;督促保洁人员对卫生间、洗面间、通过台、车厢内卫生随时进行整理,做到卫生质量达标,巡视有记录,保持全程卫生质量。

列车长检查和掌握餐饮供应情况,核对售货品种和价目表,检查食品包装、生产日期等信息;检查餐吧服务人员工作标准、服务规范、着装、用语、售卖、唱收唱付,了解旅客对饮食供应的满意程度;检查餐吧工作人员落实作业程序、电器设备使用安全状态;供餐时间检查餐吧车卫生清理和保持情况;巡视和检查乘务员对商务座、特等座、一等座旅客的服务落实情况,掌握商务座、特等座、一等座旅客的动态情况;做到落实每趟乘务检查制度,把住食品卫生关,做好旅客的食品供应工作和卫生保持工作。

列车长每一小时巡视车厢一次,掌握车内旅客动态,处理服务过程中的各类问题,为重点旅客提供相应服务;做到耐心解答旅客问讯,处理旅客问讯时适宜灵活机动,解释到位,汇报内容准确。

(3)中途停车作业。列车长按规定时间提前通告站名,提醒下车旅客;当列车停车时,及时观察各车厢旅客的下车情况;遇有车门故障时,及时组织旅客从其他车门下车;与车站办理交接;观察旅客乘降情况,及时通告列车关门;做到通告语言规范、音调适宜;宣传到位,防止旅客越站;通告及时,用于规范;交接清楚,掌握重点,重要事项有签字。

(三)终到退乘作业

1. 普速列车长终到退乘作业

(1)站前作业。

①卫生检查。检查各车厢终到前的卫生,达到终到"三不带"(不带垃圾、不带污水、不带粪便)。

②联系保洁。结合列车卫生情况,联系保洁人员确定重点保洁项目。

(2)站停作业。

①办理交接。与站方值班员办理交接事宜。

②统计遗失。统计各车厢乘务员上交的遗失物品,编制客运记录交站。

③防火检查。对座席铺下、暖罩四周、厕所门后等阴暗部位进行检查。

(3)集合退乘。

①定点集合。组织乘务员在站台指定位置集合,对本趟的工作进行点评和小结。

②列队出站。依次列队到宿营车取乘务包,走规定路线退乘。

(4)终到汇报。

①押送三款。协同公安乘警与列车办公席、餐车长、售货员共同到指定地点交三项收入的款额,达到准确无误。票据及电子补票机等备品及时入柜加锁。

②派班汇报。到派班室向派班员汇报本趟列车的工作重点、突发事件、各种数据及相关事宜。

③车队汇报。向车队领导汇报本趟的工作重点、突发事件、各种数据及相关事宜,及时上报设备问题等重要内容。

(5)入库交车。

①门窗检查。检查全列车门、车窗锁闭情况。

②安全检查。检查电暖器罩、茶炉室、翻板下。

③停止作业。车底顶送时,停止作业,定岗坐稳。

④库内看车。按要求落实库内看车制度。

⑤交车退勤。交接完毕后,在行李车处集合,对本趟的工作进行点评和小结。使用乘降梯,设专人防护,集体下车,列队出库,前后防护,执行"一站,二看,三确认,四通过"制度。

2. 高速动车组列车长终到退乘作业

(1)终到前作业。

①列车到站前,掌握车内旅客终到情况,对有特殊需求的旅客需与车站提前联系。

②全面巡查乘务员、保洁人员、餐饮人员的工作状态。

③进行全面卫生恢复,检查车内卫生、备品的定型定位、消耗品的补充和缺失情况。

④核对补票、收款情况,了解并掌握餐车的经营情况,到站前按规定时间进行终到站前通告。

⑤做到保证旅客和动车组列车的安全正常运行,落实终到卫生质量标准,票款相符。

(2)终到后作业。

①列车到站后,向旅客道别,协助重点旅客下车。

②旅客下车完毕,迅速巡视车厢,检查有无旅客遗失物品等,发现问题及时处理。

③列车长在餐吧车位置与车站客运值班员办理重点旅客、遗失物品等业务交接。

④做到言行规范,帮助重点旅客要主动热情;动作要迅速,检查要仔细;发现问题,按规章处理;交接清楚,手续完备,迅速准确。

(3)退乘作业。

①旅客下车后,检查卫生间内外、洗面间上下、通过台前后、电茶炉周围、自端门玻璃卫生。

②检查列车到站折返保洁对车内地面清扫的洁净度、门边、滑道、列车外皮擦拭的卫生质量。对保洁验收中检查出的问题,要求保洁人员当场弥补,达到要求后方可签认合格,对质量差、问题重复发生,或保洁人员不听指挥,不及时整改问题的,签注不合格。做到保洁情况清楚,鉴定结果准确。

③通知司机关闭车门。

④召开退乘会,列车长根据乘务任务完成情况总结乘务员在服务、卫生及联劳协作方面存在的共性和个性问题,填写"乘务日志",车长带队在前、办公席背包中间、乘警后面护送、右侧提拉乘务箱、走固定线路,统一列队带领乘务组退乘。做到讲评全面,记录翔实;按规定对乘务员、餐服、保洁进行考核;着装整齐,精神面貌良好,列队退乘。

⑤向派班室报告一趟工作情况,按规定交接票务、设备。做到设备状况、数量交接清楚,手续完备。

第三节　铁路客运站、车交接

一、编写客运记录

(一)客运记录的编写

客运记录作为铁路统一的交接凭证,应按统一的格式和要求进行编写和签认,其基本要求如下:

(1)据实填写,事项齐全。编写的客运记录应内容准确、具体、详细、齐全、完整,如实反映情况,不得虚构、假想、臆测。当涉及旅客车票时,应有发到站、票号;当涉及行李、包裹票时,除应有发到站、票号外,还应有旅客、发(收)货人姓名、单位、物品品名、数量、重量等,不得漏项。

(2)简要写明记录事由,即为什么要编写此记录,如移交遗失物品等。

(3)记录第一行应明确写出抬头,即交接时接收方的官方称谓,如××站等。

(4)记录内容应精炼,层次清楚,叙事完整,目的明确;语言简练,书写清楚,不得潦草,不写自造简化字。

(5)记录词句应本着"实事求是"的原则,做到具体、准确,不应凭猜想、可能评断,或者似是而非、含糊不清。

(6)涉及数据、名称、单位、姓名、性别、年龄、发到站、座别时间、伤势状态、程度等应尽可能准确。

(7)涉及退票款内容应记录原票种类、发到站、票号、座别、铺别、后补票号及应退票价(票号字头应抄全)。

(8)涉及移交车票时应记录票种票号。

（9）涉及移交物品时应记录名称、数量、款额、证件名称。

（10）记录内容要符合铁路的规章制度，词句不应出现命令、质问、强制性，以及不尊重站方的语句。

（11）移交旅客遗失物品（包括外宾物品）时，在能判明旅客下车站时应注明旅客的下车站。

（12）移交人员附带材料、人民币、证件、档案材料时，一定要在记录上注明。

（13）凡是手工填写交接的记录一定要接受人签字。

（14）客运记录应有顺序编号，加盖编制人名章。客运记录一式两份，一份交接收人，另一份由接收人签字后自己留存。对留存的应装订成册，妥善保管，以备存查。客运记录保管期限为 1 年。

（二）站、车编制客运记录的范围

1. 铁路与旅客之间事项的记录

铁路与旅客之间因某些事项需编制客运记录的情况包括：

(1)挂失补办车票后需退票时。

(2)卧铺车票席位发售重号，列车无能力安排铺位导致旅客到站退差时。

(3)因车辆故障中途甩车、线路中断等，应退还旅客票价或票价差额时。

(4)因空调故障，应退还旅客票款或票价差额时。

(5)发现误售误购车票，需由正当到站退还旅客票价差额时。

2. 列车编写交接事项的记录

列车编制客运记录交车站客运工作人员，需车站客运工作人员签认，由车站协助办理的范围如下：

(1)旅客误乘列车或坐过站，移交前方停车站免费送回时。

(2)对无票乘车、违章乘车、拒绝按章补票的人员，责令其下车，移交县市所在地车站或三等以上车站处理（旅客的到站近于上述移交站时，应交其到站处理）时。

(3)旅客携带品超重、超大或携带妨碍公共卫生的物品、动物及能够损坏或污染车辆的物品，无钱或拒绝补交运费，移交车站处理时。

(4)发现旅客携带国家禁止或限制运输的物品、危险品，移交最近前方停车站或有关车站处理时。

(5)旅客在列车上发生急病或因病死亡，移交县、市所在地或三等及以上车站处理时。

(6)因意外伤害(包括区间坠车),导致旅客伤亡移交有关车站处理时。

(7)当旅客因纠纷发生伤害,将受伤者、死亡者移交有关车站处理时。

(8)列车发现无人护送的精神病患者,移交到站或中转站处理时。

(9)发现旅客违章使用各种乘车证,移交车站或转交有关部门处理时。

(10)发现车站多收票款或运费,转交车站退款时。

(11)发现列车装载的行李、包裹与品名不符,但不属于有意取巧或伪报一般品名者,以及发现实际重量与票面记载的重量不符,移交到站补收运费时。

(12)发现列车装载的行李、包裹中有政府限制运输的物品或危险品而伪报其他品名,移交到站或前方停车站处理时。

(13)伪报品名的行李、包裹损坏其他旅客的行李、包裹时。

(14)列车接到发站行李、包裹变更运输(包括行李误运)电报时。

(15)列车内发现旅客因误售误购车票而误运行李时,其托运的行李在本列车装运,应编制客运记录,交前方营业站或中转站向正当到站转运。

(16)发现无票装运的行李、包裹交到站按章补收运费时。

(17)行李、包裹在运输途中发生事故,移交到站处理时。

(18)其他与车站办理的交接事项。

3. 车站编写客运记录的范围

当有以下情形之一时,由车站编写客运记录:

(1)发生误售误购车票,在中途站、原票到站应退还票价时。

(2)将旅客遗失物品向查找站转送时。

(3)旅客在车站发生意外伤害时。

(4)车站向铁路局集团公司收入部门寄送因违章乘车查扣的铁路乘车票证时。

(5)行李、包裹票货分离,需补送行李、包裹或票据时。

(6)行李、包裹票货分离,部分按时到达交付,部分逾期时。

(7)行李、包裹装运后,旅客或托运人要求运回发站取消托运时。

(8)行包所在站接到行包变更运输的电报时。

(9)车站发现伪报品名的行李、包裹损坏其他行李、包裹时。

(10)在中途站、原票到站处理因误售误购车票而误运的行李时。

(11)线路中断,列车停止运行后,鲜活包裹在途中被阻,托运人要求被阻站处理时。

(12)在发站或中途站，行李、包裹发生事故或需要说明物品现状时。

(13)行李未到，旅客办理转运手续后，逾期到达时。

(14)其他情况需要时编写。

二、站、车交接业务办理

(一)站、车交接的位置

在旅客乘坐的列车到站前，客运值班员应提前到达站、车交接地点，列车长待列车停稳后在指定车厢下车，与客运值班员办理站、车交接。

普速列车站、车交接的位置一般在列车的中部站台位置。动车组列车办理站、车交接的位置，短编组动车组列车一般在第4、第5号车厢之间；长编组动车组列车一般在第8、第9号车厢之间；重联动车组列车一般在列车运行方向前组第7、第8位车厢之间。

(二)特殊旅客交接

1. 特殊旅客的范围

需要站、车共同完成交接的特殊旅客包括：

(1)特殊重点旅客。重点旅客是指老、幼、病、残、孕旅客。特殊重点旅客是指依靠辅助器具才能行动的需特殊照顾的重点旅客。

(2)误售误购车票的旅客。

(3)突发疾病的旅客。

(4)患有精神病的旅客。

(5)其他特殊情况需要办理交接的旅客。

2. 特殊旅客的交接

(1)特殊重点旅客。对特殊重点旅客要做到全面服务、重点照顾，做到"三知三有"("三知"是指知座席、知到站、知困难，"三有"是指有登记、有服务、有交接)，为有需求的特殊重点旅客联系到站提供担架、轮椅等辅助器具，及时办理站、车交接。承运人对特殊重点旅客要进行重点照顾，协助旅客办理进出站、候车、乘降、行包托运等业务。

(2)误售误购车票的旅客。站、车对因站名相似或口音不同发生误售误购车票的旅客应积极主动处理。当车站发现旅客误售误购时,客运员应立即报告客运值班员,客运值班员应编制客运记录,安排旅客返回正当到站,并与列车长办理站、车交接。当列车发现误售误购车票的旅客时,列车员应及时报告列车长。列车长应编制客运记录,与前方停车站客运值班员办理站、车交接。

(3)突发疾病的旅客。突发疾病是指旅客旅行时,在站、车内突发疾病,这时客运员应积极采取救助措施。当旅客发生急病时,应积极采取抢救措施,按照有关规定办理并做好站、车交接工作。

(4)患有精神病的旅客。《铁路旅客运输管理规则》中规定车站发现有人护送的精神病旅客,应通知列车长,并协助护送人员防止发生意外。对有人护送的精神病旅客,列车员应向护送人员介绍安全注意事项,并予以协助。

(三)特殊物品交接

1. 特殊物品的范围

(1)易燃、易爆等危险物品。当列车运行过程中发现旅客的携带物品中夹带易燃、易爆等危险品时,如果不移交车站,继续留在列车上会严重危及其他旅客生命和财产安全,因此需要及时移交车站,妥善办理站、车交接。

(2)旅客遗失的物品。旅客在车站候车、上车的过程中,经常有旅客将随身携带物品遗失在候车室或车站其他地方。在列车运行到到站下车时也经常有旅客将随身携带物品遗失在列车上。车站对本站发现或列车移交的旅客遗失物品进行转运时,也需要按规定办理好站、车交接工作。

2. 特殊物品的交接

(1)易燃、易爆等危险品的交接。在列车上发现旅客随身携带的物品中有易燃、易爆等危险品时,列车员应立即报告列车长,列车长及时到场并通知公安乘警,易燃、易爆等危险品的处理由公安乘警负责,以确保安全。

(2)旅客遗失的物品。当站、车上发现旅客遗失的物品时,承运人应千方百计地将旅客遗失物品归还原主,并严格执行旅客遗失物品的转交保管和交接制度。对于车站和列车发现的旅客遗失物品,应做好站、车交接,如旅客已经下车,应编制客运记录,移交下车站;不能判明时,移交列车终点站。

第四节　旅客运输安全管理

一、旅客运输事故处理

(一)旅客运输安全

1. 旅客安全运输的意义

保证旅客运输安全,是关系到人民生命财产和国家政治声誉的问题,必须十分重视。保证旅客运输安全,是我国铁路运输组织的基本原则之一,是客运职工为旅客服务的首要职责,是客运工作优质服务的重要标志。尤其是市场经济的今天,确保旅客运输安全是树立好企业形象,提高其在运输市场中的竞争力的最有力措施。因此,各级领导要经常对职工进行政治思想、安全知识和遵章守纪的教育,建立健全群众性的安全生产组织,经常开展"四查"活动(查思想、查纪律、查制度、查领导),抓事故苗头,挖事故根源,论事故危害,订防止事故的措施,牢固树立安全生产人人有责的思想,确保旅客运输的安全。

2. 旅客安全运输的措施

(1)维护好站、车秩序。客运工作人员必须经常向旅客宣传铁路安全旅行常识,认真执行岗位责任制。车站要有秩序地组织旅客进出站、上下车,随时清理站内闲杂人员,严禁旅客钻车和横跨股道。除指定车站作业的小型机动车(限速10 km/h)外,其他车辆严禁进入站内。列车乘务员要加强车门管理,严禁旅客背面下车,认真执行"停开、动关、出站加锁、四门瞭望"等安全制度。

(2)车站建筑物和站、车一切为旅客服务的设备,应经常保持良好状态。

(3)加强防火、防爆的宣传,严禁任何人将危险品带进站、带上车。对旅客携带品发现可疑时,站、车客运人员应配合公安人员检查,对查出的危险品,在车站应由旅客自行处理,在列车上移交最近前方停车站处理。列车长编制客运记录应是一式三份(一份交车站,一份交旅客,一份列车存查)。列车交下的危险品除易燃、易爆物品及放射性物品交公安机关处理外,其他物品交有关部门收购,所得价款寄交给旅客。

(4)车站发现无人护送的精神病患者,应严禁其乘车。对有人护送的,应通知列车长注意,协助护送人员防止发生意外。

(二)旅客人身伤害事故的处理

1.旅客人身伤害事故的定义

凡持有效车票的旅客,经检票口进站验票加剪开始,至到达目的地出站验票完毕时止(中转和中途下车的旅客自出站至进站期间除外),在旅行中遭受到外来、剧烈、明显的意外伤害事故(包括战争所致在内),以及由于承运人的过错,致使旅客人身受到伤害以至死亡、残废或丧失身体机能者,均属旅客人身伤害事故。

2.旅客人身伤害事故的现场处理

(1)处理办法。

①在站内或旅客列车上发生旅客人身伤害时,列车长或车站客运主任(三等以下车站为站长,以下同)、客运值班员应当会同铁路公安人员查看旅客受伤程度,及时采取抢救措施。列车上受伤旅客需交车站处理时,应提前通知车站做好救护准备工作。

②旅客在列车或车站内发生三人以上食物中毒时,列车长、车站客运主任(站长)应当及时通知前方停车站或所在站卫生防疫部门(疾控所)和公安部门,并做好现场保护工作。

③发生旅客人身伤害人数较多时,应当封锁事故现场,禁止与救援、调查无关的人员进入。

④发生旅客伤亡人数较多的事故车站、列车认为必要时,应请求地方政府协助组织抢救。

⑤发现旅客在区间坠车时应当立即停车处理(特快旅客列车不危及本列车运行安全时除外)。在不具备停车条件或迟延发现时,列车长应当通过运转车长通知就近车站派人寻找。同时,列车长应在前方停车站拍发电报,向事故发生地所属铁路局和列车担当铁路局主管部门报告。

⑥发生旅客人身伤害事故时,列车长、车站客运主任(站长)应当会同铁路公安部门及时勘验事故现场,检查旅客所持车票的票种、票号、发到站、车次、有效期及加剪情况等,收集不少于两份同行人或见证人的证言和有关证据,并保护好证据材料。

⑦收集证人证言时,应当记录证人姓名、性别、年龄、地址、联系方式、身份证号码等内容。证言、证据应当准确真实,并能够证明事故发生的过程和原因。

⑧列车上发生旅客人身伤害事故时,应当将受伤旅客移交三等以上车站(在区间停车处理时为就近车站)处理,车站不得拒绝受理。列车向车站办理移交手续时,列车长应编制客运记录一式两份(一份存查,一份办理站、车交接),连同车票、旅客随身携带品清单、证据材料一起移交。旅客人身伤害事故系斗殴等治安或刑事案件所致,列车乘警应在客运记录上签字。

⑨因特殊情况来不及编写记录的,列车长必须指派专人下车与车站办理交接,并必须在3天以内向事故处理站补交有关材料。

⑩当次列车因故未能将受伤旅客及有关材料及时移交,旅客在法定时限内向铁路运输企业索赔且能够证明伤害是在运输过程中发生的,事故发生列车应本着方便旅客的原则,移交旅客就医所在地车站或旅客发、到站处理,被移交站应当受理。

⑪车站对本站发生、发现或列车移交的受伤旅客应当及时送附近有救治条件的医院抢救;送医院须先缴纳押金时,可用站进款垫付;动用站进款时,须填写或补填"运输进款动支凭证",5日内由核算站或车务段财务拨款归还。

⑫受伤旅客住院期间的生活费由旅客垫付,如旅客或其家属确有困难,经事故处理站站长(车务段段长)批准,用站进款垫付;待事故责任明确后,由责任人或责任单位承担。

⑬受伤旅客在现场抢救无效死亡或在站内、区间发现的旅客尸体,经公安机关或医疗部门确认死亡后,车站应当暂时派人看守并尽快转送殡仪馆存放。对死者的车票、衣物等应当妥善保管并通知其家属来站处理。如死者身份、地址不清或家属不来时,或死亡原因系伤害致死需立案侦查时,可根据公安机关出意见处理死者尸体,必要时应对尸体做法医鉴定。尸体存放原则上不超过7天。

(2)事故通报。车站、列车发生旅客人身伤害事故时,应当立即向上级主管部门及有关铁路局主管部门拍发事故速报,条件允许时,应当先用电话报告事故概况。发生重大及以上伤亡事故时,应当逐级向上级主管部门报告。

(三)旅客发生急病、死亡的处理

1. 旅客发生急病时的处理

(1)持有车票的旅客在车站候车期间发生急病时,车站应立即送至医院急救,如系传染病应送传染病医院。

(2)旅客在列车上发生急病时,列车长应填写客运记录,送交市、县所在地的车站或较大车站,转送医院或传染病医院治疗。

(3)旅客在治疗期间所需的一切费用,应由旅客自负。

2. 旅客发生死亡的处理

(1)持有车票的旅客在车站候车期间死亡时,车站站长应会同公安部门、卫生部门共同检验,并按规定处理。如因传染病死亡的应根据卫生部门的指示办理。车站应通知其家属或工作单位前来认领。

(2)旅客在列车上死亡时,列车长应填写客运记录,会同铁路公安人员将尸体和死者遗物交给市、县所在地的车站或较大的车站,接收站按照在车站死亡时办理。

(3)对死者的遗物妥善保管,待死者家属或工作单位前来认领时一并交还。旅客死后所需费用,先由铁路部门垫付,事后向其家属或工作单位索还。

3. 无票人员发生急病或死亡时的处理

没有车票的人员,在站台或列车上发生急病或死亡时,由铁路部门负责处理。在候车室、广场等地发生急病或死亡时,由车站通知地方有关部门处理。

二、旅客运输阻碍处理

(一)运输阻碍的种类及造成的原因

1. 运输阻碍的种类

(1)列车撞车、颠覆、脱轨、坠河。

(2)列车发生火灾、爆炸。

(3)线路中断(含自然灾害、行车事故等)。

2. 造成运输阻碍的原因

(1)自然灾害,如水灾、雪害、冰雹、地震、泥石流等。

(2)旅客责任,如携带危险品、吸烟者乱扔烟头引起的燃烧、爆炸等。

(3)铁路过失,如设备陈旧、失修,职员素质低、基础工作薄弱、劳动纪律松弛、列车严重超员等引起的意外事故。

(4)其他原因,如坏人破坏、战争等。

(二)发生运输阻碍的应急处理

1.列车发生火灾、爆炸

(1)立即停车。列车运行中发生爆炸或火灾,发现火情的列车乘务人员特别是本车厢或相邻车厢列车员应立即拉下紧急制动阀,迫使列车停在安全地带。

(2)疏散旅客。列车紧急制动后,列车乘务人员应迅速指挥旅客疏散到邻近车厢,同时向列车长、乘警长报告。

(3)迅速扑救。列车长、乘警长在接到报告后,应立即组织、指挥义务消防队和其他工作人员进行扑救,并通知各车厢乘务员封锁车厢,严禁旅客下车、跳车、串车,防止意外事故发生,并为事后查明情况创造条件。

(4)切断火源。停车后,车辆、机车乘务员和运转车长要迅速将起火车厢与列车分离,切断火源,防止火势蔓延。

(5)设置防护。列车分解后,运转车长和机车乘务员要迅速设置防护。

(6)报告救援。列车长、运转车长和乘警长要尽快向行车调度员报告事故情况,请求救援。报告内容要简明扼要,要将车次、时间、地点、火势情况报告清楚,并应迅速向当地政府、公安机关和驻军请求支援。

(7)抢救伤员。在疏散旅客、迅速扑救的同时,要积极地抢救伤员。

(8)保护现场。在扑救火灾时,要注意保护好现场。列车乘务人员要采取多种措施做好宣传工作,稳定群众情绪,维持秩序,以免发生混乱。

(9)协助查访。列车长、乘警长要积极协助公安机关了解情况,提供线索,帮助侦破。

(10)认真取证。公安乘务民警应尽可能了解事故情况,索取证据,以利于现场勘查、侦查线索和查明原因。

全体乘务人员在列车发生爆炸、火灾后,必须按照分工坚守岗位,不得擅离职守,要在列车长、乘警长的统一指挥下,根据实际情况灵活果断地采取得力措施进行紧急处置。

2.列车发生撞车、颠覆

(1)设置防护。机车乘务人员(受伤、遇难时由其他人员)和运转车长负责迅速设置防护。

(2)报告救援。列车长、运转车长和乘警长要尽快向行车调度员报告事故情况,请求救援,并应迅速向当地政府、公安机关和驻军请求支援。

(3)抢救伤员。列车工作人员在抢救时要先重后轻、先伤后亡,并会同乘警控制现场,为查明原因提供依据。

(4)保护现场。通过宣传稳定秩序和保护现场,并可依靠旅客中的军、警、干部、工人等,防止坏人乘乱作案。

3. 列车被洪水围困

(1)列车立即退回安全地段(高坡、后方车站或线路所),退行办法按有关行车规定办理。

(2)必要时有组织地疏散旅客上高地或小山。

(3)设法报告上级,请求救援。

(4)通过宣传稳定秩序,组织保卫,以免发生混乱。

(5)组织照顾老、弱、病、残、孕、幼等重点旅客。

(6)联系地方居民组织饮食供应。

4. 列车被塌方阻挡

(1)立即退回安全地带或后方车站。

(2)迅速报告上级,听候处理。

(3)坚守岗位,维持好车内秩序,禁止旅客擅自下车。

(4)必要时可利用其他交通工具有组织地绕道输送旅客,防止发生混乱。

三、旅客列车运输安全保障

(一)旅客列车安全工作

1. 安全管理

列车长首先要抓好安全管理工作,经常对车班乘务人员进行政治思想、安全知识和遵章守纪的教育,提高乘务人员的安全意识,加强他们的责任感,掌握应急处理预案。

列车长应建立健全安全管理组织(防火消防队)和安全管理制度,经常开展查思想、查纪律、查制度、查领导的"四查"活动,制定防范措施。

搞好安全,列车长最重要的是检查落实各项安全规章、制度、措施的执行情况,抓好客运"七项卡死"制度,严把安全"十道关"。

客运"七项卡死"制度的内容为:卡死车门管理,卡死"两炉一灶"管理,卡死食物中毒,卡死油炸食品制度,卡死隔离车管理,卡死邮政、行李、加挂车管理,卡死出乘前、乘务中、折返站的纪律。

"安全十道关"是指边门关、"三品"关、烟头关、人身安全关、"三房一仓"关、重点旅客关、餐车关、行包关、行李架关、开水关。

列车长在巡视或检查中,发现车班人员违章违纪,应及时教育、纠正,并严格考核;发现设备隐患,及时处理,将事故苗头消灭在萌芽状态。

2. 安全宣传

搞好站、车秩序,列车长必须教育乘务人员经常向旅客宣传铁路安全旅行常识,加强防火、防爆、禁止携带危险品的安全宣传工作;劝告旅客不在无烟车厢内吸烟,不要将瓜皮果壳丢在取暖器或其他电气设备上,丢烟头时要将烟头熄灭;劝告旅客不要乱动车厢内的紧急制动装置,防患于未然。列车长应督促广播员做好安全宣传工作,以消除事故隐患。

3. 列车停站时的安全

列车停站时,列车长要督促列车乘务员注意旅客上下车的安全,维持好站台秩序,组织旅客排队,先下后上。在客流大时,列车长要将旅客分散在各个车厢,做到均衡输送。列车员在车门口看票上车,注意照顾重点旅客上下车的安全,严禁从背面上下车。停站时,为维持车内秩序,软卧包房、餐车、硬卧车要互相锁牢,做到"三不通"。

送亲友者一般不能上车,特殊情况已经上车的,开车前5分钟,列车广播及各车厢乘务员要通知他们下车,并站在站台安全线内。同时,列车员应动员在车门处的旅客回到车厢去,以免在列车开动时,车上、车下的人互相握手而发生危险。

列车在乘降所停车,由客运乘务员传递信号。这时一定要注意瞭望,列车长确认各车厢旅客上下完毕后,才能给运转车长信号。

4. 列车运行中的安全

在列车运行中,列车长要重点抓好车门管理工作,经常检查督促乘务员认真执行"停开、动关锁、出站台四门检查瞭望"的制度,牢记列车边门管理"四门制十句话",即"停开动关锁,自检互检要认真;临时停车要瞭望(左单右双),严禁上下防攀登;坚守门岗不离开,验票上车要执行;先下后上排好队,扶老携幼保安全;反面边门要注意,严禁旅客上下车"。同时做好宣传工作,动员旅客不要站在车厢连接处,不要手扶门框、风挡,不要将头手伸出窗外。锁闭车门时,要"一关、二锁、三拉、四销"。检查目的一是瞭望是否有人扒车,二是检查车门是否漏锁或锁件失灵。加强车门管理是维护旅客安全的重要保证,任何乘务员都必须严格执行车门管理制度,切不可掉以轻心。

乘务员应提醒带小孩的旅客看管好自己的小孩,以防意外发生。行李架上的物品应摆放平稳、牢固,较重的物品、锐器、杆状物品,玻璃制品等应放在座位下面。车厢内开水桶和锅炉间随时加锁。茶水员送开水时,壶加套,嘴加塞,稳步慢行。乘务员为旅客倒开水时,两脚站稳(列车过弯道或道岔时不倒水),对准杯子,不倒过满,避免烫伤旅客。

列车通过大桥、隧道时,乘务员提前锁闭厕所,动员旅客关闭车窗。运行中非工作联系,任何人不得进入行李车、软卧包房、餐车厨房和广播室,以保安全。

(二)列车消防安全

1. 消防基本知识

(1)火灾常识。火灾燃烧分为初始阶段、发展阶段、猛烈阶段、下降阶段和熄灭阶段5个阶段。燃烧在初始阶段时是扑救火灾的最佳时期,时间为起火后3~5分钟。

火灾分为A,B,C,D,E五类,即固体物质火灾、液体和可熔化的固体物质火灾、气体火灾、金属火灾及电气火灾。电气火灾既有季节性,多发生在夏、冬季;又具有时间性,许多电气火灾往往发生在节日、假日或夜间。

电气火灾种类有变压器火灾、配电盘火灾、电动机火灾、照明设备火灾、电热设备火灾、电焊设备火灾等。

灭火的基本原理就是要破坏或切断燃烧三要素的相互关系和作用,一般采用冷却、窒息、隔离和化学抑制4种方式。

(2)旅客列车的火灾原因及危险性。

①炉灶设备不良,使用管理不善。

②电气设备损坏、老化、绝缘不良和违章用电。

③在禁烟区域吸烟,乱扔烟蒂。

④旅客携带危险品上车或托运包裹内夹带危险品及列车安全设施损坏等。

⑤列车停站时顽童、盲流等上车人为弄火。

⑥电气线路、设备故障,特别是隐蔽部位电线未穿管保护,周围有易燃、易爆

品或可燃物。

列车火灾的危险性主要体现在车上人员高度集中,不易疏散逃生;灭火设施少;救援困难;火灾易于蔓延等方面。

2. 消防管理

(1)旅客列车防火领导小组的职责。

①认真贯彻执行上级有关消防工作的规定和部署,每月召开一次防火安全领导小组会议,总结、安排消防工作。

②组织车班乘务人员认真学习消防知识,定期进行考核,达到人人"三懂三会"。

③建立车班消防安全考核制度,检查督促乘务人员落实岗位防火责任制。

④组织防火检查,及时消除火灾隐患。

⑤做好对旅客的防火安全宣传教育工作,制定易燃、易爆危险品的查堵措施,组织乘务人员认真开展查堵工作。

⑥细化和完善扑救火灾事故应急方案,明确分工,定期进行演习,使乘务人员熟练掌握。

⑦建立车班消防安全台账。

(2)乘务人员"三懂三会"的内容。懂得本岗位的火灾危险性,懂得预防火灾的措施,懂得火灾的扑救方法;会使用消防器材,会报警,会扑救初起火灾。

(3)旅客列车防火安全检查规定。铁路局对列为铁路局防火重点的旅客列车,每年防火检查应不少于两次。每次检查都要将检查情况填入统一印制的旅客列车防火检查记录表,以备检查人员查阅。

客运段、乘警大队应分别组织有关干部和业务技术人员,对防火设施每季度检查一次。各车队对车班的消防工作,应结合其他安全业务,每月检查一次。车班的防火安全领导小组,要经常对车班防火制度的落实情况进行分析总结,列车长、乘警、乘检和其他乘务员,要对照自己的岗位防火责任制,认真检查落实。

列车防火防爆检查的重点部位:一是"两炉一灶一电"设备安全状况;二是配备的灭火器材的数量、质量;三是循环水泵箱、观察孔、煤斗箱、暖气管、座位下等阴暗隐藏处所是否有异常物品、可燃杂物和火种;四是各种消防标志是否齐全,通道是否堵塞。

(4)对旅客列车特殊工种在消防工作中的要求。铁道部印发的《铁路旅客列车消防管理规定》中明确规定:操作"二炉一灶"和空调、照明等电气设备的乘务人员,要经过专门的消防知识培训,取得合格证后方可上岗。

(5)客车"三乘联检"制度的规定。各车班应严格执行"三乘联检"制度,并将邮政车、加挂客车纳入车班消防管理。列车始发前,由列车长、乘警长、车辆乘务长对列车火源、电源和消防器材进行全面检查,运行中进行重点检查,到终点站后进行彻底检查;检查结果由检查人员分别签字确认,严禁代签、漏签和弄虚作假。

3.客车重点部位的消防管理

(1)"两炉"使用管理的基本要求。"两炉"必须设备良好,安全可靠。要由持有合格证的人员操作使用,并严格按照程序操作。在使用中做到"不漏水、不漏气、不滋火、不超温、不干烧";不用易燃液体引火助燃;向炉膛内加煤时要仔细检查有无爆炸物;清出炉灰用水浇灭;炉室内不准放杂物;人离锁闭炉室;停炉时要把火压好;停用炉室必须彻底清除可燃物,将门锁闭。

(2)餐车炉灶防火安全管理的基本要求。餐车炉灶不准使用临时电源吹风助燃,运行中严禁炼油。每趟往返进行一次清除炉灶、烟囱、排油烟罩的油垢,并认真填写清除记录。乘务人员严禁使用自备炉具和电热器具。

(3)配电间、工具间、乘务室的防火安全管理要求。配电间、工具间、乘务室内禁止堆放各种杂物,做到人离门锁,门窗玻璃透明无遮挡;配电柜、控制箱门锁必须良好,人离锁闭;乘务室内除备品和列车员必需用品外,禁止放置其他杂物,人离时必须确认室内无火种并将门锁闭。

(4)发电车防火安全管理要求。发电车内严禁闲杂人员进入,车内保持整齐清洁,无漏油、无漏水、无油污,严禁存放杂物。用弃的油棉应集中妥善放置,不得随意丢弃在发电车内。发电车内安装的火灾自动报警探测器每年应由有资质的消防中介服务机构进行一次清理,并做好相关的功能试验,出具测试报告。车辆乘务员应做好相应的运行记录。

(5)邮政车、行李车的防火安全管理要求。邮政车、行李车货仓要留有安全通道,其宽度不小于0.5 m,不得堵塞端门,照明灯具下方不准堆放物品。邮政车、行李车严禁使用明火或电炉等大功率电器烧水做饭。未经铁道部主管部门和公安消防机关同意,严禁擅自增设使用各种电气设备。

(6)客车电气设备使用管理要求。电气设备必须由持有合格证的人员检查维修,并严格按程序操作。车厢电源和电气设备必须保持状态良好,严禁乱拉电线、擅自加装电气装置,禁止在配电室、配电柜、配电箱内和电气设备上放置物品。保险丝容量必须符合规定标准,严禁用水冲刷地板。

除车辆出厂配属的电气设施外,增设其他电气设备必须经铁路局车辆主管部门及公安消防监督机构同意。

每辆空调客车乘务室内配备一把应急铁锤,乘务员要妥善保管,做好交接记录。

4. 客车消防措施

(1)发现车厢内有旅客违章携带的易燃液体溢出时的处置。发现车厢内有旅客违章携带易燃液体溢出时,乘务人员应立即动员旅客熄灭一切火种,及时开窗通风,并将溢出的易燃液体清除干净,剩余的应妥善处理。

(2)列车上查获或旅客主动交出的易燃、易爆危险品的处理。对列车上查获或旅客主动交出的危险品要做好记录,妥善保管,交前方停车站处理。对查获收缴的鞭炮、发令纸、火药等危险品应及时用水浸湿;对判明不了性质的危险品及其他可疑物品,严禁在车上进行试验。

(3)车厢内发生旅客携带的行李、包裹等一般可燃物起火的扑救。在火势没有蔓延的情况下,可先用车厢内的水将火扑灭。能不动用灭火器时尽量不用,防止扩大损失,造成惊慌。

(4)车内配电设备起火的扑救。电气设备发生火灾时,应立即切断电源,并用 ABC 干粉灭火器,迅速将火扑灭。

(5)餐车油锅起火的处理。油锅或其他容器内发生火灾时,可用石棉被或车上棉被、毛毯等织物浸水后,覆盖在锅口或容器上,火势就会熄灭。

(6)车内茶炉、取暖炉一旦缺水导致茶炉、暖炉温度过高的处理。立即打开炉门,采取封火、压火措施,待炉温降下后,再行补水。

(7)列车在区间发生火灾的处理。列车在区间发生火灾时,在上级领导和公安消防人员到达之前,火灾扑救工作由列车长组织指挥,其他人员密切配合。火灾扑灭后,列车长、乘警长、检车乘务长要对起火部位进行全面检查,确认火已经完全熄灭。在确保安全的情况下,根据有关行车调度命令,列车方可继续运行。

第九章 铁路旅客运输服务管理

第一节 铁路旅客运输服务概述

一、高速铁路运输服务的内涵及特性

(一) 高速铁路运输服务的内涵

1. 高速铁路运输服务的概念

有关服务概念的研究最早是从经济学领域开始的,从 20 世纪五六十年代开始延展到了营销管理领域。菲利普·科特勒(Philip Kotler,1994)对服务定义如下:一项服务是一方能够向另一方提供的任何一项活动和利益,它本质上是无形的,并且不产生对任何东西的所有权问题,它的产生可能与实际产品有关,也可能无关。格朗鲁斯(Gronroos,1990)对服务定义如下:服务一般是以无形的方式,在客户与服务人员、有形资源产品或服务系统之间发生的,它是可以解决客户问题的一种或一系列行为,在此过程中消费者的相关问题将得到解决。

借用以上理论,高铁运输服务的定义可以分为广义与狭义两种。从广义的角度讲,高铁运输服务是指铁路运输企业以无形的方式实现旅客(或货品)位移活动的需要,其核心价值体现在旅客(或货品)的位移上。从狭义的角度讲,高铁运输服务是指为实现旅客(或货品)位移的最终目的,服务人员、运输设备与旅客(或货主)的交互过程。总的来讲,高铁运输服务是指为了实现旅客(或货品)位移,由一系列无形性的活动构成的服务过程,该过程在旅客或货主与服务人员、

硬件、软件的互动中完成。

2. 高铁运输服务和运输产品的关系

从核心产品和形式产品这两个层次上说,高铁运输服务与高铁运输产品的内涵是一致的,而在其他层次上,"高铁运输服务"与"高铁运输产品"之间存在差异。这些差异主要体现为以下两点:一是认识角度不同,"高铁运输服务"是站在客户消费的角度强调客户消费的过程体验,"高铁运输产品"是站在运输企业生产经营的角度突出了企业经营载体和产品生产过程及市场营销、运作过程等,例如,运输企业向社会提供的客运产品,其服务内容及价格包含了相应档次的核心位移服务和辅助服务(服务包);二是认识特性不同,"高铁运输服务"主要表现在客户获得和消费服务时的功能性特征,突出了是如何获得的、在获得的过程中客户又付出了什么等问题,"高铁运输产品"主要表现在铁路运输企业给客户提供什么,突出了其技术性特征。其中,旅客可以在既有客运产品的基础上购买"升级"体验的延伸服务。

(二)高速铁路运输服务的特性

1. 无形性

高铁运输服务在本质上是无形的,无论是旅客运输还是货物运输,都是在一定空间范围内的"位移",它不能被触摸、品尝、嗅到,也不能被看到。从服务供给角度看,服务产品难具专利、易被模仿。从购买者角度看,无形性也给消费者带来更大的购买风险。从社会管理角度看,政府通过立法行政干预手段来规范企业经营,如应制定高铁客运服务质量标准。

2. 同步性

高铁运输服务生产和消费的同步性决定了其不能像制造业那样,依靠存货来缓冲或适应需求变化。在制造业中,存货可以用来分离生产工序,而高铁运输服务的这种分离是通过客户的等候实现的。客户在购买车票或填记货票时,高铁运输服务产品也仅仅是生产计划,客户得到的也只是消费该产品的凭证,生产客运产品的过程也就是客户消费此产品的过程。因此,高铁运输服务产品的质量管理必须关注其生产和消费的过程,加强质量控制及监管,并适时做好服务补救。

3. 参与性

高速铁路运输服务的参与性主要体现在旅客或货主参与服务的过程中,旅

客参与了运输过程的各个环节,货主只参与了其中部分环节。以客运为例,其参与性具体表现为:

第一,旅客作为参与者出现在高铁客运服务过程中,对服务设施的设计也有高要求。因为对于旅客来说,高铁客运服务是发生在服务环境(前台作业区)中的来自心理、行为等方面的综合体验,高速铁路客运站内部装饰、陈设、布局、色彩及噪声等都会影响旅客对高铁客运服务的感知。

第二,旅客在服务过程中可以发挥积极的作用。旅客的知识、经验、动机等都会影响服务系统的效果。旅客参与服务过程的直接好处是旅客扮演了临时员工的角色,一些原本由服务人员完成的工作可由旅客完成,如旅客通过自动售票机进行购票、退票等操作,通过自动终端打印报销凭证等,既可减少服务人员,又可扩展高铁客运服务的能力。

4. 矛盾性

高铁运输服务作为一种无形的"行为"或者"体验",其服务质量会由于服务提供者和消费者双方的个人因素发生变化波动,使其失去稳定性。高铁运输服务的波动有3种来源:

(1)服务人员。服务异质性的第一个来源是服务传递系统中的服务人员,如铁路部门可以要求高速铁路工作人员步调一致,强调标准化服务,但不同员工的认知和提供的服务在质量上可能存在差异,甚至天壤之别。

(2)服务对象。旅客、货主感知的服务质量因自身思想状况、个人素质、心理预期、偏好情况等不同而有较大差异。此外,旅客还会受其他旅客行为和表现的影响。

(3)服务环境。一些外部因素也会影响客户对服务的评价,如旅客购票时是否已有很多人在排队、列车运行中是否出现颠簸等。这些外部因素不仅会对客户造成影响,而且有时难以被服务提供者及时发现并控制。

高铁运输服务的异质性增加了服务质量中人为因素控制的难度。为了减小服务异质性造成的影响,一方面应提高服务标准化、规范化程度,设立合理、量化程度高的服务标准,建立严格的服务监督机制和奖惩制度,强化员工培训等;另一方面可以授权一线员工,建立激励机制,提高其工作满意度。

5. 不可储存性

与工业制成品不同,高铁运输服务一旦未被出售或消费,其价值就永远地失去了,无法储藏。因此,高铁运输服务具有很强的时效性和易逝性,如高速铁路旅客列车上的空座位。这给运输企业经营带来了很大的风险,也对服务设备和能力的配置等服务容量调节问题提出了更高的要求。在充分考虑客货运输服务需求波动性的条件下,运输企业应该兼顾提高运输服务质量、提高企业经营效益、降低运输服务成本的多重需要。

6. 不可转移性

高铁运输服务的不可转移性指高铁运输服务产品的所有权不可转移。生产与消费的同步性,使所有权转移消失,客户付出的服务费用直接转化为自身的效用,如旅客到达目的地后,手里只有作废的车票;货物到达目的地,货主取货完毕后,托运单立即作废。

二、高速铁路运输服务的分类及内容

(一)高速铁路运输服务的分类

1. 按照服务形态划分。

按照服务形态可将服务分为有形服务和无形服务两类。有形服务指作用于人身体或商品(有形物品)的服务,如保健、美容、餐饮、设备维修等。无形服务指作用于人头脑或无形资产的服务,如教育、广播、咨询、保险等。

高铁运输服务既有有形服务,又有无形服务。例如,高速铁路站车提供的餐饮服务为有形服务,高铁客站列车信息广播为无形服务。

2. 按照销售时间和服务时间划分

按照销售时间和服务时间可将服务分为售前服务、售中服务和售后服务三类。售前服务指服务时间早于销售时间的服务;售中服务指服务时间与销售时间同步的服务;售后服务指服务时间晚于销售时间的服务。

高铁运输服务既有售前服务,又有售中服务和售后服务。高铁客运服务以旅客与运输企业实施交易为界,售前旅客可进行出行信息查询;售中是从运输服务环节上看的,其中,"售票"是交易环节,也是服务过程的主要内容;售后旅客可根据服务满意程度通过 12306 进行投诉或表扬。高铁货运服务以货主与运输企业实施交易为界,售前包括货主可查询货票、选择运到期限等信息;售中包括货品位置查询服务;售后包括货损理赔等服务。

3.按照与客户的接触程度划分

按照服务提供过程中与客户接触程度可将服务划分为"高接触度"服务、"中接触度"服务、"低接触度"服务三类。"高接触度"服务指客户亲自到服务场所,并且在服务传递过程中积极配合服务组织,协助工作人员工作。"中接触度"服务指在服务过程中客户与服务提供者接触程度较低,客户到服务提供者的场所,但是在整个服务传递过程中客户不必一直在场,客户同服务者接触的目的或是建立关系确定问题,或是取送需要服务的实物,或仅仅是为了付款。"低接触度"服务指在服务过程中不涉及客户和服务提供者之间任何的面对面接触过程,服务是通过电子媒体或分销渠道实现的。

4.按照服务生产过程的特点划分

按照服务生产过程的特点可将服务分为专业服务、批量服务、服务店铺和批量定制服务4种。专业服务指批量小而产品类型较多的服务。专业服务个性化程度高,服务系统的组织以人员为主,如心理咨询、律师等。批量服务指产品类型少而生产批量大的服务。批量服务个性化程度低,服务的标准化和程序化程度都很高,设施设备在服务系统中占有主要地位,如大型超市、机场服务等。服务店铺指生产批量和产品类型介于专业服务和批量服务之间,服务的提供需要人员与设施设备的组合,如银行、餐馆、宾馆等。批量定制服务属于批量和产品类型都处于较高水平的服务。

高铁运输服务基本属于批量服务,高铁运输企业属于路网性企业,运输服务产品的生产属于"流程"化服务过程,即一次高铁运输服务需要若干个铁路运输企业(含各铁路局集团公司或地方铁路等其他运输企业)分段提供相应服务,从市场和客户消费角度看,铁路运输企业应向社会提供统一性的标准化服务。为了提高服务质量,各铁路局集团公司制定共同的基本服务标准,进行全过程统一服务。当然,随着高速铁路服务能力的提升,铁路运输企业可以运用新技术新设备,不断增加服务类型差异化,提供批量定制化服务。

5.按照提供服务的主体划分

按照提供服务的主体可将服务分为以设备为主的服务和以人工为主的服务两种。以设备为主的服务指主要靠设施设备向客户提供服务,如高速铁路自动售票机提供的售票服务。以人工为主的服务指主要靠员工向客户提供服务,属于劳动密集型服务,这类服务对服务人员的素质要求更高,如车上补票、窗口办理高铁快运业务等属于以人工为主的服务,这要求服务人员热情、周到。

6. 按照与企业的关系划分

按照客户与服务组织的关系可将服务划分为会员关系服务、无正式关系服务两类。会员关系指服务企业对常客户提供相对固定的服务,如铁路对旅行社等团体,给予更多选购空间、优先供给,以及提供一些优惠政策。无正式关系指服务企业对偶然性客户提供的服务,这类客户一般只能享受到标准化正常的服务,而享受不到为会员提供的优惠服务。当前铁路提供的"常旅客"服务是典型的客户关系管理,有一定的"会员"形式服务的特点,这有利于提高客户的归属感和受尊重感。

7. 按照提供服务的空间划分

按照提供服务的空间可将服务划分为线上服务、线下服务两类。线上服务主要是指依托网络进行的各种服务行为,如网络或 App 购票、订外卖、在线选座、在线查询货物状态等。线下服务主要是指物理空间内提供的各种服务行为,如售票大厅购票、行李托运、售货车购物、候车厅点餐等。

(二)高速铁路运输服务的内容

1. 高铁客运服务的内容

高铁客运服务流程是完成旅客位移服务不可或缺的生产性服务环节,贯穿旅客进入和离开运输系统的全过程。

按照运输服务环节划分,高铁客运服务内容主要有:

(1)受理服务环节。受理服务环节也叫客运产品的销售服务环节,主要内容是票务服务,可进一步细分为购票、取票、退票、改签、补票等部分。

(2)进站服务环节。进站服务环节也是旅客真正进入高铁运输服务系统的环节。可进一步细分为进站验票环节、安检服务环节、乘降服务环节、站内候车环节等。其中进站验票环节包含等候时间和接受验票时间;安检环节包括人检和行李检两项服务,所以安检环节包含安检排队等待时间、人检和行李检的接续流程及总体花费时间等,若有旅客随身携带违禁物品,还需要与旅客进一步沟通及协助处理等服务;乘降服务环节包括旅客在进站、站内通行、检票上车等活动过程中提供的各项服务;站内候车环节的服务内容较多,具体包括满足旅客候车的基本服务和提升旅客服务体验质量的相关服务,如指引旅客乘车及餐饮购物或娱乐消费的各类信息服务，按照服务质量标准配置的安全保障设施、座椅等休息设施、卫生间与盥洗设施、饮水供应设施、行包（含寄存）、网络等基本服务，还要有适当数量的充电设施、餐饮及购物设、商品贩售和文化娱乐设施，供旅客自主选用，从而提升旅客候车环节的服务体验质量。

(3)车上服务环节。车上服务环节是旅客花费时间最多的一个环节，也是实现位移服务的实际过程。旅客长时间在封闭的、运行中的动车组环境中，除了应该具有良好的安全保障设施设备和安全巡视服务外，还要有为旅客提供各种与旅行相关的信息服务、Wi-Fi服务、与旅行环境相关的卫生保洁服务、与旅客生活有关的冷热饮水、卫生间与盥洗设施及服务，还需要为旅客提供与业务有关的票务服务、行李存放服务和重点旅客的特殊服务等，以上这些都是列车上的基本服务。为了提升旅客的服务体验，列车上还应该提供餐饮、商业、文化娱乐服务（如影音、网络连接）和期刊等。

(4)出站服务环节。这是旅客乘坐列车的最后环节，相对来讲，旅客会以较轻松的心态享受这一环节的服务过程。这一环节的服务内容包含站台和通道服务、导向标志、验票补票、行包提取、中转换乘、售后服务（含投诉及处理）等。

2.高铁货运服务的内容

(1)受理服务环节。办理托运手续也是货运产品的销售服务环节，是货主与服务人员或相关系统以中度或低度接触的方式完成服务的过程。客户需向服务人员或相关系统提供寄件人和收件人的姓名、详细地址、手机、预约取件时间等人员信息及货物品名、重量、件数等货物信息。服务人员确认托运货物符合国家关于禁止或者限制运输物品的规定后，即完成高铁货运受理服务。

(2)接取送达服务环节。该环节是中铁快运股份有限公司为实现货运"门到门"全过程服务，在"站到站"服务的基础上增加的两端短途运输。"站到站"是高铁运输企业的主体服务，其余两端短途运输服务是可选项服务内容，当前高速铁路车站提供这类代办业务。

(3)运输服务环节。自铁路运输企业与客户办理完成货物运输的委托协议后，在运输过程中的各项服务都是后台服务内容，只是运输过程状态的实时信息，需要在相关服务平台上发布，供客户查询。在此过程中的后台生产性服务工作（内容）包括安检收揽服务、仓储服务、集装包装服务及一系列的车站（装卸）和列车上的服务工作。

(4)货物提取服务环节。到站后应及时通知客户提取,通知方式以短信为主,每天8:00—22:00发送短信,未留手机号码或短信通知不成功的改电话通知。个人客户凭有效身份证件到站领取"站到站"快件;企业客户凭收货单位印鉴、委托书、介绍信及经办人有效身份证件领取。

我国高铁货运还处于起步阶段,对货运核心产品设计、辅助服务提供、服务管理配套等仍处于实施探索之中,待我国高铁货运动车组等硬件条件具备,必将为高铁货运的发展提供更大的服务空间。当前,我国高铁货运服务主要是直达运输服务,大多数没有中转作业。只有当收货高速铁路车站与到货高速铁路车站无直达高速铁路列车车次时,需要在固定的高速铁路中转站(按照中铁快运公司提供的运输方案)进行中转作业,包括卸车作业、中转仓储、二次装车作业。

第二节 铁路旅客运输服务质量管理

一、高速铁路客运服务质量标准概述

(一)高速铁路客运服务质量标准的概念及类型

1. 高速客运服务质量标准概念及类型

标准是为在一定的范围内获得最佳秩序,对活动和结果规定共同的和重复使用的规则、指导原则或特殊性的文件。标准应以科学、技术和经验的综合成果为基础,并以促进最大社会效益为目的。

标准是根据当时的科学技术达到的实际水平来制定的,既不能滞后,也不能超前。滞后了,不能满足使用要求;超前了,标准的规定难以实现,等于没有标准。为了验证标准的规定能否满足要求及在现有条件下能否达到,在制定标准时要做一系列试验。正是标准产生的这一基础,决定了标准具有科学性、时效性、统一性和强制性等特性。

高铁客运服务质量标准是指客运服务应达到的水平和水准,涉及从服务设计到服务提供,以及服务控制过程中,高速铁路客运部门为旅客提供服务的设备、服务生产过程中的规章规范和服务人员的行为规范等方面的服务。高铁客运服务质量标准以"标准"为依据,明确为旅客提供服务质量的目标。

2.高铁服务质量标准类型

(1)按标准的内容划分。高铁客运服务质量受三大类要素影响:人员、硬件和软件。这三者相辅相成,缺一不可,共同构成了三角关系,即"服务金三角"。其中,硬件和软件要素是比较确定和稳定的,人员要素复杂且易变,同时是影响服务质量的关键要素。

①硬件标准。硬件标准是针对为旅客提供服务的物理环境作出的规定。例如,客运服务设施设备质量和数量标准,室内环境的色彩与照明、气味、温度、湿度、空气的清新度等标准,车厢、车体等设施设备的颜色、车站的通道设计、候车厅的座位安排、自动售票机、行李推车、自助查询机等设备的位置选择标准等。

②软件标准。软件标准是针对客运服务提供的程序和系统规定的标准,包含为旅客提供的服务内容、服务流程和服务方法等,以及对服务质量管理作出的规定。可以说,软件标准是对服务技术标准、作业标准和管理标准的规范化管理,并用书面文件的形式予以颁布。

③人员标准。人员标准是针对提供客运服务的工作人员提出的标准,包含对服务人员学历、专业、气质及与旅客接触时的态度、行为、语言等规定和要求。由于一线服务人员与旅客直接接触,所以对其服务标准的规定更严格,如高铁客运企业对客运人员的综合素质、个人形象、言谈举止都有明确的标准规范。

(2)按标准的性质分。按标准的性质分,高铁服务质量可分为技术标准、管理标准和工作标准。

①技术标准。技术标准是针对客运服务过程中重复性的技术事项,在一定范围内作出的统一规定。它是根据生产技术活动的经验和总结,作为技术上共同遵守的规则而制定的各项标准,如外购商品的质量标准、列车设施设备的质量标准、列车餐饮质量标准等。

②管理标准。管理标准是管理部门为行使管理职能而制定的具有特定管理功能的标准,它是高铁客运服务管理工作的业务内容、职责范围、程序和方法的统一规定,如客运部门管理范围、后勤管理、服务投诉处理等。

③工作标准。工作标准就其属性来说是管理标准的一种类型,是为实现客运服务过程,提高工作效率和工作质量,对客运服务中各岗位工作制定的标准。工作标准对每项具体工作、每个工作岗位作出规定,包括工作范围、岗位职责、工作程序及质量要求等,如验证验票、检票、广播等服务标准。

高铁客运服务质量的技术标准、管理标准和工作标准之间是相互联系、相互作用的。技术标准是通过贯彻、实施作业标准和管理标准来保证其标准的实现,而工作标准又是管理标准制定、实施的主要依据和基础。

(3)按标准的层级划分。按标准的层级划分,主要有国际标准、区域标准、国家标准、行业标准、地方标准、企业标准等。各层级标准存在一定的内在联系,高铁客运企业通过协调、衔接各层级标准,可以构建形成科学的有机整体,即标准体系,从而指导企业标准化工作,提高标准化工作的科学性、全面性、系统性和预见性。

(二)高速铁路客运服务质量标准化内容

1. 标准化对象——高铁客运服务质量

高铁客运服务质量标准化是针对客运服务过程中的环节、内容、质量而制定的标准。例如,高速铁路站车保洁、餐饮、投诉处理等服务过程都是可以进行标准化的实体。标准化对象也可以是针对影响高铁客运服务质量的软件、硬件、人员要素。例如,服务设施设备的数量质量、服务流程、一线服务人员仪容仪表等标准。找出客运服务在不同时间和空间共同的和重复发生的事件或概念的最佳状态,制定标准,加以统一,就可以使它们得到优化或达到节省劳动力、提高工作效率的目的。

2. 标准化领域——高铁客运服务及其相关领域

高铁客运服务标准化可以存在于客运服务的各个领域,其活动领域不仅包括服务活动中一线员工的服务工作标准,还扩展到服务管理、技术支持及后台服务工作目标和前期规划设计等领域。如为保证达到安全、准确的服务标准,必须有相应的安全设施设备,以及在日常管理和生产工作中有准确的服务基调和与此适应的运输调度、运输调整方案的制订与执行等。可以说,服务质量标准贯穿客运服务的全过程,涉及旅客运输的各环节、各部门、各领域。

3. 标准化内容——制定、发布和实施标准

标准化包括高铁客运服务质量达到标准化状态的全部活动及其过程,即制定标准、贯彻标准进而修订标准的过程。标准化的目的和作用,需要通过制定和贯彻具体的标准来体现。

4. 标准化的本质——统一

标准化是在混乱中建立秩序,形成统一。高铁客运服务质量标准化就是用

确定的标准将高速铁路提供的各项客运服务统一起来。所以,标准化也是一种状态,即统一、一致、均衡有序的状态。

5.标准化目的——获得最佳服务秩序及质量

高铁客运服务质量标准化的目的在于在一定范围内使客运服务获得最佳秩序,客运服务质量达到最佳效果,以期获得最佳的社会和经济效益。有序化和最佳的社会与企业的综合效益是高铁客运服务质量标准化的出发点,也是衡量标准化活动的根本依据。

(三)高速铁路客运服务质量标准化管理

标准化是进行质量管理的依据和基础。高铁客运企业用一系列标准来控制和指导客运服务规划、设计、提供和改进的全过程,这是质量管理的基本内容,也是高铁客运服务设计中可操作性和可实现性服务的展现形式。通过实施技术标准,将质量管理目标具体化和定量化,使高铁客运企业内部各部门在技术上做到统一协调。通过执行管理标准、工作标准,促使职工在各自工作岗位上高质量地完成工作,从而有效地保证提高客运服务的质量。由此可见,开展质量管理离不开标准化,并且是以标准化为基础的。

高铁客运服务质量标准化不是孤立的事物,而是一个循环的活动过程,主要包括市场分析、服务设计、标准修订、标准认证及标准贯彻实施等。制定出一套科学的具有可操作性的服务标准,需要通过系统研究,对标准贯彻与执行效果进行检测,对标准进行反复测定和修正来实现。标准化就是根据客观情况的变化,不断促进这一循环过程的发展,以改进服务质量,使其更加符合旅客需求。

二、高速铁路客运服务质量标准的制定

(一)高速铁路客运服务质量标准制定的依据和原则

1.高铁客运服务质量标准制定的依据

(1)高铁客运服务需求。客运服务以满足旅客需求为出发点,细分旅客出行目的、消费水平及闲暇时间的不同,对运输企业提供服务的需求就有差异,企业针对旅客而制定的服务质量标准也就不同。因此,高铁客运服务质量标准应根据各类产品的市场定位,从旅客需求出发,提出并规范其服务标准。

(2)高铁客运服务基调。服务基调是服务企业提供给旅客能满足其某种或

某几种需要的"功能"和"效用"。运输企业的服务基调决定了其客运市场的定位和吸引的客流群体，旅客的需求特征和层次也将随之确定。例如，与既有线客运服务标准内容相比，高速铁路硬件设施配备标准、管理规范及人员素质等各方面有更高的要求。但这并不能表明高速铁路比普速铁路客运服务"高级"，而是体现了铁路客运服务中高速与既有线的差异化定位，即在满足市场不同需求的同时，实现铁路内部的最佳经营效果。

（3）经营市场的环境。企业经营市场的环境包括政治、经济、文化、社会、生态文明等宏观环境及行业竞争环境。铁路运输企业客运服务质量标准需要随着企业宏观环境的变化而进行修改。例如，中国特色社会主义进入新时代，社会主要矛盾已转化为人民日益增长的美好生活需求与不平衡不充分的发展之间的矛盾，这就要求运输企业紧扣人民群众美好生活的需求，提供高质高效的服务，实现从"走得了"向"走得好"的转变，对应制定更为严格、质量更高的服务质量标准。除此之外，旅客在评价高铁客运服务质量时会把它与其他运输方式及同一运输方式的其他产品相比，因此运输企业在制定服务质量标准时，要考虑其他运输方式的服务质量标准。

（4）服务企业的技术和生产特征。服务企业的技术和生产特征也是影响其服务质量标准制定的一个重要方面。旅客需求、客运服务基调及企业经营市场环境是决定运输企业服务质量标准制定的主观因素，是旅客、社会等外界对企业的一种要求，而服务企业的技术和生产特征是质量标准的客观依据，是企业自身能力的一种表现。高速铁路向旅客提供安全、迅速、正点、经济、舒适、便捷、文明的优质服务需要有与之匹配的技术装备作技术保障，如高速铁路动车组列车、高速铁路信号与控制系统、高速铁路综合调度系统、高速铁路行车安全监控系统等。

2. 高铁客运服务质量标准制定的原则

（1）明确性。明确性指服务标准必须明确。如果规定"高速列车开车后，列车开始广播发放配餐"，就不够明确。明确的标准应该是"开车 20 min 后，列车开始广播发放配餐"。

（2）可衡量性。服务标准用定量来表示。例如，高铁客运咨询或问询服务人员在接受问询时，应答、回复、处理率应达到 100%，这就是一个"明确的可衡量的标准"。

(3)可实现性。服务标准要合适,使员工感到有信心实现这些标准。建立高铁客运服务质量标准不只意味着确立目标,同样重要的是设计一个可能实现的工作过程,并使之能不断地进行下去。例如,具体服务工作时间标准可以通过"时间研究法"和"成果评估法"相结合的组合方法在测定该项服务各环节时间标准的基础上得到。

(4)与旅客的需求相吻合。高铁客运服务质量标准的"尺寸"和范围应该以旅客的需求为中心,这是高铁客运服务质量标准中最重要的特点。运输企业应该充分研究旅客心理,制定出既符合自身技术经济特性,又能体现自身优势和旅客认知、认可的标准体系。例如,高速铁路动车组免费 Wi-Fi、充电插座等服务内容和标准,满足旅客出行需求,夕发朝至的列车提供充分体现安静、舒适、休息环境的服务标准。

(5)及时性。及时性是指为旅客提供服务的反应速度要快。优质服务不仅包括服务过程的快速,也包括服务响应的快速,对于多数旅客来说,意味着向乘务员提出服务请求后,问题就可以解决,但如果他的服务请求没能按照旅客期望的速度解决,那么旅客对客运服务质量的印象就会大打折扣。

(二)高速铁路客运服务质量标准的制定步骤

1.步骤一:服务过程分解

按照高铁客运服务分解过程图的思路,可将高铁客运服务过程分解成不可再分解的动作,高铁客运服务质量标准制定的基础为对不可再分解的动作进行规范,并基于此找出服务细节的关键因素。

2.步骤二:找出服务细节的关键因素

找出每个细节的关键因素就需要对每个服务细节做影响性分析,即从旅客的角度出发,鉴别需给予关注的问题点,对影响旅客服务体验的关键因素予以描述,从而帮助高铁客运企业强化旅客记忆,给旅客提供更优质的服务。

3.步骤三:把关键因素转化为服务标准

在细节中发生的一些细微的事情可能都会影响某一个关键因素,如高速列车上的窗帘有灰尘、饮水机烧水太慢、音乐声音太大等。所以,应该把影响旅客服务体验的关键因素标准化、具体化。

4.步骤四:根据旅客的需求对标准进行重新评估和修改

这是最重要的一个步骤,标准制定出来后是否合适,按照这个标准是否能达到提供优质服务的初衷,最有发言权的当属旅客。所以,要根据旅客的需求对标准进行评估和修改,提供让旅客满意的"标准",不要让"死规定"束缚了优质服务。

5. 步骤五:确立旅客服务质量标准的体系框架

由前四步可确定一项具体的服务标准,运用层次分析法对整个高铁客运服务对应环节的关键因素进行逻辑递延分级,使标准总体框架清晰、逻辑关系明确、指标分布层次合理。该体系框架的基本思路是首先,把需要解决的问题进行分层,将其系列化,即根据问题的性质和需要达到的目标,将问题分解为不同的组成因素,按照因素之间的相互影响和隶属关系将其分层、聚类、组合,形成一个递阶的、有序的层次结构模型。根据层次分析法,将"车站旅客服务质量标准"和"列车旅客服务质量标准"作为一级指标,再层层往下延伸,分解为二、三、四、五级指标,逐步细化,最终确立旅客服务质量标准体系。

三、高速铁路客运服务质量标准的实施

(一)高铁客运服务质量标准的实施原则

1. 树立全局观

标准涉及企业、顾客、社会、政府等各方利益,任何部门实施标准时,都要坚持"局部利益服从整体利益"的原则。高铁客运服务标准的实施能促使高铁客运服务企业提供优质服务,提高旅客满意度,吸引更多旅客选择高速铁路交通方式,进而促进高速铁路的建设和发展。而高速铁路的发展对政治、经济、文化、社会、生态文明等产生很多正向效应,可以获得更大的经济社会效益。从这一层面来看,高速铁路优质服务质量标准应该得到贯彻执行。

2. 长远考虑

实施标准常常会遇到眼前利益同长远利益相矛盾的情况。例如,某项标准实施后短期不见效益,但服务质量会大大提高,并吸引更多顾客体验该服务,从长远来看,能产生巨大的经济效益,这时,就应该从长远考虑,积极实施新标准。

3. 区别对待

实施标准是一项复杂的系统工程,标准是企业工作要求的底线。例如,若特

等站执行的标准与等级较低的车站执行的标准一致,则存在该标准满足了等级较低的车站的工作要求而不适应于特等站工作要求的情况。因此,执行标准要富有弹性,在坚持原则统一的前提下,采取区别对待的方针。

(二)建立高铁客运服务全面质量管理体系

高铁客运服务质量管理体系即指挥和控制服务质量的组织体系,包括建立服务质量方针和质量目标,并为其实现而持续运行的一组相互关联或相互作用的要素,这些要素包含管理职责、资源管理、服务实现过程及测量、分析和改进等。质量管理体系的内容应以满足质量方针和质量目标的需要为准,既让企业内部确认服务质量已达到要求,又让旅客认可高速铁路提供的客运服务符合要求。

(三)高铁客运服务质量管理体系的执行

高铁客运服务质量管理体系的执行就是运输企业依据质量管理的基本原则,运用服务质量管理手段,控制服务质量形成的全过程,完成运输任务和实现运输目标的过程。服务质量管理体系的正常运作、客运服务质量标准的顺利实现,不仅标志着高铁客运企业质量管理水平,而且对企业形象和市场竞争力有重要影响。

(四)高铁运输企业标准制修程序

1. 编制计划

企业可以结合现有标准、实际需求等情况,计划本企业标准制修订工作。例如,为提高运输服务质量,促进技术进步,保证运输安全,制定严于标准上级的;在上级标准要求基础上补充、提高的;企业内共同使用、重复使用、切实可行的有效规章制度、管理办法和作业方法等。

2. 起草阶段

在标准起草过程中,高铁运输企业应做好调研和广泛征求涉及专业、基层站段的意见。在起草标准的征求意见稿的同时,需要编写该标准的编制说明。标准编制说明应当包括以下内容:

(1)任务来源、编制目的、编制依据等背景情况和主要起草过程。

(2)需研究解决的主要问题。

(3)与有关的现行法律、法规和强制性(国家、行业、地方)标准的关系。

（4）重大分歧意见的处理结果及理由。

（5）是否涉及技术秘密和商业秘密。

（6）参考标准和资料等其他需要说明的情况。

3. 征求意见阶段

征求意见单位应覆盖涉及的部门和单位。提出部门对反馈的意见进行分析研究，决定取舍后形成标准送审稿。

4. 审查阶段

由企业先对标准送审稿材料的完整性、格式规范性进行初审，然后组织专家对标准送审稿、编制说明等资料进行审查。专家组成员应当具有广泛代表性、独立性和专业性，标准起草人员不能担任审查专家。审查结果应形成标准审查意见。

5. 报批阶段

相关起草部门应根据审查修改意见进行修改后，向企业主管部门提交标准报批稿，标准报批稿要明确替代的标准和废止的相关文件。

6. 批准阶段

企业主管部门对报送的标准报批稿等资料进行审核后，对其统一编号，统一批准发布。标准发布时，同时明确替代的标准和废止的相关文件。企业标准的编号应符合《企业标准化管理办法》规定。

7. 复审阶段

在企业标准实施中，应根据铁路技术的发展、修程修制改革、生产力布局调整、运输生产运营的需要，适时对标准的适用性进行定期复审，复审结果按继续有效、修订和废止分别进行处理。

8. 废止阶段

被明确废止的企业标准不再执行。

第三节　铁路旅客运输服务的市场定位

高铁客运服务的市场定位可以从宏观、微观两个层次理解。在宏观上，指高铁客运服务与其他运输方式和普速铁路相比所选择的目标市场；微观上指一个具体的高铁客运服务产品在市场中的定位。

服务市场定位是指服务企业根据市场竞争状态和自身资源条件,建立和发展差异化竞争优势,以使自己的服务在旅客心目中形成区别并优越于竞争者服务的独特形象。运输产品的市场定位是通过为本企业的运输产品创立鲜明的个性,从而塑造出独特的市场形象来实现的。运输企业可根据旅客对客运产品属性的重视程度、需求的满足程度及自身的实力和条件对不同的客运产品和服务进行市场定位。

通过调查和分析可知,旅客主要关注旅行时间(或旅行速度)、旅行时段、舒适程度、客票价格、服务质量、方便性(包括购票、乘车等)等因素,而且,不同的旅客群体对以上因素的重视程度不同。例如,商务流较重视旅行时间、时段及服务质量,票价则相对次要;务工流较重视票价,对其他因素的重视程度一般;学生流有较强的集中性,寒、暑假期间流量很大,较重视票价、旅行时间、方便性,对其他因素的重视程度一般。

许多同类运输产品在市场上品牌繁多,各具特色,广大旅客都有着自己的价值取向和认同标准,运输企业要想在目标市场上取得竞争优势和更大的效益,就必须在了解旅客运输需求、竞争企业及竞争产品的基础上,为企业树立形象,为产品赋予特色,以独到之处取胜。而且这种形象和特色可以是实物方面的,也可以是心理方面的,或二者兼而有之,如质优价廉、豪华、服务周到等,都可作为定位观念。现阶段主要的市场定位依据有如下几种:

一、根据运输产品的属性和效用定位

运输产品本身的"属性"及由此获得的"效用"能使旅客感受到它的定位。例如,公路运输具有"机动灵活"的特点,铁路运输则强调"舒适"及"安全"等特性。"速度快"是高速铁路的核心优势,此外,高服务水平、大开行频率、"家庭式"的服务理念都可以成为高铁运输服务产品的"卖点"。

二、根据运输价格和服务质量定位

"运输价格"和"服务质量"都可以为运输企业及产品创立不同的市场定位,给旅客留下不同的印象,这两项因素也是许多旅客注重的。例如,航空公司的飞机票价格虽然贵,但旅行时间短;铁路旅客强调票价便宜、舒适和方便。高速铁路价格上优势不大,可重点结合不同的子市场特点设立品牌,比如在中途市场上提出"又快又好",注重快速和高品质服务;在长途市场上提出"家一般感受""全程商务舱""夕发朝至"等,注重综合性服务。

三、根据旅客类型定位

运输企业可根据某一运输子市场的旅客的看法塑造合适的形象。例如,高速铁路针对不同子市场提出各自的品牌定位,对旅游子市场产品提出"风光之旅",对通勤子市场产品提出"晚点承诺"等。

四、根据产品档次定位

运输企业可以根据为旅客提供的运输产品(包含服务)的档次确定市场位置。例如,高铁运输企业根据不同等级的列车或席别为旅客提供不同舒适程度、不同水平的服务。

五、根据竞争条件定位

运输企业可以针对其他运输产品突出其市场竞争优势。例如,高铁运输企业的某些客运产品强调为旅客提供的服务质量及水平向航空公司看齐,但价格方面又有优势,从而提高市场认知度。

实际上,为了体现产品形象的多维性,许多运输企业在进行市场定位时,往往多个依据结合使用。高速铁路服务产品的市场定位在总体上应着重于核心位移服务及其过程中衍生出的一系列基本服务,强调速度和方便性,强化自己的优势。随着社会经济及竞争环境的变化,旅客的服务需求水平也逐步提高,高速铁路服务产品也应针对特定旅客群体,创新服务方式,引入新型提升性服务,强调高品质的服务水平和综合性服务,最大限度地利用高速铁路自身的优势资源。

第四节 铁路旅客运输服务的营销策略及品牌战略

一、高速铁路客运服务的营销策略

(一)高速铁路客运服务的定位策略

1. 服务有形化

服务的无形性对市场营销的不利影响主要表现在旅客不容易识别服务,服务质量较难考核和控制,服务投诉或者纠纷较难处理,服务广告、服务展览较难开展。

高铁运输企业可借助服务提供的环境、服务品牌及其他有形线索,以帮助旅客识别和了解服务。例如,较新颖且具有城市特点的客运站,整洁的环境,明亮的灯光和欢快的音乐体现出的热情温馨的服务;独特风格的标识、图标、工作服等体现的服务品质等。令人印象深刻的服务品牌,也可以有效地提供服务展示,传递企业的服务信息,如南京客运段沪宁高速铁路车队采用"高铁列车五多服务法",打造的"紫金号"列车服务品牌;武汉客运段注册的"凤舞楚天"高铁客运服务品牌,运用微信平台等新媒体的力量,创新"高铁＋"特色服务等。

同时,具有吸引力和富有效力的服务承诺,也是传递服务质量的重要信号,将影响旅客对服务的感知期待。例如,高速铁路"若旅客乘坐的列车停运、调点/晚点超过 30 min,网上订餐服务系统将自动退单,已支付的金额将全额退还"的承诺等。

2. 服务规范化

服务的异质性对市场营销的不利影响主要表现在服务不易标准化、规范化;服务质量不易稳定;旅客不容易认知服务;服务品牌较难树立;服务规范较难严格执行。高铁运输企业应依据需求主体的特点将服务规范化,同时重视对一线员工素质的培养和服务激励。

服务规范化,指在服务过程中建立规范并用规范引导、约束服务人员的心态和行为,以保持服务的稳定性,主要包括服务的理念化、标准化和可控化 3 种方式。

(1)服务理念化指高铁运输企业建立自己的理念并用理念来规范服务人员的心态和行为,可以使服务人员将理念在服务提供过程中外化为较为统一的服务质量,减少服务异质性产生的不利影响。服务理念可以通过标语、口号、广告、公关宣传和座右铭及品牌名称等形式传达,实际上也是企业文化的建设过程。例如,中国铁路郑州局集团有限公司,新乡东站制定了"新无止境,乡约天下"的服务文化理念,打造"乡约"高速铁路服务文化品牌;洛阳龙门站制定了"以服务为宗旨,待旅客如亲人"的服务理念,打造"牡丹缘"高速铁路服务文化品牌。

(2)服务标准化指高铁运输企业系统地建立服务质量标准并用服务质量标准来规范服务人员的行为。服务标准化可以看成是服务理念化的实现形式,它不仅是一种服务营销战略,也是服务行业的管理要求。服务实行了标准化,服务提供过程就有了衡量和控制的标准,从而大大降低了服务产品的异质性,提高了服务质量和旅客的满意度。

(3)服务可控化指高铁运输企业依据企业理念和服务标准对服务活动进行全面监控,使服务质量的偏差控制在尽可能小的范围内。服务可控化是服务规范化的保障。而高速铁路能体现这种可控的、最简单的办法就是将服务标准具体化、公开化、承诺化,让旅客在享受服务过程中自觉地进行监督。

3. 服务可分化

服务可分化,是指在服务过程中让服务生产者与消费者实行部分分离,主要有服务自助化、服务渠道化和服务网络化3种方式。

(1)服务自助化指向旅客提供某些服务设施、工具或用品,由旅客自己完成部分服务,实现生产者与消费者一定程度的分离,如自动售票机的应用、餐车使用电子菜单等,都是服务自助化。

(2)服务渠道化指将服务或部分服务通过服务渠道商提供给旅客,实现服务生产者与消费者一定程度的分离。服务渠道商是那些从事服务交易的中间商或代理商,如合作售票点或合作伙伴。

(3)服务网络化指将服务或部分服务通过网络提供给旅客,实现生产者与消费者之间一定程度的分离。例如,现行的网络售票、网络订餐、预约接车等网络化服务,进一步丰富和扩充了服务旅客的资源和渠道,扩大了服务能力,而且服务方式充满人性化、智能化和科技化的服务特点,增加服务获取的方便性,更迎合了现代人的消费理念和习惯。

4. 服务可调化

服务的不可储存性(又称易消失性)对市场营销的不利影响主要表现在服务供求很容易造成时间上、空间上的不均衡,影响服务质量和运输效率。高铁运输企业必须充分考虑到运输需求的波动性,采用服务可调化方法,提供规模和质量适宜的客运服务。

服务可调化,是指通过对服务时间、服务地点的调整和对服务供求的调节3种具体方式,克服不能用服务储存来平衡供求矛盾的困难。例如,列车时刻表的调整,车票预售期、检票时间等是对服务时间的调整;开行路径的调整,是对服务地点的调整;车票价格的升降,是对服务需求的调节;而列车数量的增减,是对服务供给的调节。服务时间可调化指服务企业通过对服务时间的调整来满足服务需求和平衡服务供求的矛盾。

5. 服务技巧化

服务技巧化就是指培养和增强服务技巧,利用服务技巧来吸引和满足旅客,充分发挥技巧在市场营销中的作用。服务技巧主要包括服务的技能、知识和专业化等。专业化主要是指经过专业培训后,工作人员的服务技能和服务知识及职业道德等达到社会公认的水平,通常都以获得专业或从业资格证书为标志。

6. 服务差异化

服务差异化,就是服务的异质性。从实践角度看,服务的差异化可以包括服务的变通化、多样化和特色化3种方式。服务变通化是服务企业或人员针对不同的环境提供不同的服务,即在服务中表现出较强的应变性、灵活性和创造性。服务变通化有利于更好地满足旅客需要,也有利于服务创新,同时能促进服务技巧化。服务多样化指服务企业或服务人员针对不同旅客或不同需要提供不同的服务。服务的多样化有利于实现服务市场的细分,也有利于服务创新和服务技巧化。服务特色化指服务企业或人员向旅客提供独特的、体现自己个性的服务。服务企业可以在许多方面通过实行专业特色和传统特色,形成自己的服务特色。

7. 服务关系化

服务关系化,从营销实践来看,服务关系化战略又可概括为服务的角色化、细微化、组织化、合作化等。服务角色化指让服务人员将服务过程变成"演剧"的过程,将服务中人际关系变成角色关系。服务细微化指企业或人员从细微处来关心旅客和贴近旅客,使服务关系进入更深层次。服务细微化有利于旅客对服务质量的感知,有利于吸引新旅客。服务组织化指用某种形式将分散的旅客组织起来,便于服务企业与旅客的关系更加正式化和稳固化。例如,从2017年开始,铁路12306推出"铁路畅行"常旅客会员服务,乘客可通过购买火车票、参加活动等方式累计积分,所得积分可用来兑换车票等服务。服务合作化指不同服务企业之间通过渠道合作来接近旅客并发展与旅客的关系。高速铁路可以大力开拓合作领域和合作伙伴,包括与其他运输方式合作发展联合运输,与旅行社、饭店合作发展延伸服务等。

8. 服务效率化

服务效率化主要表现为服务时效化、服务多功能化和服务一揽子化等方式。

服务时效化指服务企业充分地利用服务的时间资源以提高服务的时间效率,如电子商务、网上查询和订票服务,餐车的快餐服务等,都是时效化的服务产品。服务的多功能化指同一家服务企业对同一旅客提供多种不同但相互关联的服务,以便提高企业的服务效率或旅客服务消费的效率,如北京南站、合肥南站、无锡站等高速铁路车站,站内均设有餐饮、书店、便利店等商业设施。高速铁路车站是一个包括了餐饮、购物、娱乐、休闲等多种功能的商业中心。这种服务定位,就是一种服务多功能化的定位。服务一揽子化指配套的服务多功能化,即服务企业对同一个旅客提供多种功能不同的,且相互关联、配套成龙的服务,如对短期出差的旅客,可以将食、住、行等服务打包为同一运输产品。服务"一揽子"化将服务多功能化发展到较高的层次,比一般的服务多功能化更有效率,更能满足旅客对服务效率的需要。

(二)高速铁路客运服务营销组合策略

市场营销学中市场营销组合包括七个要素,即产品(Product)、定价(Price)、渠道(Place)、促销(Promotion)、人员(People)、有形展示(Physical Evidence)、过程(Process),简称7P。市场营销组合是企业依据其营销战略对营销过程中的七要素变量进行配置和系统化管理的活动,在制定营销组合时,高铁运输企业需要考虑这些组合要素间的关系。

1.服务产品

服务产品具有和有形产品相似的市场生命周期,即从进入市场、稳步增长到逐步被市场淘汰的过程。对服务产品生命周期每一个阶段的考察,都是为了确定服务企业的生命周期定位,从而找出未来的主要目标、决策、问题及公司组织的调整和变革等。高速铁路运营中,要求重视市场营销部门的作用,设计多样化产品并建立相应品牌。

2.服务定价

在确定服务产品价格时,必须考虑其市场地位、生命周期所处的阶段及企业的战略角色。对于服务来说,可供选择且实用的定价方法,主要有成本导向、竞争导向及需求导向定价法。成本导向定价法指企业依据其提供服务的成本决定服务的价格。竞争导向定价法指以竞争者各方面之间的实力对比和竞争者的价格作为定价的主要依据,以在竞争环境中的生存和发展为目标的定价方法。需求导向定价法着眼于消费者的态度和行为,服务的质量和成本则作为辅助因素对价格进行相应的调整。高铁客运服务涉及环节较多,应根据不同环节所处的竞争条件,结合实际情况,采取相应的定价方法。

3. 服务渠道

服务渠道是指服务从生产者移向消费者涉及的一系列企业和中间商。服务中介机构形态主要有代理、代销、经纪、批发商和零售商等。在高速铁路运营中,综合性服务是以运输为核心,可以采取将部分运行线或部分运输产品以租赁、特许经营的方式经营。在一些需要市场开拓的领域,可以引进战略合作者,以其他服务商为组织者,运输企业参与,既可规避部分风险,又促进新产品的开发。在一些具体的服务领域可以采取外包的方式,比如餐饮、保洁。此外,高速铁路可以进一步研究整个服务体系的渠道问题。

4. 服务促销

服务促销包括多种元素,如广告、营业推广、公共关系、口头传播等。这里简要介绍其中的几种主要方式。

在服务广告方面,服务广告的指导原则是使用明确的信息,强调服务利益,对员工做广告,在服务生产过程中争取并维持旅客的合作,建立口头沟通,提供有形线索,发展广告的连续性,解除购买后的疑虑等。公关是公共事务领域中普遍使用的促销方式。公共事务的主要工作包括媒体关系、产品和服务的公关、公司内部和外部的组织沟通、游说等。以新闻方式而非以直接销售或广告方式进行公关,更容易被潜在旅客或消费者接受。近年来,国家品牌计划广告——中国高速铁路复兴号篇,微纪录片《乘着高铁游中国》等纷纷呈现,说明了各高铁运输企业开始关注广告、公关的力量。

5. 服务人员

服务人员包括服务人员的内部管理和培训两方面的内容。企业内部对服务人员的管理影响着员工的满意程度,进而影响员工的生产效率和旅客的满意度,影响企业服务价值的实现。因此,将服务人员视为旅客是一种很好的内部管理方法。同时,旅客对服务的评价是由旅客与服务人员接触的每个真实瞬间,员工的表现决定的。这也要求企业必须更加注重员工培训,尤其是在进行一线员工招聘时,不能只看重经验和技能,而更应考察态度、资质和个性等能为服务人员带来成功的因素。如何使新成员成为符合企业要求的服务提供者,是企业内部培训需要解决的关键问题。

6. 服务有形展示

服务的有形展示主要表现为环境、信息沟通和价格三种类型。

物质环境展示可分为周围因素、设计因素和社会因素。周围因素通常被认为是构成服务产品内涵的必要组成部分，是消费者可能不会立即意识到的环境因素，如气温、湿度、气味和声音等。这些因素的存在不会使旅客感到格外惊喜，但如果这些因素达不到旅客的期望，就会削弱旅客对服务的信心。设计因素是刺激消费者视觉的环境因素，这类要素被用于改善服务产品的包装，使产品的功能更为明显和突出，以建立有形的、赏心悦目的产品形象，比如服务场所的设计、企业形象标志等。社会因素是指在服务场所内一切参与及影响服务产品生产的人，包括服务员工和其他在服务场所出现的各类人士，他们的言行举止皆可能影响旅客对服务质量的期望与判断。

信息沟通是另一种服务展示形式。从赞扬性的评论到广告，从旅客口头传播到公司标记，这些不同形式的信息沟通都传送了有关服务的线索，影响着公司的营销策略。高铁运输企业为不断开拓新的市场，需要注意服务过程中的信息沟通，还要将沟通延伸到整个社会生活中，以寻求新的商业机会。

价格是市场营销组合中唯一能产生收入的因素。服务的无形性使得有形因素对于旅客做出购买决定起重要作用，而价格是对服务水平和质量的有形展示。这就要求高速铁路根据服务类型，选择合理的目标市场，采用完全恰当的价格策略。

除了使服务有形化外，企业还应考虑如何使服务更容易让旅客接受。一是将服务同易于让旅客接受的有形物联系起来，且有形物必须是旅客认为很重要的服务的一部分，同时要确保这些有形物所暗示的承诺。二是把重点放在发展和维护企业同旅客的关系上。

7. 服务过程

服务过程是指一种把服务交付给旅客的程序、任务、日程、结构和日常工作。服务产生和交付给旅客的过程是服务营销组合中的一个主要因素，旅客所获得的利益或满足，不仅来自服务本身，也来自服务过程。旅客通常把服务交付系统感知成服务本身的一部分，因此，服务过程的管理和控制对服务营销的成功起着十分重要的作用。

(三)高速铁路客运服务需求管理策略

1. 与旅客沟通

一种改变需求的方法是与旅客沟通,使其了解需求的高峰时间,使他们选择其他时间获得服务,以避免拥挤或者等待。例如,在车厢端部设置的列车卫生间占用提示牌,可以预先提醒旅客设施占用的时间;客服电话提供可能等待时间的提醒,这将给予旅客适当的心理预期,不想等待的人将选择业务量少的时候再回来或者通过访问企业网站得到更快速的服务。

2. 改变服务的时间和地点

一些企业通过改变服务的时间、地点以更好地管理旅客需求。例如,网络售票业务改变了服务的时间和地点,将服务延伸至更广阔的互联网络中,改变了传统的窗口售票时间、地点的限制因素。车票预售期(提前发售车票的天数)的调整也属于这一策略,车票预售期将影响部分旅客的出行需求,如商务流通常不会改变出行计划,但旅游流、探亲流等可以改变出行时间。

3. 提高客户的忠诚度

企业需重视忠诚客户和高需求客户的培养。例如,已开展的"铁路畅行"常旅客会员服务,通过购票乘车累积积分,可兑换指定车次车票。再如,推出的掌上高铁 App,具备在途娱乐、极速打车、高铁订餐等功能,为旅客提供了一站式铁路出行服务,增强了用户黏性,提高了再消费期望值。这将进一步优化客运服务有效供给,拓宽旅客的服务需求。

4. 价格差异

价格是调节需求的有效手段之一。在需求低谷时期,一般的方法都是价格打折,这依赖于供给与需求的基本经济规律,且效果较为明显。例如,2019 年,在客运淡季,中国铁路总公司推出部分高速铁路票价打折,对部分高速铁路动车组列车执行淡季票价政策,对不同车次,分区段,实行不同的票价优惠幅度。但值得注意的是,过度使用价格差异战略来适应需求,可能会对企业形象和细分市场带来潜在风险。

二、高速铁路客运服务品牌战略

(一)高速铁路客运服务品牌的概念及内涵

根据最具代表性和最经典的美国市场营销协会关于品牌表述的定义,高铁客运服务品牌应是一种名称、名词、标记、符号的设计，或是它们的组合运用，其目的是借以辨认高铁客运服务，并使之同竞争对手的服务区别开来。高速铁路客运服务品牌主要包括服务机构、服务岗位、服务人员、服务生产线、服务活动、服务环境、服务设施乃至服务对象的名称或其他标识符号等，是一个涵盖很广的概念。

从品牌的象征意义和内涵来看，高铁客运服务品牌具有复杂的象征意义和丰富的内涵。根据市场营销大师菲利普·科特勒提出的品牌六大内涵，可以这样理解高铁客运服务品牌内涵。

1. 属性

高铁客运服务品牌应首先使人们想到高铁客运服务产品的属性，如安全、快速、准时、舒适，服务质量优良等。高铁运输企业可以根据服务及服务质量的特点突出其一种或几种属性作为广告宣传的卖点，如在广告中强调"优质服务""快速准时"等。这是从高铁客运服务自身的角度来描述其品牌特点的。

2. 价值

高铁客运服务品牌隐含着一定的品牌价值，如高速、安全、舒适、便捷等。高铁客运服务品牌的营销人员必须分辨出这些价值，并针对那些对其感兴趣的消费者群体展开宣传和推荐。

3. 文化

高铁客运服务品牌也可以代表一种文化，即品牌文化，如高速铁路客运品牌代表着绿色、环保、可信度高等文化特色。

4. 个性

高铁客运服务品牌也可以反映一定的品牌个性，即如果把品牌当作一个人或是物体，他或它应该让人们想到他或它具有什么样的个性。例如，高铁客运服务品牌可能会让人想到流线型外观的高速列车和列车乘务员亲切的笑容、周到的服务等。

5. 利益

高铁客运服务品牌不只意味着一整套属性，因为旅客不是在买属性，他们买的是利益。品牌属性需要转化为功能性或情感性的利益。其中，安全、快速、准时等属性可转化为功能性利益；优质服务的属性可转化为功能性和情感性的利益等。例如,将列车运行时间和到发时刻的属性包装成与人们生活习惯吻合的"夕发朝至"品牌。

6. 用户

高铁客运服务品牌暗示了享受服务的旅客类型,即高铁客运服务品牌的目标市场定位。

由此可见,高铁客运服务品牌是对客运产品带有一定感情色彩的包装,反映了运输企业文化、经营理念和策略,是提高高铁客运服务市场认知度和市场竞争力的重要手段。

(二)高速铁路客运服务品牌功能

1. 对旅客的益处

随着人们消费水平的不断提高和品牌意识的不断增强,越来越多的旅客开始注重旅行过程的便捷与舒适,也就有越来越多的旅客开始注重品牌,消费品牌。

(1)高铁客运服务品牌代表为旅客提供的客运服务的一定质量和特色,便于旅客快速地做出购买决策,简化购买行为。

(2)高铁客运服务品牌可以提供相应的质量保证,便于社会和有关部门对其服务质量的监督,出现质量问题也便于追查责任、获取赔偿。

2. 对高铁运输企业的益处

(1)利于树立高铁运输企业形象,赢得公众支持。高铁客运服务品牌是高铁运输企业进行营销和建立广告策略的中心,它可以使旅客对高速铁路产生良好的印象和丰富的联想,建立起消费者对高速铁路的认可度、偏好度及忠诚度,从而提升高铁运输企业形象。

(2)减少价格比较,扩大赢利空间。不同的品牌形象区分了同类产品的不同,因此不同品牌的同类产品在价格上允许存在差异,形成服务品牌,减少消费者对产品价格的比较,形成竞争壁垒。同时,服务品牌为高铁运输企业提供了非价格竞争的有利条件,保持了价格的稳定性,有助于提升高速铁路的综合形象。

(3)有利于吸引人才。优秀的品牌具有良好的品牌理念和品牌文化,不仅可以增加员工的凝聚力和荣誉感,而且可以稳定和吸引优秀人才,为高铁运输企业的有效扩展提供条件。

高铁客运服务品牌的基本功能是强调和展示高铁客运服务。高铁运输企业提供的服务及其质量和价值，都将影响旅客对品牌的认识。出色的品牌策略能使优质服务更优。

(三)高速铁路客运服务品牌的要素及选择

1.高铁客运服务品牌要素的选择

品牌要素作为区分不同产品的标志性设计，是形成高铁运输企业服务特色，取得市场竞争优势的重要手段。高铁客运服务品牌要素应该突出以下几点：

(1)显著性。显著性指高铁客运服务品牌要素的选择要具有与众不同的特征，给人耳目一新的感觉，以便于清晰地同竞争者区分开来，给旅客鲜明的印象感受和强烈的品牌意识。例如，北京客运段、成都客运段的标志，给旅客留下深刻的印象。

(2)适应性。高铁客运服务品牌要素的应与企业风格相适应，这样就可以通过品牌将高铁运输企业的精神风格和服务理念有效传递出去，从而发挥它们的传播作用。另外，高铁客运服务品牌要素的选择也要与行业相适应，应能体现高速铁路的快速、安全、舒适性，增强旅客对品牌的认同感。例如，"复兴号"列车，旅客通过名称就能感受到这是具有自主知识产权、达到世界先进水平的动车组列车。

(3)可记性。可记性指高铁客运服务品牌要素的选择要具有内在记忆功能，使旅客在选择购买和消费的过程中容易记起和辨认，从而扩大高铁客运服务品牌的知名度。简单而言，就是要好认、好读、好记、好看，品牌的名称读起来音韵好听，名称、标志设计简洁美观。

(4)灵活性。灵活性指高铁客运服务品牌要素能适应不同的策略调整，因为运输企业提供服务的特性和范围不是固定不变的，所以有效的服务品牌要素应容纳这种变化。另外，高铁客运服务品牌要素应随着时代发展，灵活更新，使其看上去更具有时代感和新鲜感。

(5)含义性。含义性指高铁客运服务品牌要素的选择要具有内在的含义，使旅客在购买和消费过程中能产生丰富的联想。根据其他服务业的实践经验，可以选择那些富有视觉效果和具有语言想象力的品牌要素作为高铁客运服务品牌。

2.高铁客运服务品牌名称的选择

品牌名称是高铁客运服务品牌最基本的组成部分,也是高铁客运服务品牌要素中最核心的内容。品牌名称在选择时应该突出以下几点:

(1)易读易记。在业界,品牌命名流传着"一秒钟内一目了然"的原则,即识别一种品牌,在一秒钟之内就能够让人记得住。

(2)特色鲜明。高铁客运服务品牌命名要有显著性特征,可以增强品牌的可记性,提高品牌意识,从而给旅客留下深刻的记忆。例如,成都客运段的动车服务品牌"天府之韵",就具有鲜明的地域特色。

(3)寓意丰富。高铁客运服务品牌名称应有一定的寓意或暗示,让消费者能从中产生丰富的联想。例如,武汉客运段的高铁服务品牌——"凤舞楚天",赋予了品牌名称一定的文化内涵,很好地体现了武汉地理特点,取凤凰楚天涅槃之美好寓意,超越自我,使服务更优雅、更优化、更优质,让旅客感受更安全、更方便、更温馨。

(4)亲切舒馨。高铁客运服务品牌命名要有人情味、亲和力,能够给旅客带来赏心悦目的感觉和亲近的体验,拉近高铁客运服务与旅客的距离。例如,京沪高速铁路曲阜东站在服务旅客的过程中,发挥地域优势,把儒家文化"仁义礼智信"的精髓与高科技、高速度、设施好、环境美、服务优的高速铁路文化融合起来,打造全国铁路首个以儒家文化为内涵的"高铁儒行"服务品牌,为旅客营造安全、舒适、温馨的出行环境。

3.高铁客运服务品牌标志的选择

品牌标志英文为Logo,是指品牌构成中由字体、图像或字体、图像、象征物融为一体的视觉识别部分,是品牌要素的重要组成部分。高铁客运服务品牌标志的设计除了要符合国家有关法律、法规的要求外,还应注意以下几点:

(1)品牌标志与品牌名字相结合。通过一定的表现形式将品牌名字反映到品牌标志中去,如广深铁路股份有限公司、济南客运段等,将标志与品牌名字相结合,相互响应。

(2)品牌标志力求简单明了。可以尽量选择人们熟悉的事、物、景等作为品牌的设计元素,增强人们对高铁客运服务品牌标志的熟悉感和亲近感。例如,南宁客运段打造的"刘三姐"服务品牌,标志的设计灵感来源于飞速向前行驶的动车、代表广西形象的刘三姐及盛开的桂花。由刘三姐的拼音字母组成飞速向前行驶的动车造型,刘三姐剪影嵌入桂花的花瓣,传达了明确的广西地域属性,体现了热情待客、热心服务的诚意。

(3)品牌标志应力求突出特色。品牌标志主要是起到标志的作用,让人们看到之后,记得住,想得起。例如,牡丹江客运段,结合地处三江地区的地域特点,高标准严要求,打造"三江之星"动车队;广西高速铁路商旅服务有限公司,其品牌标志线条流畅,多种色彩相互交融,体现出其整合高速铁路媒体资源,提供整合传播、媒体代理发布、商旅出行综合一站式服务等主营内容。

第十章 铁路客运管理现代化

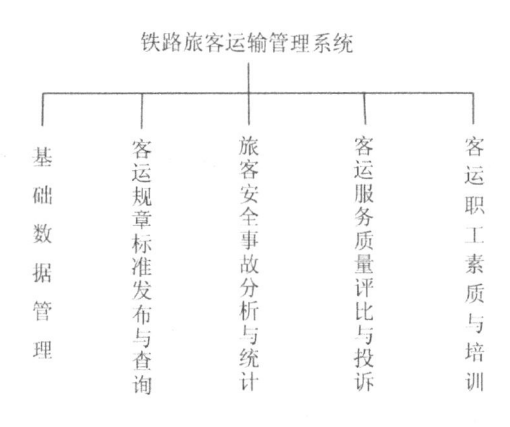

第一节 铁路旅客运输管理系统

铁路旅客运输管理系统是对客运站车设备、旅客运输事故统计与分析、客运规章制度、服务质量竞赛评比、旅客投诉分析与反馈、站车客运职工素质分析与培训、客运管理论坛等的信息进行管理,为日常客运生产和营销工作提供辅助的管理信息,是提高铁路客运生产管理和决策水平的重要手段,铁路旅客运输管理系统应具有如图 10-1-1 所示的主要功能。

```
              铁路旅客运输管理系统
    ┌──────┬──────┬──────┬──────┬──────┐
  基础    客运   旅客   客运   客运
  数据    规章   安全   服务   职工
  管理    标准   事故   质量   素质
          发布   分析   评比   与
          与     与     与     培
          查询   统计   投诉   训
```

图 10-1-1　铁路旅客运输管理系统的功能

一、基础数据管理

基础数据管理是站在铁路客运生产管理需求的角度,利用铁路信息平台承担全路客运站、车及设备基础数据的建立、维护与下载,包括客运站、段(列车)

数,图定列车数,全路特、一等车站站房及站场状况,旅客列车车种、车型、数量等信息管理。

二、客运规章标准发布与查询

客运规章标准发布与查询功能可以对铁路客运规章、制度、标准进行查询;可以进行客运政策研讨、典型案例分析、收集专家观点和旅客意见等。

三、旅客安全事故分析与统计

旅客安全事故分析与统计可以分年度、分月份、分等级对客运站、车发生事故件数进行统计及原因分析等。

四、客运服务质量评比与投诉

客运服务质量评比与投诉可以进行旅客满意度调查及分析、旅客投诉分析;可以完成客运服务质量竞赛评比申报、统计、服务明星排行、服务技巧交流(论坛)、客运监察纪录和通报等。

五、客运职工素质与培训

客运职工素质与培训功能可对站、车客运职工人数及文化、年龄结构进行统计与分析,可对客运员工技术业务培训进行统计与分析。

第二节 铁路客运站的其他服务系统

一、车站广播通告系统

(一)客运广播系统

客运广播系统是向旅客通告事项,引导旅客购票、候车和乘车活动,通告列车接发情况和进行各种宣传活动的系统设施。该系统还能起到统一指挥全站运输生产工作的作用,使接发列车有关员工,提前或按时到岗,做好准备工作,接送旅客的亲友到指定站台等候,统一全站工作人员和在站旅客的活动,做到有序地工作和有序地流动。

客运站的广播通告系统一般有两种:一是在中、小站使用人工手动控制机械设备的播音员播音系统;二是大客站使用利用语音库通过计算机语言综合代替播音员的播音系统。

人工手动控制机械设备的广播系统主要包括放音机、信源和扩音机等设备,它可对各广播区或全站进行广播。广播区的划分主要是根据车站作业和旅客的需要,一般分设售票区、候车区、站区台和进出站通道区等若干个区和区联成全站的网。播音员根据日、班计划和列车运行信息,利用广播系统的操作台按键,由人工手动控制按键,不断地选择和接通各播音源、播音区,通过话筒进行接发车和其他有关事项的播音。

播音员使用该系统的劳动强度大,又是口头直播,所以精神要高度集中,如稍有疏忽,就可能造成错播、漏播,而且系统设备也难以发挥其全部能力。同时,机器和设备的运行状态也缺乏科学的监督和管理。

为了更好地发挥系统设备的能力,减轻播音员的负担,近几年来,我国大型客运站采用了利用语音库通过计算机语言综合代替播音员的系统完成接发列车和其他有关事项的播音。同时,按照列车运行计划及列车进站的压轨信息,自动编排播音程序,选择信息源和播音区,并通过接口机柜发出信号,控制各项设备按程序运行,从而可以在无人干预的情况下,完成全天 24 小时的连续播音。该系统还可将各项播音设备、各种监测信息形象生动地显示在彩色屏幕上,使维修人员可以随时了解设备运转情况,迅速准确地判断和排除故障。最后,该系统还对广播设备的运行和故障情况提供准确的估计数据,为加强科学管理提供了依据。

该系统还设计了人机对话界面,使操作人员可以通过键盘或利用语音识别技术用命令进行干预、修改播音程序,并可利用话筒通道进行人工广播。此外,为便利不固定地点联系的需要,客运站工作人员应随身携带有便携式无线电台,供临时急用。

旅客广播系统包括播音控制台、各种信源设备、控制执行设备及功放、电源、扬声设备等。其控制方式、信源配置、广播通道数量和输出回路划分,应根据作业要求、系统规模、结构及站房布局确定。

(二)旅客列车到发通告系统

旅客列车到发通告系统是车站值班员或行李指挥信息中心向车站客运、广播、行包、机务、列检等值班人员通告列车运行计划和到发时刻的系统设施,也是向客运站通告显示综合信息网提供列车运行计划和到发时刻的信息源,可采用广播式拓扑结构或其他组网结构方式。该系统在车站值班员处设发送主机或控制终端,在站内各有关值班员处设接收显示终端,主机控制发送,各接收点同时接收并显示。

该系统由主机发送信息,各接收终端同时接收并显示。信息内容为车次、到点、开点、占用股道、晚点时分、通过、停运、单机等。主机储存全站 24 小时旅客运行计划信息,按程序编排,可调出、执行、查阅和修改。系统信息传递有校验功能及系统故障告警功能,并具有对通告显示综合信息网的传输接口,能向全网提供列车运行计划、到发时刻信息等,同时具有对行车信息中心或枢纽调度中心的信息传输接口条件。有条件的车站应考虑与调度几种系统连接,实现联网全自动运行。传输通道应满足市话电缆芯线传输要求,传输距离不小于 3 km。该系统还应能适应微机一发多收,系统联网运行及局域网客户机/服务器结构等各种组网方式,以满足客运站通告显示综合信息网发展的需要,主要是考虑站内、地区、枢纽、全线、全程网的发展需要,既要为站内综合信息网提供计划信息,也要接收上级行车中心或枢纽调度中心的信息,实现联网运行,因此必须考虑客户机/服务器等多种组网工作方式。

旅客列车到发通告系统是按主机控制一发多收的方式,用于客运站到发时刻等基准信息的传递,它取代了落后的人工电话通报的方式,在及时有效地组织客运站作业方面发挥了作用。

二、车站旅客引导显示系统

客运站为指示旅客在站有秩序地办理各种旅行手续,在站前广场、进站口、售票厅(处)、行李房、各候车室、贵宾室、检票口、站台及各种通道上的明显处,设置了大小不同、型号不一的旅客引导显示系统,直接向旅客通告列车到发去向、到发时刻、候车地点、列车停靠站台、晚点变更等,引导旅客购票、候车、乘车活动,引导旅客完成全部候车、乘车流程一直到旅客登上列车。务必使旅客在站内办理各种旅行手续路径最短,最合理,并能尽量避免在站内各种通道上造成交叉干扰。

旅客引导显示分为固定(如售票处、候车室、行包房等)和随机(如旅客列车始发、终到时间、车次、晚点情况、停靠站台等)两种方式,并辅以不断的广播。过去,固定揭示主要用木牌子的方式,醒目地放置在适当位置上;随机揭示则是写在黑板上,根据列车始发、终到情况,随写随擦。最近十几年以来,逐步试验并推广试用了电子显示屏旅客引导显示系统。该系统由操纵控制主机、传输接口设备及各种显示牌(如进出站几种显示牌、候车厅牌、廊(地)道牌、检票口牌、站台牌、显示器)等组成。各类显示牌应按旅客流线设置。根据设置地点的性质不同分别完成显示下列内容:车次、始发站、开往站、到点、发点、候车地点、停靠站台、变更情况等。

该系统具有按预排程序自动控制显示,传输校验纠错,人工键控修改程序,临时变更、查询、监视系统工作状态及故障告警等功能。引导显示牌是面向旅客显示候车、乘车等基本信息的,应该专牌专用,显示形式简明直观、醒目,一般不显示与旅客乘车、候车无关的内容,更不能用于商业宣传,宜采用固定格式固定显示或交替显示。设在候车室的显示牌,显示旅客列车车次、始发时间、站台、进站剪票地点;设在出站口的显示牌,显示旅客列车车次、到达时间、站台等;设在售票厅的显示牌,显示始发旅客列车的售票情况公告;设在站台上的显示牌,显示旅客列车始发、终到车次、时间;设在进站检票口的显示牌,显示始发旅客列车的车次、时间等。显示牌可选用 LED、LCD、ECF、CRT 等不同显示方式的器材、设备,其装置方式有单面式、双面式及双翼组合式。牌面根据需要,按单行、双行或多行设置。

在特大客运站上,还设有综合显示屏系统设施,可以通告显示各系统设施按组网或联网方式构成通告显示综合信息网。该系统为旅客提供综合性信息显示服务及进行宣传活动的一项系统设施,也是引导显示系统和客运组织作业的辅助显示设施。由主机、信源、操纵、控制、编辑、制作、音响、供电、传输、接口等设备及显示屏组成,可设置单块屏,也可多屏组网。显示屏设于进、出站大厅、各候车厅、站前广场及商场、餐厅等旅客集中活动场所。显示屏尺寸、显示方式、外形色调及安装布局等应与车站总体规划、客运作业需要、使用环境及建筑格局相适应。整个导向显示系统应采用集中控制方式,因为候车、乘车作业是以车次为核心,以时刻为基准进行的。为保证全站作业协调一致,引导显示系统必须集中控制,统一调度,大客运站尤为重要,同时体现出一个站的管理水平。

目前,随着我国以铁路为中心的大型综合交通枢纽的建设,客运站的引导显示系统也将与其他的运输方式紧密结合，更好地引导旅客在综合交通枢纽中享受"立体换乘、零换乘"的现代化便捷运输。

在国外发达国家，如日本，铁路已建立通用特殊旅客引导系统。为了建立人性化的车站，在推动无障碍化设计中，车站不仅提供自动扶梯、电梯等便捷的设备，还特别重视提供旅客所需车站的信息系统的建设。无障碍的思想不仅对残障人员，还应该包括所有的旅客。铁路车站通用设计的旅客信息系统应当包括定位平台、地图数据和引导数据3层的信息结构。定位平台可采用盲道下铺电子标签的方法，利用便携终端呼叫的无线通信方式得到当前位置、设定目的地的数据和引导路径。无论障碍的程度如何，每位旅客都需要出发站和到达站的站台和时间的信息，不同的只是信息传输、表达和利用的方式，和据此产生不同的引导信息。通用引导系统应当由旅客与系统对话部分、到发站及路径检索部分、无线标签的位置识别，以及扩展标记语言（XML）的引导数据的使用几部分构成。在具体设计中，采用盲道下铺设电子标签，用电子专用拐杖引导的方法帮助视觉障碍者；对乘轮椅者要避免遇到台阶，正确提示出前方的距离和方向，将无线标签读入设备，装在轮椅中提供引导。

三、客运站旅客查询系统

旅客查询系统是客运站现代化系统的子系统。其目的是正确、迅速地解答旅客在旅行方面提出的各种问题。

以往，解答旅客的方法有口头解答和文字解答两种。口头解答是通过问事处的面对面口头直接回答、电话解答、广播通告；文字解答是利用图表、标志牌、揭示牌和书面通告进行解答。口头解答容易受客运人员工作态度、业务素质的影响，文字解答也有很大的局限性。

目前，我国的查询方式主要有服务台查询、电话查询、触摸屏查询、互联网查询等几种方式。以下主要介绍电话查询及触摸屏查询这两种方案。

客运信息自动查询服务主要是利用触摸屏技术，旅客输入相应的条件，计算机从数据库中查找符合要求的列车信息记录，给旅客提供查询服务；系统列出服务人员服务标准，旅客可针对性地进行投诉。自动查询主要由几个模块构成：按到站查询车次信息模块、按车次查询列车信息模块、旅客满意度调查模块、车站业务与服务间接模块等。

电话自动查询服务是利用先进的CTI(计算机电话集成技术)技术,通过电话网络,接收用户指令,把指令传递给计算机,然后返回客户所需要的文字信息,并转化成语音信息播放给用户。

此外,随着铁路与其他交通方式的不断紧密联结,旅客查询系统现在已经可以提供与汽车、飞机、轮船及城市公共交通的接续信息。

四、客运站辅助服务系统

客运站照明自动控制系统实现的功能为综合考虑日照强度、各站台到达列车、候车厅旅客候车等情况实现照明电气设备开关的自动控制,并实时采集照明设备电气参数,并对其进行状态监视和故障报警,实现车站照明系统的自动化控制和数字化管理。

为更好地疏解客流,与其他运输方式联结,停车场已经开始发挥越来越重要的作用。旅客私家车、出租车、公交汽车的选择势必要做到让旅客出行尽量地方便快捷。在旅客集中的场所,停车系统的集中化、网络化、智能化的安全性管理已经成为大规模停车服务管理的必然趋势。

客运站停车场系统主要用于控制交通流,有效地分流、实时改变,并可以及时向上汇总以达到最优化控制。

第三节 旅客列车现代化服务系统

旅客列车管理现代化,比车站客运管理现代化更困难,但又更重要,因为旅客列车乘载旅客时,旅客是在限定的狭小范围空间内活动,旅客的旅行生活大部分在旅客列车上度过。在空间狭小的、不断移动的旅客列车上装设现代化服务设施,将涉及旅客列车内部设备的移位和更改,以及地区或整个通信网络和光缆设备的移位和更改,因而对其管理的复杂性和难度更大。加强旅客列车现代化管理,对保证旅客安全、便捷、舒适、愉快的旅行,具有十分重要的意义。

旅客列车管理当前主要包括列车揭示、视听、通信、安全、补票、饮食、卫生等方面的内容,下面仅对其中部分设备进行介绍。

一、旅客列车揭示设备

旅客列车揭示设备是在旅客列车上向旅客揭示该次列车的停车站和到开时

间,中转换乘站的列车车次和到开时间;揭示铁路的旅行常识;揭示沿线风光、人文景观,揭示安全、卫生注意事项及通告事项等。

旅客列车的揭示设备可分为无声和有声两种。

(一)无声设备

1.固定的文字和图表揭示

固定的文字和图表揭示指按客运规章要求,悬挂在软、硬卧车厢两端的时刻表;软、硬包房,高级包房和豪华车厢硬座包房内陈设的揭示册;列车办公席上陈设的时刻表、票价表和各种规章制度、命令等文本,以及列车上的各种宣传、通告栏等。

2.显示屏系统

显示屏系统是为旅客提供综合性信息显示服务及进行各项宣传活动的一项系统设施。一般装设在各客车车厢两端端门上方和餐车餐室的适当处所,有的特种豪华列车的硬座包房内也装有单独显示屏系统。显示屏尺寸、显示方式、外形及安装布局等应与客车车厢相协调,色调较为普遍用红色,因红色鲜明,代表热烈,并可远视。

(二)有声设备

有声设备主要指列车的有线广播。其主要功能是播放列车到站动态音及视频运营信息,使旅客及时了解列车的运行情况、到站信息等,方便旅客换乘其他线路,减少旅客下错站的可能性。在发生灾害或其他紧急情况下,进行紧急广播,以指挥旅客疏散,调度工作人员抢险救灾,减少意外造成的损失。

二、旅客列车视听设备

旅客列车视听设备主要用于向旅客通告事项,提供综合性信息显示服务及进行各种宣传活动。为了实现上述功能,旅客列车形成了各自独立的系统服务设施,主要包括闭路电视和列车广播。

(一)闭路电视

闭路电视作为旅客列车上的可视系统设备,主要是用来播放电影、电视录像片,活跃旅客旅途的文化生活,也可播放事先录制好的广告、铁路旅行常识,以及进行安全、卫生宣传。

这种设备的电视机装在硬座、硬卧车和餐车两端端门上方,软卧车每个包房的床位上方。电视机尺寸及安装布局应与客车车厢相协调。

闭路电视的放像设备可以是放像机,也可以是 VCD 机或 DVD 机,这样既可放录像带,也可放光盘,或两者兼有。系统设施可以是一个车厢单独成一回路,也可以是整个列车所有车厢的多个输出回路。

(二)列车广播

在旅客列车上设有广播室及全套播音设备,主要分为人工键控广播,键控程序半自动广播,程序控制自动广播和应急广播 4 个等级。自动、半自动广播均应能兼容比其低级的全部功能,如半自动控制应同时具有手动和应急广播的功能。自动、半自动广播均存储有全部客运常规广播词,如本旅客列车的始发站、终到站和沿途各停车站的站名、到发时间,终到站、中转换乘旅客列车的车次和到、发时间。对于播放音乐和其他文娱节目,旅客点播歌曲,安全、卫生宣传等,均可采用磁带、光盘或语言合成等放音设备完成。

由于计算机应用技术发展较快,列车广播,尤其是高等级旅客列车和旅游列车上的列车广播,应充分考虑语言合成、数字激光等技术的应用,提高设备功能和自动化水平。而当前亟待解决旅客列车因通过山区、隧道和其他障碍物时接收功能大幅降低的问题,一方面要增大广播设备的功率,另一方面要提高广播天线接收信号的能力这相对来说更为重要。

三、旅客列车通信设备

旅客列车通信设备是为保证旅客列车安全、正点运行,加强列车上乘务组人员间、列车乘务组和列车机车乘务组间、列车乘务组和地面列车调度员、旅客与陆上用户间的联系,加强担当列车乘务的公安、车辆、客运(列车)段调度联系,处理应急事务,更好地为列车上旅客服务的设备。它包括列车有线电话等固定通信设备和对讲机、列车旅客电话、数据通信设备,以及集群移动通信等移动通信设备。

(一)列车有线电话

列车有线电话装在机车和每个车厢适当位置,一般在乘务室内。列车有线电话一般选用音频选号电话,能自动和键控接入任意电话进行应答,并具有来话排队等待处理功能。

(二)专用无线对讲机

专用无线对讲机是便携式的移动话音通信设备,该设备配给列车乘务人员,主要是列车长、乘警长、检车长和机车乘务组司机长随身携带。

(三)数据通信设备

解决铁路列车上旅客的通讯问题是铁路现代化服务水平的重要标志,也是铁路提高客运竞争力的手段之一,列车应能为旅客提供国际国内电话传真和连接 Internet 业务等。

(四)集群移动通信

集群移动通信是多个用户(部门、群体)共用一组无线信道,即系统具有的全部可用信道都可为系统的全体用户共用,并动态地使用这些信道的专用移动通信系统。集群通信是生产调度指挥专用的移动通信系统,是专用移动通信的高级发展阶段。

四、旅客列车安全设备

旅客列车上的安全设备是为保障旅客人身、财物和行包运输安全服务的。据不完全统计,铁路的行车、火灾、爆炸、人身伤亡、食物中毒及行包事故,80%以上发生在旅客列车上,旅客坠车、跳车、烫伤和挤伤事件,则更是在旅客列车上才会发生。因此,管好、用好旅客列车上的安全设备,对防止各种事故的发生、保障旅客及行包运输的安全具有十分重要的意义。

(一)机车信号和自动停车装置系统

机车信号和自动停车装置系统设施固定安装在机车司机操纵室。机车信号主要用在自动闭塞区段,利用自动闭塞分区的轨道电路向机车上传送信息。因此,在整个区间正线上,机车信号能连续反映前方地面信号机的显示。机车内信号和地面信号显示相同,当闭塞分区内有障碍物或前方地面信号显示红灯时,机车信号也显示红灯,并发出短促"蜂鸣"声(警笛报警),如 9s 内司机不使用手闸停车,则机车自动停车装置立即自动停车,这就从根本上防止了司机因某种原因未能及时使用手闸停车而带来的危害,保证了旅客列车的行车安全。

(二)旅客列车轴温报警装置

旅客列车轴温报警装置是在旅客列车运行中自动监测客车轴温变化的装

置,能防止客车热轴引起的切轴事故,确保行车安全。旅客列车运行中值乘人员发现轴温报警器显示声光报警信号时,应立即通知检车乘务人员。检车乘务人员须对报警轴箱的实际情况进一步确认,如发现有杂音、异味或冒烟、冒火等严重危及安全的迹象时,应立即采取停车措施,进行必要的应急处理。轴温报警器报警温度的选定,寒冷地区冬季可选在50℃,其他地区选在90℃,其他季节也选在90℃。

(三)旅客列车安全监控防卫系统

旅客列车上,由于乘客多、运行时间长,乘客流动量大,当出现紧急情况时,如起火、爆炸、重大疾病等,无法及时反映到列车长、乘警那里或无法及时定位采取措施。旅客列车安全监控防卫系统可为列车乘务人员及上级主管人员提供现场第一手资料,这些资料是现场控制、刑侦、工作考核、客运评估的直接依据。

旅客列车安全监控防卫系统的基本构成:在客车车厢前后入口处分别安装一台摄像机,各车厢的摄像机信号传输到集中控制室内,采用多画面处理器显示于一台或多台监视器上,同时进行录像以备查阅。可同时安装监听设备,并在每节车厢内安装数个紧急按钮,如遇紧急状态按动后,可自动报警并自动将画面切换到主控室并自动录像。

五、旅客列车的补票系统

在列车运行途中,补票工作是铁路列车客运服务的主要内容之一。列车长通过该系统,可根据网络传来的车站售票余额记录,在运行途中办理补票,其中可以包含软座(卧)及硬座(卧)等项,还包含限售预留席位。

列车上的补票,一般分为两种情况:第一种情况是正常补票,只补收相应票价;另一种情况就是追收补票,除核补收票价外,还要加收已乘区间的补票费。

几年前,中国旅客列车上的补售票工作基本处在手工作业的阶段,这种补票方式不仅效率低下,易出错,还增加了补票工作人员的劳动量,同时不利于交接、收入检查等,这显然与铁路信息化建设步伐不相协调,不利于树立铁路形象。近几年,各铁路局利用移动IC卡机具移动补票系统,已经成功解决了一直以来困扰各铁路局的补票难题,不仅杜绝了人工补票效率低、易出错的弊端,同时极大地方便了广大乘客在列车上补票。

参考文献

[1] 中国铁路总公司.铁路技术管理规程(高速铁路部分)[S].北京:中国铁道出版社,2014.

[2] 国家铁路局.高速铁路设计规范[S].北京:中国铁道出版社,2015.

[3] 国家铁路局.高速铁路设计规范条文说明[S].北京:中国铁道出版社,2015.

[4] 靳俊.高速铁路列车运行控制技术——调度集中系统[M].北京:中国铁道出版社,2017.

[5] 李凯.高速铁路列车运行控制技术——CTCS-2级列车运行控制系统[M].北京:中国铁道出版社,2017.

[6] 林瑜筠.高速铁路信号技术[M].北京:中国铁道出版社有限公司,2022.

[7] 中国铁路总公司.分散自律调度集中系统[M].北京:中国铁道出版社,2014.

[8] 中国铁路总公司.高速铁路道岔转换系统[M].北京:中国铁道出版社,2014.

[9] 刘湘国,季忠红.高速铁路计算机联锁系统[M].北京:中国铁道出版社,2011.

[10] 林瑜筠.区间信号[M].北京:中国铁道出版社,2019.

[11] 陈世明,安春兰.高速铁路信号系统[M].北京:中国铁道出版社有限公司,2021.

[12] 波多洛伊,菲茨西蒙斯 J A,菲茨西蒙斯 MJ.服务管理:运作、战略与信息技术[M].张金成,范秀成,杨坤,译.北京:机械工业出版社,2020.

[13] 格默尔,路易,迪耶多克.服务管理:整合的视角[M].陈福军,曹婷,译.北京:清华大学出版社,2017.

[14] 王献张.高铁客站进站设备能力匹配研究[D].北京:北京交通大学,2018.

[15] 王莹玉. 基于旅客需求的客运站服务优化研究[D]. 北京:北京交通大学,2014.

[16] 鲁磊. 北京铁路客服中心人工座席服务质量优化研究[D]. 北京:北京交通大学,2017.

[17] 王彦杰,张喜. 大型铁路客运站客流组织的动态仿真与评价分析[D]. 北京:北京交通大学,2013.

[18] 贾俊芳,等. 高速铁路运输服务[M]. 北京:中国铁道出版社有限公司,2021.

[19] 张玮,杨润广. 列车运行自动控制系统维护[M]. 北京:中国铁道出版社,2017.

[20] 孟维军,赵俊一,侯燕枫. 铁路货运组织[M]. 北京:中国铁道出版社有限公司,2021.

[21] 中华人民共和国铁道部. 铁路货物运输管理规则[M]. 北京:中国铁道出版社,2000.

[22] 中华人民共和国铁道部. 铁路货物运价规则[M]. 北京:中国铁道出版社,2011.

[23] 蔡昱. 铁路货运组织[M]. 成都:西南交通大学出版社,2020.

[24] 曲思源. 铁路货运组织与物流管理[M]. 杭州:浙江大学出版社,2022.

[25] 张诚. 铁路物流发展理论及其支撑技术研究[M]. 北京:中国物资出版社,2010.

[26] 张诚. 中国铁路现代物流发展战略[M]. 北京:中国物资出版社,2008.

[27] 赵克勤. 集对分析及其初步应用[M]. 杭州:浙江科学技术出版社,2000.

[28] 周茵,张超,陈娅娜. 铁路货运收益管理系统架构研究[J]. 铁道货运,2018.

[29] 邹安全,刘军,杨望成,等. 集成化视角下钢铁物流流程再造与应用[M]. 北京:中国财富出版社,2018.

[30] 李增和. 铁路旅客运输组织[M]. 成都:西南交通大学出版社,2013.

[31] 裴瑞江,周平. 铁路旅客运输组织[M]. 北京:人民交通出版社股份有限公司,2020.